OEUVRES
COMPLÈTES
DE BERQUIN.
8

PARIS, IMPRIMERIE DE E. POCHARD,
RUE DU POT-DE-FER, N° 14.

Front. **LE PETIT GRANDISSON.** Page

Il a voulu m'en donner une reconnaissance, je l'ai reçue, mais je l'ai déchirée.

OEUVRES
COMPLÈTES
DE BERQUIN

NOUVELLE ÉDITION
REVUE ET CORRIGÉE
PAR M. F. RAYMOND
AVEC UNE NOTICE SUR BERQUIN
PAR
M. BOUILLY
Auteur des *Conseils à ma Fille*, etc.

Ornée de quarante jolies Gravures.

⊷⊶

LE PETIT GRANDISSON.

PARIS
MASSON ET YONET, LIBRAIRES,
RUE HAUTEFEUILLE, N° 14.

1829

LE PETIT GRANDISSON.

LETTRE PREMIÈRE.

Guillaume D***, à sa mère.

Londres, le 17 avril.

Vous m'avez permis de vous écrire, ma chère maman. Quelle douce consolation pour mon cœur! Ah! j'en avais grand besoin, puisque je me vois obligé d'être si loin de vous.

Me voici arrivé à Londres en bonne santé. Cependant je suis triste, oh! oui, bien triste, je vous assure. Vous allez dire que c'est un enfantillage; mais je n'ai fait que pleurer pendant tout le voyage, lorsque je pensais au dernier baiser que vous m'avez donné en me séparant de vous. Allons, je ne vous en parlerai pas davantage. Je sais combien vous m'aimez, et je ne veux pas vous affliger.

Que cette ville est belle! et combien elle nourrit d'habitans! Nous n'avons point en Hollande une ville qui soit aussi grande de la moitié. Tout me paraîtrait fort bien ici; mais je n'y trouve pas maman. Ah! voilà le mal.

Vous aviez bien raison de me vanter madame Grandisson, votre amie. Elle est si douce et si bonne, qu'il faut commencer à l'aimer dès qu'on la voit. Elle me reçut dans ses bras à mon arrivée; tenez, justement comme vous faisiez vous-même quand vous étiez contente de moi. Et M. Grandisson! oh! je ne puis vous dire combien il est estimable. Je veux le prendre pour modèle, et je suis bien sûr alors d'être estimé de tout le monde, quand je serai grand. Mon papa devait être comme lui, puisque vous m'avez dit si souvent combien il était honnête homme. Ah! si je le possédais encore, combien je serais heureux! Je ferais comme le petit Grandisson, je lui obéirais en la moindre chose; je mettrais tout mon cœur à l'aimer, sans vous en aimer moins pour cela. Mais le ciel ne l'a pas voulu. Il m'a laissé du moins une mère aussi bonne que vous l'êtes. Allons, je ne suis plus si à plaindre. Il n'y a guère d'enfans aussi heureux. Tous les jours je rends grâces à Dieu de ce bonheur, et je le supplie de vous conserver pour moi. Mais, adieu, ma chère maman. Adieu, ma petite sœur. J'enferme pour vous mille baisers et mille vœux bien tendres dans cette lettre. Pensez un peu à moi, qui pense toujours à vous. Oh! quand pourrais-je vous revoir et vous embrasser? Que cette année va me paraître longue! Le temps coulait si vite quand nous étions ensemble!

LETTRE II.

Madame D*** à son fils.

Amsterdam, le 28 avril.

Ta lettre m'a fait le plus grand plaisir, mon cher fils. La tristesse que tu as ressentie de notre séparation me fait voir que tu as un cœur sensible. Un enfant qui peut s'éloigner de sa mère sans chagrin ne sait pas l'aimer. Il faut cependant écouter aussi la raison. Nous ne pouvons pas rester toujours ensemble; et s'abandonner lâchement à sa douleur, c'est une faiblesse dont il n'y a qu'à rougir. Apprends à t'armer de courage contre les événemens de la vie. Celle qui paraît la plus heureuse est encore mêlée de mille peines, qu'il faut s'accoutumer dès l'enfance à savoir supporter. Lorsqu'il te viendra quelque tristesse de ne plus me trouver près de toi, tu n'as qu'à penser avec quel plaisir nous nous reverrons dans un an, et tu trouveras aussitôt de la consolation. En attendant, nous nous écrirons le plus souvent qu'il nous sera possible. Écrire, c'est presque se parler. Tu vois à présent comme tu as bien fait de t'instruire avec tant de soin. Qu'en arriverait-il si tu avais été assez malheureux pour négliger tes leçons? Nous serions séparés, et nous ne pourrions nous rien dire l'un à l'autre.

Tu trouves M. Grandisson bien estimable, et tu veux le prendre pour modèle! Tu me ravis, mon cher enfant. Ce choix est déjà un commencement de vertu. Oui, ton père était aussi comme lui, et je suis bien sûre que tu sauras te rendre digne de te nommer son fils. C'est la plus douce consolation qui me reste après l'avoir perdu.

Adieu, mon cher Guillaume; embrasse pour moi madame Grandisson. Rends-moi compte de toutes tes occupations et de tous tes plaisirs. Mais écris-moi toujours comme si tu me parlais. Une lettre doit être simple, naturelle, et sans aucune recherche. Ta petite sœur te regrette beaucoup. Elle me demande cent fois par jour de tes nouvelles. Elle me reproche de ne savoir pas jouer avec elle aussi bien que toi.

LETTRE III.

Guillaume D*** à sa mère.

Londres, le 18 mai.

Mille et mille grâces, ma chère maman, de la bonté que vous avez eue de m'écrire. Je me suis empressé de montrer votre lettre à madame Grandisson. Quelle excellente mère vous avez! m'a-t-elle dit après avoir lu. Oui, madame, lui ai-je répondu, maman est une autre vous-même; et elle m'a embrassé. Écoutez, mon petit ami, a-t-elle ajouté, puisque votre maman vous permet de lui écrire, et qu'elle vous ordonne de lui rendre compte de tout ce qui vous regarde, vous ne devez rien oublier. Parlez-lui de vos études et de vos amusemens, et rapportez-lui vos entretiens avec mes fils et ma fille. Cela pourra lui adoucir le chagrin de votre absence. Mais, madame, lui ai-je dit, maman m'a toujours défendu de parler de ce qui se passe dans la maison des autres, et sûrement elle veut que je ne lui parle que de moi. Eh bien, m'a-t-elle répondu, je vous permets de lui faire part de tout ce qui se passe dans notre maison. Je n'ai point de meilleure amie que votre maman. Je lui confierais moi-même tous mes secrets, et je vous charge de ma confidence. Oh! Maman, combien cette permission m'a fait de plaisir! Que j'aurai de choses à vous raconter de mon ami Charles! Oui, c'est de lui que jaurai le plus souvent à vous parler. Vous ne savez pas combien il a d'esprit et de raison, de sentiment et de bonté. Nous sommes toujours ensemble. Je l'aime tous les jours un peu plus que la veille, Edouard, son frère, qui a deux ans de plus que lui, n'est pas à beaucoup près aussi aimable; mais pour la petite Émilie, leur jeune sœur, oh! voilà une charmante demoiselle.

Madame Grandisson vient de vous écrire, maman. Elle me fait demander ma lettre pour la mettre dans la sienne. Je suis bien fâché de ne pouvoir causer plus long-temps avec vous. Il me semble que je ne serais jamais las de vous écrire. J'ai autant de peine à quitter ma plume, que j'ai eu de plaisir à la prendre. Adieu, ma chère maman; ménagez bien votre santé. Continuez toujours vos sages leçons, et peut-être que je deviendrai aussi aimable que mon ami Charles.

J'embrasse tendrement ma petite sœur. J'ai du regret aussi de ne pouvoir jouer avec elle, puisqu'elle trouve que je m'en acquittais si bien.

LETTRE IV.

Madame D*** à son fils.

Amsterdam, le 21 mai.

Je te félicite, mon cher fils, d'avoir un ami tel que Charles. Quelques personnes de ma connaissance qui l'ont vu chez son père, me parlent de lui comme d'un enfant on ne peut pas plus intéressant. Tu vois par là ce que l'on gagne à se bien conduire, et à remplir ses devoirs; on se fait aimer et estimer de tout le monde. Édouard, dès ses premières années, a montré un caractère indocile et sauvage. Mais, mon cher ami, tu ne dois remarquer ses défauts que pour t'en préserver, sans donner dans ton cœur la moindre place à la haine. Édouard est jeune, il peut se corriger; et jusqu'à cet heureux changement, il n'est digne que d'une tendre compassion.

Il me paraît, par la lettre de madame Grandisson, qu'elle a pris de l'amitié pour toi. C'est un encouragement à faire de ton mieux pour mériter ce qu'elle me dit sur ton compte. Tu dois sentir combien les reproches qu'elle aurait à te faire seraient cruels pour mon cœur. Mais non, je te connais, tu ne veux point cesser d'être le bien-aimé de ta maman. Adieu, mon cher fils.

LETTRE V.

*Guillaume D*** à sa mère.*

Londres, le 27 mai.

Charles vous écrit, maman; Charles vous écrit. Vous trouverez sa lettre dans la mienne. Quelle belle écriture, et quelle jolie manière de s'exprimer! Mais soyez tranquille, il ne tiendra pas à moi que je ne sois bientôt en état de faire aussi bien que lui. Je n'ai que douze ans, et il en a treize. Voilà un an de différence où je puis bien avancer.

Rien ne manquerait à mon bonheur, maman, si vous étiez ici pour voir combien je suis heureux. Toutes nos études sont autant de plaisirs. Nous apprenons le dessin, la danse, la musique, et nous faisons tous les jours des promenades dans la campagne pour connaître les plantes. M. Baillet, qui est un homme très-savant, vient nous voir deux ou trois fois par semaine, et nous trouvons beaucoup à profiter dans sa conversation. Je sens mieux tous les jours combien il est triste de rester dans l'ignorance. Il y a tant d'avantage à cultiver son esprit! et il n'y a qu'à savoir s'y prendre pour s'amuser en s'instruisant. Oh! ne craignez pas que je perde mon temps en cette maison. J'ai un trop bon exemple dans mon ami Charles. Il règne entre nous une émulation qui ne prend rien sur notre amitié : au contraire, il semble que nous nous en aimions davantage. Mais il faut que je cesse de vous écrire, car on m'appelle pour déjeûner. Va donc, ma lettre; dis à ma chère maman que je l'aime de tout mon cœur : dis-lui que je l'embrasse mille et mille fois.

Je profite du petit coin de papier qui me reste, pour faire à ma sœur encore plus d'amitiés qu'il n'en peut tenir.

LETTRE VI.

Charles Grandisson à madame D***.

Londres, le 27 mai.

Quelle obligation je vous ai, madame, de nous avoir envoyé votre fils! C'est un ami que vous m'avez donné pour la vie. Si vous saviez comme il se plaît à s'entretenir de vous, et avec quelle tendresse il en parle! Il me parle aussi fort souvent de son père. Lorsqu'il décrit sa mort, il me fait pleurer d'attendrissement. Que tu es heureux, me disait-il hier au soir, d'avoir encore ton père! Un pauvre enfant est bien à plaindre lorsqu'il est privé du sien! Hélas! c'est perdre son plus cher protecteur et son meilleur ami. Comment peut-il se faire qu'il y ait des enfans qui désobéissent à leurs parens, et qui les affligent par leurs vices? Ah! si j'avais donné à mon papa le moindre sujet de plainte, il n'y aurait plus pour moi un seul jour de bonheur. Mais tu as encore une mère, lui répondis-je. Oui, me répliqua-t-il, j'en ai une qui me chérit aussi tendrement que je l'aime. Ses soins pour moi sont redoublés depuis la mort de mon père; il faut bien que je redouble pour elle de respect et d'amour. Pourquoi ne suis-je pas déjà grand? je partagerais ses travaux, je l'aiderais à supporter ses chagrins. Oui, tant que je vivrai, je veux lui prouver par ma tendresse que je ne suis pas indigne de la sienne. Il me fut impossible de lui répondre, tant j'étais attendri. Je ne pus faire autre chose que de l'embrasser. Ah! madame, celui qui sait si bien honorer ses parens doit être un ami bien fidèle.

Je ne saurais assez vous dire combien il est appliqué à ses devoirs. M. Bartlet s'étonne tous les jours de ses progrès. N'allez pas croire cependant que nous soyons toujours sérieux. Nous savons bien nous divertir; et le plaisir ne nous paraît jamais si doux qu'après le travail. Nous courons dans la campagne, nous jouons aux boules; nous faisons tous jeux qui demandent de l'adresse et du mouvement.

Nos leçons, nos exercices et nos plaisirs, tout a son heure marquée ; et je puis vous répondre que chacune est bien remplie.

Que devez-vous penser, madame, de la liberté que j'ai prise de vous écrire une si longue lettre? Mais non, vous me pardonnez sans doute. Je vous parle de ce que vous avez de plus cher. Tout ce qui le regarde doit vous faire plaisir. Je ne veux pas cependant abuser de votre complaisance. Daignez, je vous en supplie, excuser mon babil, en considération de mon amitié pour votre fils, et du profond respect avec lequel j'ai l'honneur d'être,

Madame,

Votre très-humble et très-obéissant serviteur,

CHARLES GRANDISSON.

LETTRE VII.

Madame D*** à son fils.

Amsterdam, le 4 juin.

Je t'envoie dans celle-ci une réponse à la jolie lettre que j'ai reçue de ton ami Charles. Je suis enchantée de ce qu'il me dit de tes sentimens à mon égard. Conserve-les-moi toujours, mon cher fils, et ta mère sera toujours heureuse.

J'ai une triste nouvelle à t'apprendre. Tu connaissais le jeune d'Étampes. Eh bien ! il vient d'être mis en prison. Sa passion pour le jeu l'a perdu. Il a presque ruiné ses parens. Il n'y a pas bien longtemps qu'ils avaient payé pour lui une somme assez considérable, sur la promesse qu'il leur avait faite de ne plus jouer. Il a recommencé de nouveau, et ses pertes sont énormes. Il n'y a plus aucun moyen pour ses parens de le tirer d'affaire, à moins de se mettre sans pain. Que ce jeune homme est malheureux ! Tu sais combien il serait aimable sans cette terrible passion à laquelle il s'était livré. On le plaignait d'abord, on le méprise aujourd'hui. O mon fils, que cet exemple soit toujours devant tes yeux, et te préserve d'un malheur aussi épouvantable !

Madame Grandisson vient de m'écrire que tu partages les leçons de ses enfans. Avec quelle bonté le ciel supplée à l'impuissance où se trouve ta mère de te donner des talens selon ta naissance ! Sois reconnaissant envers tes bienfaiteurs, et songe sans cesse quel devoir c'est pour toi de profiter de leurs bonnes dispositions. Ton application est le seul moyen d'y répondre. Ne perds aucun moment : l'heure qui passe ne revient plus. Combien je serai satisfaite de voir l'esprit de mon fils orné des connaissances les plus utiles ! Quel charme je pourrai trouver dans son entretien ! Cet espoir est bien capable d'adoucir pour moi l'amertume de notre séparation. Qu'il serve également à soutenir ton courage. Oui, mon fils, je te l'ai déjà dit, le ciel ne nous a pas destinés à vivre toujours ensemble. Mais rien ne nous empêche de nous aimer quand nous serions encore séparés par une plus grande distance. Adieu, mon cher enfant; remplis tes devoirs, mais sans négliger tes plaisirs. Je ne puis être heureuse que de ton bonheur.

LETTRE VIII.

Guillaume D*** à sa mère.

Londres, le 12 juin.

Nous partons demain pour la campagne, maman. Comme je vais me divertir ! Charles vient d'empaqueter beaucoup de livres, pour les emporter avec nous. Nos crayons ne sont pas oubliés. Toute la contrée est, dit-on, remplie de paysages charmans. Nous nous exercerons à les rendre sur le papier. La petite Emilie emporte son tambour à broder, pour imiter avec son aiguille les plus jolies fleurs. Quoiqu'elle n'ait pas encore douze ans, elle est d'une adresse qui ravit. C'est elle qui fait la plus grande partie de ses chiffons. Nous sommes tous trois bien joyeux d'aller à la campagne. Édouard seul en est fâché. Je le plains : il me semble que c'est un mauvais signe de ne pas aimer l'air des champs. Je me suis trouvé présent à une conversation qu'il a eue avec son frère et sa sœur. Je vais vous l'écrire mot pour mot.

ÉMILIE.

Savez-vous que notre bon ami M. Bartlet vient avec nous à la campagne?

CHARLES.

Oui, ma sœur, et j'en suis charmé.

ÉDOUARD.

Oh! pour moi, je ne le suis pas.

CHARLES.

Et pourquoi donc, mon frère?

ÉDOUARD.

C'est qu'il trouve toujours en moi quelque chose à reprendre.

CHARLES.

Eh bien! ses reproches peuvent t'aider à te corriger. Il me semble que ceux qui ont la bonté de nous avertir de nos défauts sont nos meilleurs amis, et je les estime bien plus que ceux qui nous flattent.

Charles à bien raison, n'est-ce pas maman?

ÉDOUARD.

Je pensais au moins que je serais délivré pour quelque temps de ce maudit latin. Mais non, je vois qu'il nous faudra encore faire tous les jours nos versions comme à la ville.

CHARLES.

Je l'espère bien, et je ne vois rien de difficile lorsque M. Bartlet est avec nous. Et puis il veut nous apprendre à connaître toutes les plantes de la contrée. Oh! ce sera un plaisir!...

ÉDOUARD.

Oui, vraiment, le beau plaisir que d'aller chercher des herbes, le nez en terre comme les moutons.

CHARLES.

Mais, mon cher Édouard, tu n'as pas fait encore ta malle, je crois?

ÉDOUARD.

Je la ferai faire par un domestique.

ÉMILIE.

Les domestiques sont aujourd'hui bien occupés, mon frère.

ÉDOUARD.

Eh bien! ils iront se coucher une heure plus tard.

ÉMILIE.

Les pauvres gens! après avoir travaillé toute la journée, tu veux qu'ils perdent encore une heure de leur sommeil?

ÉDOUARD.

Voyez le grand malheur!

ÉMILIE.

Tu pourrais le leur épargner, en faisant les choses toi-même, puisque tu en as le temps. Cela vaudrait peut-être mieux que de t'amuser à tracasser ton chien.

ÉDOUARD.

Mon chien est à moi, j'espère.

ÉMILIE.

Oui, mais les domestiques ne sont pas à toi.

ÉDOUARD.

Écoutez, mademoiselle, je n'ai pas besoin de vos leçons. Gardez-les pour vous-même.

La querelle allait s'échauffer. Charles les a pris

tous deux par la main. Allons, mes amis, embrassez-vous, leur a-t-il dit. La dispute entre frère et sœur est toujours un grand mal. Tiens, Édouard, puisque tu veux rester ici à t'amuser, donne-moi ta clé, je ferai ta malle, tandis que les domestiques seront à dîner.

Que Charles est un bon enfant! a dit Émilie; je l'aime de tout mon cœur.

Oh! maman, quelle différence entre les deux frères! et combien la douceur et la complaisance sont des qualités aimables! Mais, adieu, il faut que je vous quitte. J'aurai soin de vous écrire aussitôt que nous serons arrivés à la campagne. Que n'êtes-vous de la partie avec ma chère petite sœur!

LETTRE IX.

Guillaume D*** à sa mère.

Le 15 juin.

Nous voici arrivés, ma chère maman. Oh, la jolie maison de campagne! Il y a de tous côtés des promenades charmantes. Le parc est très-vaste; et de ma fenêtre je découvre un paysage à perte de vue. Les jardins sont entretenus avec une propreté qui ravit au premier coup d'œil. Charles en a un pour lui seul, où il peut semer et planter tout ce qu'il lui plaît. Il a couru le visiter à notre arrivée. Et savez-vous ce qu'il a fait, maman ? Non, il n'est pas possible d'être plus noble et plus généreux. Il a donné une demi-guinée au jardinier qui a pris soin de son jardin pendant son absence. Il pouvait sûrement se dispenser de lui faire ce cadeau. Son père paie largement le jardinier. Mais c'est un homme qui a six enfans encore tout petits. Il est pauvre, et Charles est bienfaisant : il me semble donc qu'il a bien fait. Cependant Édouard a trouvé qu'il faisait mal. Il faut que je vous raconte leur entretien à ce sujet. Édouard était près de moi. Il a vu la demi-guinée dans la main du jardinier. Il a couru aussitôt vers son frère.

ÉDOUARD.

Es-tu fou, Charles, d'avoir donné tant d'argent à cet homme ? Mon papa lui paie son travail.

CHARLES.

Il est vrai, mon frère. Mais vois comme mon jardin est bien entretenu ! Cela vaut une petite récompense. D'ailleurs, cet homme n'est pas riche, et il a beaucoup d'enfans. Ne faut-il pas avoir pitié des malheureux ?

ÉDOUARD.

A la bonne heure, mais il ne fallait pas au moins lui donner au-delà de ce qui lui revient.

CHARLES.

Ah ! mon frère, si notre papa nous donnait tout juste ce qui nous revient à nous-mêmes, ce serait bien peu de chose.

ÉDOUARD.

Est-ce que tu oserais lui dire ce que tu viens de faire ?

CHARLES.

Oui, sans doute, j'espère ne faire jamais rien que je ne puisse lui dire.

ÉDOUARD.

Il te gronderait d'une bonne façon, je te le promets.

CHARLES.

Et moi, je te promets qu'il ne me gronderait pas du tout. Je l'ai vu souvent donner quelques chose au même jardinier, lorsqu'il est content de son travail.

ÉDOUARD.

Mon papa donne de son argent, mais celui que tu donnes ne t'appartient pas.

CHARLES.

Je te demande pardon, mon frère. L'argent que j'ai donné au jardinier était bien à moi. C'était le fruit de mes économies, il m'était permis d'en disposer; et je ne pouvais en faire meilleur usage.

ÉDOUARD.

Comme s'il n'eût pas mieux valu en acheter des fusées et des pétards, et donner un petit feu d'artifice à maman, en l'honneur de notre arrivée.

ÉDOUARD.

Les fusées ne durent qu'un moment. Et qu'est-ce encore? du bruit et de l'éclat, rien de plus. D'ailleurs, elles peuvent causer des accidens. Non, non, mon argent me deviendra plus utile. Le jardinier en achètera des souliers pour ses enfans; et les pauvres petits ne seront pas réduits à courir pieds nus sur des pierres et à travers les ronces.

ÉDOUARD, *avec un ris moqueur.*

Et que nous importe que ces enfans aient des souliers, ou non? Je ne vois pas en quoi cela nous touche.

CHARLES.

Mais cela les touche, mon frère, et c'en est bien assez. Que le ciel nous préserve de ne songer qu'à nos besoins, sans nous embarrasser de ceux des autres! mon cher Édouard, prenons pitié des pauvres. Ils sont hommes aussi bien que nous.

Édouard ne trouva pas un mot pour répliquer; mais il nous quitta brusquement pour aller tourmenter un chat qu'il voyait de loin dormir sur un banc de gazon.

Que dites-vous de cela, maman? J'en suis honteux pour Édouard, et j'aime Charles plus que jamais. Madame Grandisson aura sûrement bien plus de plaisir à apprendre la générosité de son fils, qu'elle n'en aurait eu à voir toutes les fusées du monde. Oh, si je suis jamais riche, je me garderai bien de fermer ma bourse aux nécessités des pauvres. Cela doit être un si grand plaisir que d'assister un homme qui a besoin de vous! Adieu, ma chère maman; on vient de m'appeler pour aller faire un tour de promenade. Avec quelle impatience j'attends vos lettres! Ah! quand m'en viendra-t-il de ma petite sœur?

LETTRE X.

Madame D*** à son fils.

Amsterdam, le 20 juin.

Je suis enchantée de ta dernière lettre, mon cher fils. Tu as bien raison de préférer la manière de penser de Charles à celle d'Édouard. Combien son bon cœur a dû être satisfait en voyant la joie de l'honnête jardinier! C'est un plaisir qui se renouvellera toutes les fois qu'il verra des souliers aux pieds des pauvres enfans. Le meilleur moyen de mériter sa richesse, est de faire des heureux.

Madame Grandisson vient de m'envoyer un de tes dessins. Je suis charmée de te voir si bien profiter des leçons que l'on te donne. Si la fortune te refuse ses faveurs, la peinture est une profession honorable que le fils d'un colonel ne doit pas dédaigner. C'est d'ailleurs une occupation amusante, qui, en te préservant de l'oisiveté, te préservera de tous les vices qu'elle entraîne. La pratique des beaux-arts est la plus sûre sauvegarde de la jeunesse contre les passions.

Le désir que tu témoignes de recevoir des lettres de ta petite sœur lui a fait faire beaucoup de réflexions. O maman, me disait-elle hier au soir, que c'est une jolie chose que de savoir écrire! Quand vous me lisez les lettres de mon frère, c'est comme s'il était avec nous, comme s'il nous parlait. Oh! je vous en prie, maman, donnez-moi bien vite un maître à écrire ; que j'écrive à mon frère, ce sera aussi comme si je lui parlais, comme si j'étais avec lui. Elle m'a tant pressée, que je lui ai promis de lui donner un maître pour le mois prochain. Elle m'a sauté au cou : Ah! maman, que je vais être sage! Oui, je veux mériter la grâce que vous m'accordez. Que pourrai-je faire pour que vous soyez toujours contente de moi ? Tu n'as qu'à bien apprendre, ma fille, lui ai-je dit. Mais, maman, bien apprendre, ce n'est pas pour vous, c'est pour moi. Cela me regarde autant que toi-même, lui ai-je répondu : le bonheur de mes enfans n'est-il pas le mien ? Oh! maman, a-t-elle repris aussitôt, quand pourrai-je faire quelque chose qui soit pour vous toute seule ? Eh bien! mon fils, cela n'est-il pas joli de la part d'un enfant de six ans ? Je la pris dans mes bras, et je la serrai contre mon cœur. Je l'embrasse avec la même tendresse.

LETTRE XI.

Guillaume D*** à sa mère.

Le 27 juin.

Ah! maman, il vient d'arriver un grand malheur; Édouard est tombé dans l'eau. Il est très-malade.

Madame Grandisson est malade aussi. Nous sommes tous dans le chagrin. Vous allez voir que, si Édouard souffre, c'est bien par sa faute. Il est encore fort heureux d'en être réchappé. S'il n'avait pas reçu de secours si à propos, il se noyait certainement.

C'était hier après dîner. Il n'avait pas fait son devoir de la matinée. M. Grandisson lui avait ordonné de rester dans sa chambre pour le finir. Voyez comme il est désobéissant ! Il descendit malgré cet ordre, et vint nous trouver. Mais attendez, je vous prie, il faut que je vous raconte la chose exactement comme elle s'est passée.

Nous étions parti depuis un quart d'heure, dans le dessein d'aller boire du lait chaud, pour notre goûter, à une petite ferme assez peu éloignée. Nous entendîmes bientôt Édouard qui accourrait vers nous à perte d'haleine. Nous nous arrêtâmes pour l'attendre, croyant qu'il avait obtenu la permission de venir nous joindre. Il arriva. Nous reprîmes alors notre marche ; et, après avoir fait quelques pas ensemble, nous rencontrâmes un petit garçon qui poussait une brouette où il y avait un petit tonneau de vinaigre. Il voulut se ranger civilement pour nous laisser passer. La roue tourna dans l'ornière, la brouette versa, et le tonneau tomba à terre. Le pauvre enfant se trouva dans un grand embarras, parce qu'il n'était pas en état de remettre le tonneau sur la brouette, et qu'il n'y avait pas une grande personne pour lui prêter la main. Charles, le bon Charles courut aussitôt vers lui. Allons, Guillaume, allons, Édouard, il nous faut aider ce brave petit garçon. Nous aurons bien assez de force à nous quatre pour remonter son tonneau. Vraiment oui, dit Édouard, il nous siérait bien de nous occuper de ces choses-là! Pourquoi non, répondit Charles; il ne messied jamais, ce me semble, de faire une bonne action. Tu n'as qu'à rester tranquille. Voyons nous trois si nous serons assez forts. Nous voilà aussitôt à l'ouvrage; et dans un moment la brouette fut relevée, et le tonneau remis par-dessus, tandis qu'Édouard ne faisait que chanter et se moquer de nous. Le petit garçon fut bien joyeux; il nous remercia et poursuivit son chemin. Allons, Charles, dit Édouard, voilà qui est à merveille; je vois avec plaisir que tu serais un fort bon vinaigrier. Eh bien! mon frère, lui répondit Charles en souriant, si je le suis jamais, et que j'aie le malheur de laisser tomber mon tonneau, je serai fort aise de trouver quelqu'un qui ait la bonté de me secourir. Oui, tu n'as qu'à rire, reprit Édouard; mais que dirait mon papa, s'il était instruit de ce que tu viens de faire? Il en estimerait davantage son fils, dit Émilie. Mon papa est bon, et à la place de Charles, il en aurait fait tout autant que lui. Fi donc! repartit Edouard, vous me faites rougir pour vous deux. C'est bien à des gens comme nous de nous mêler des affaires du bas peuple! Oh! interrompit Charles, s'il a besoin de nous quelquefois, nous avons plus souvent besoin de lui. Nous avons secouru ce petit garçon : qui sait si son secours ne sera pas un jour très-nécessaire à quelqu'un de nous ?

Vous verrez bientôt, maman, que Charles avait raison.

A peine étions-nous arrivés à la ferme, qu'Édouard nous proposa de faire une petite navigation sur un batelet qui était là tout près dans un fossé. Émilie et Charles n'en voulurent rien faire, en disant que leur papa le leur avait expressément défendu. Bon, il n'en saura rien, dit Édouard. Mais, mon frère, répondit Charles, nous ne devons rien faire que notre papa ne doive savoir. A la bonne heure, dit Édouard. En ce cas, je vais faire un tour dans la prairie, car je ne m'amuse pas ici. Nous pensâmes tous que c'était en effet son dessein. Mais l'auriez-vous cru, maman ? Au lieu d'aller, comme il le disait, dans la prairie, il tourna autour de la ferme, et il alla se mettre dans le bateau. Environ une demi-heure après, nous entendîmes crier au secours. Nous y courûmes avec le fermier et son fils. Quelle fut notre consternation en voyant le bateau renversé, et le malheureux Édouard caché sous les ondes. Un petit garçon était près de lui, et le tirait par le pan de son habit, sans avoir la force de le soulever. C'était lui qui venait de crier au secours. Le fermier se jeta aussitôt dans le fossé, et vint à bout de les retirer de l'eau tous les deux. Mais Édouard était sans connaissance et sans mouvement. Émilie poussait des cris pitoyables. Moi, j'étais si saisi, que je ne pouvais rien dire. Charles seul était calme, et avait conservé toute sa présence d'esprit. Il ordonna d'abord que l'on portât son frère dans la maison du fermier, pour le faire revenir de son évanouissement. Puis il dit à sa sœur de se tenir tranquille, de peur que ses cris n'allassent jusqu'aux oreilles de son papa. Je vais retourner vers lui, ajouta-t-il, pour le prévenir doucement du malheur qui vient d'arriver. Ayez bien soin de mon frère.

N'admirez-vous pas, ma chère maman, des précautions si sages et si tendres?

Mais quelle fut l'agitation de ses parens en entendant son récit! Madame Grandisson tomba évanouie. M. Grandisson, après lui avoir donné des secours, courut aussitôt vers son fils. On venait de le porter dans la maison. Il n'était personne qui ne le crût mort. Malgré sa fermeté, M. Grandisson ne put s'empêcher de répandre des larmes. Oh! combien un bon père aime ses enfans! Il oublie toutes leurs fautes lorsqu'il les voit en danger. A force de soins, on fit revenir Édouard à lui-même; mais il est encore au lit, parce qu'il a une grosse fièvre. Le voilà bien puni de sa désobéissance. Il a été sur le point de perdre la vie, et de donner la mort à ses parens. C'est une bonne leçon pour m'apprendre à être toujours soumis et docile. Adieu, ma chère maman; je vous donnerai bientôt des nouvelles. Que j'aurai de choses à dire à ma petite sœur pour la scène touchante qu'elle a eue avec vous! Je l'attends à notre correspondance.

LETTRE XII.

Guillaume D*** à sa mère.

Le 2 juillet.

Madame Grandisson est beaucoup mieux, maman. Édouard sera bientôt rétabli, et j'espère que cette aventure le rendra plus sage. Je vous ai parlé, dans ma dernière lettre, d'un petit garçon qui a sauvé Édouard en le tenant par son habit. Eh bien! j'avais oublié de vous le dire, c'est le petit vinaigrier que nous avions aidé à remettre son tonneau sur sa brouette. Charles le disait bien; on peut avoir besoin de tout le monde, sans pouvoir deviner comment. C'en était sûrement fait d'Édouard, si nous n'avions secouru le petit garçon; car, en restant sur le chemin près de sa brouette renversée, il n'aurait pu se trouver à portée de voir l'accident d'Édouard, de se précipiter dans l'eau pour le soutenir, et d'appeler du secours. Mais il faut que je vous rapporte un entretien que nous eûmes à ce sujet, hier après dîner, lorsque nous étions avec M. Grandisson dans la chambre du malade.

Vous avez bien de la bonté, nous dit Édouard, de venir me tenir compagnie.

CHARLES.

Ne viendrais-tu pas près de nous, mon frère, si nous étions malades?

ÉDOUARD.

Guillaume aurait peut-être plus de plaisir à s'aller promener ?

GUILLAUME.

Non, je t'assure, Édouard. C'est un assez grand plaisir pour moi de voir que tu commences à te trouver mieux.

ÉMILIE.

Surtout quand nous pensons au danger que nous avons couru de te perdre.

ÉDOUARD.

Cela est vrai. Sans ce brave petit garçon, c'en était fait absolument de moi.

M. GRANDISSON.

Je suis bien aise, mon fils, que cette réflexion occupe ton esprit. Tu vois à présent, comme te le disait Charles, que l'on ne peut jamais savoir si l'on n'aura pas besoin de telle personne qui se trouve avoir besoin de nous.

ÉDOUARD.

Vous avez raison, mon papa. J'ai bien du regret de n'avoir pas aidé ce petit garçon, qui devait me rendre un si grand service.

M. GRANDISSON.

Je te sais gré, mon fils, de reconnaître que tu as eu tort. Il ne te reste plus qu'à te souvenir sans cesse de ton libérateur, dans la pensée qu'il viendra peut-être un jour où tu pourras lui rendre le change. Jusqu'à ce moment tu peux, en quelque sorte, t'acquitter envers lui, en secourant, à son intention, tous ceux que tu verras dans la peine. Tu peux encore tirer de ton malheur une leçon fort utile; c'est qu'il ne faut jamais mépriser ceux qui paraissent au-dessous de notre état. A la place du petit vinaigrier, qu'aurait fait un jeune gentilhomme ? Il se serait sans doute contenté d'appeler du secours sans te secourir lui-même ; et tu aurais eu le temps de périr sous ses yeux, avant qu'il eût osé mettre un pied dans le fossé. Le petit garçon, au contraire, plus courageux et plus compatissant, s'est précipité dans l'eau après toi, au péril de sa propre vie. Tu venais de lui refuser un service qui ne t'aurait coûté qu'un léger effort ; et, malgré ta dureté à son égard, il n'a pas craint de hasarder ses jours pour sauver les tiens. As-tu fait jusqu'à présent, et feras-tu peut-être dans toute ta vie une action qui approche de la sienne ? De tendres parens, un frère, une sœur, un ami, lui doivent un objet chéri qu'ils allaient perdre. La société lui doit un de ses enfans qui peut un jour travailler utilement pour elle. Gardons - nous bien de mépriser aucun de nos semblables, dans quelque rang que le sort l'ait placé, puisque les petits peuvent quelquefois nous être encore plus utiles que les plus grands.

J'avais les larmes aux yeux, ma chère maman, pendant le discours de M. Grandisson. Il me semblait que tous ces sentimens étaient déjà dans le fond de mon cœur. Oh ! oui, j'ai observé plus d'une fois que les gens du peuple sont les plus secourables, lorsqu'ils voient quelqu'un dans le besoin ; et l'on ne peut pas être méchant quand on est si bien disposé à secourir ses frères.

Adieu, ma chère maman. Nous allons demain dîner chez la sœur de M. Grandisson. C'est à plusieurs milles d'ici. Je suis obligé de vous quitter. Nous devons nous coucher ce soir de bonne heure, pour être levés demain de grand matin. Édouard ne peut pas venir avec nous. Il en est si fâché que cela me fâche pour lui. Voilà encore une autre punition de sa faute. Je vous rendrai compte de notre visite. Écrivez-moi, je vous prie, ma chère maman, jusqu'à ce que ma petite sœur puisse devenir votre secrétaire.

LETTRE XIII.

Guillaume D*** à sa mère,

Le 5 juillet.

Nous avons eu beaucoup de plaisir, ma chère maman, chez mylord et mylady Campley. J'aurais voulu que vous eussiez pu voir comment mon ami Charles s'est comporté au milieu d'une nombreuse compagnie. Il y avait une autre jeune garçon à peu près de notre âge. Quelle différence entre Charles et lui ! Celui-ci a toujours un maintien roide et affecté. Il ne sait faire autre chose que des complimens et des révérences. Il n'ose regarder personne en face, comme s'il avait honte d'une mauvaise action. Charles, au contraire, est civil avec une noble assurance. Il se présente d'un air aisé tout ensemble et modeste. Il écoute avec attention, et se permet peu de parler; mais ce qu'il dit est plein de grâce et de justesse, et tout le monde semble prendre du plaisir à l'entendre. Il distingue à merveille ce qu'il doit à chacun de ceux avec lesquels il se trouve. Respectueux envers ses supérieurs et les personnes plus âgées que lui; il est poli pour ses égaux, et affable pour ses inférieurs. Sans paraître trop empressé dans ses soins, il a les attentions les plus délicates. Je ne vous en donnerai qu'un exemple. Nous étions allés nous promener dans le jardin. Une jeune demoiselle avait oublié son chapeau à la maison. Elle ne tarda pas à se plaindre de l'ardeur du soleil. Charles l'avait déjà devinée; et, lorsqu'elle se disposait à aller chercher son chapeau, elle vit arriver Charles qui le lui apportait. Il lui demanda la permission de le mettre lui-même sur sa tête; ce qu'il fit avec toute la gentillesse dont il est capable. Oui, je vous assure, il est en compagnie comme un homme de trente ans. Après le dîner, il exécuta sur le clavecin une pièce fort difficile, et il reçut des applaudissemens de tout le monde. Oh! si je pouvais devenir aussi aimable que lui, que je serais heureux! quand ce ne serait, maman, que pour vous plaire davantage. Les deux filles de mylady sont aussi très-bien élevées. L'aînée, qui s'appelle Charlotte, chante à ravir. Émilie l'aime tendrement. Elles se sont promis de s'écrire l'une à l'autre.

Mais j'allais oublier de vous raconter ce qui nous est arrivé sur la route à notre retour. M. et madame Grandisson avaient pris les devans avec Émilie et une dame du voisinage qui les avait accompagnés. M. Bartlet, Charles et moi nous étions dans une seconde voiture. A peine avions-nous fait deux milles, que nous vîmes un pauvre vieillard assis au pied d'un arbre. Charles fit arrêter la voiture, et se tournant vers M. Bartlet : Tenez, monsieur, lui dit-il, voyez, je vous prie, ce vieillard. Il paraît être aveugle, et il n'a personne auprès de lui. Que peut faire là ce pauvre malheureux? Voulez-vous me permettre de l'aller questionner? Bien volontiers, mon ami, lui répondit le digne M. Bartlet, Charles descendit aussitôt de voiture. Il courut vers le pauvre homme, et lui dit : Qui êtes-vous, mon ami, et que faites-vous tout seul dans cet endroit solitaire? Hélas! répondit l'aveugle, je demeure à plus de deux milles d'ici. J'étais sorti ce matin pour venir demander l'aumône dans ce village qui est... je ne sais plus de quel côté; et mon conducteur, qui est un mauvais enfant, n'a pas voulu me reconduire, parce que je n'avais pas ramassé assez d'argent pour le payer comme à l'ordinaire. Je n'ai d'autre espérance que dans le ciel, qui enverra peut-être quelqu'un pour me secourir. Mais, lui dit Charles, le soleil vient de se coucher, il fera bientôt nuit; que deviendrez-vous ici? Il faudra donc que j'y périsse de misère! répondit l'aveugle. Non, reprit Charles, je veux être celui que vous attendez de la part du ciel pour vous sauver.

Oh! monsieur Bartlet, lui dit-il en revenant vers nous, me refuserez-vous la douceur de sauver un misérable vieillard, un pauvre aveugle abandonné, sans secours, et qui va périr, si nous n'avons pitié de lui? La nuit s'avance. Que deviendra ce malheureux, s'il n'a personne pour le guider? Son habitation n'est qu'à deux milles d'ici. Qui nous empêche de l'y reconduire dans notre voiture? Oui, Charles, lui répondit M. Bartlet, suivez les mouvemens de votre cœur généreux. Charles n'eut pas plutôt reçu cette réponse, qu'il alla prendre le vieillard par la main, et le fit monter dans le carrosse. Un autre que mon ami aurait eu peut-être une mauvaise honte d'aller avec un homme qui avait des habits si déchirés; mais lui, au contraire, il semblait s'en faire honneur. Il ne fallut pas nous détourner beaucoup de notre route pour ramener le pauvre vieillard dans sa chaumière. Je vis que Charles, en le faisant descendre de la voiture, lui glissait de l'argent dans la main; et nous nous séparâmes de lui après en avoir reçu mille bénédictions. A notre arrivée, tout le monde donna des louanges à cet acte d'humanité. Mais, dit Émilie, cet homme, avec sa grande barbe et ses haillons, devait faire une singulière figure dans votre calèche! Ah! ma sœur, je ne pensais guère à son accoutrement, répondit Charles, tant j'avais de joie d'avoir pu secourir un malheureux! M. Grandisson ne put y tenir, ses yeux se remplirent de douces larmes. Il tendit les bras à son fils, qui vint s'y précipiter, et il le serra tendrement contre son cœur. O maman! que le mien était plein pendant une scène si touchante! Il me semble que cette calèche est un beau char de triomphe pour mon ami.

LETTRE XIV.

Guillaume D*** à sa mère.

Le 12 juillet.

Je vous remercie, ma chère maman, de votre lettre gracieuse. Il y avait bien long-temps que vous ne m'aviez écrit. Je craignais que vous ne fussiez pas contente de moi. Savez-vous ce que je fais? Je porte toujours dans mon sein la dernière lettre que j'ai reçue de vous, pour être plus souvent à portée de la lire, et de repasser les bonnes leçons que vous m'y donnez. Il me semble que je vais en valoir un peu mieux chaque fois que je l'ai lue.

C'était hier la fête de madame Grandisson, Charles se leva de très-bonne heure. Sa prière fut beaucoup plus longue qu'à l'ordinaire. Il priait sans doute le ciel pour sa chère maman, comme je fais pour vous quand c'est votre fête. Il s'habilla ensuite de neuf. Vous auriez été charmée de sa bonne mine.

Mais il faut que je reprenne les choses d'un peu plus loin.

Il y a près d'un mois qu'Édouard et Charles eurent chacun un habit neuf d'été, qu'ils avaient choisis eux-mêmes. Édouard mit le sien dès le premier jour; mais Charles continua de porter celui de l'année précédente, qui était encore fort propre. Son père lui en ayant demandé la raison, il lui répondit qu'il réservait sa parure pour une visite de cérémonie. Voyez-vous, maman? Cette visite était celle qu'il devait rendre à sa mère, le jour de sa fête. Que Charles est aimable! et comme tout ce qu'il fait est bien imaginé! Émilie était déjà venue frapper à notre porte, et nous attendait avec impatience. Nous descendîmes ensemble, et nous trouvâmes M. et madame Grandisson qui déjeûnaient dans le selon. Charles fut le premier qui souhaita une bonne fête à sa maman. Il mit un genou en terre devant elle, et lui baisa respectuesement la main. Oh! si je pouvais me rappeler tout ce qu'il lui dit! mais j'étais trop vivement ému pour retenir la suite de ses paroles. Il lui présenta aussi un bouquet de fleurs qu'il avait cultivées de ses propres mains. Émilie le suivit, et donna à sa maman un joli sac à ouvrage qu'elle avait fait elle-même. Ce présent était tout-à-fait inattendu, et il en devint par là plus agréable. Madame Grandisson prit ses deux enfans sur son sein, et les baisa tendrement. Ils furent ensuite embrassés de leur papa, tandis que je faisais mon compliment du mieux qu'il m'était possible. Ce fut au moins avec un cœur bien sincère, car j'aime véritablement mes dignes bienfaiteurs. Édouard vint un moment après. Je suis bien sûr qu'il aime sa maman. Eh! qui ne l'aimerait pas? Mais il eut beau faire, ses manières ne me firent pas autant de plaisir que celles de Charles. L'un fait tout plus agréablement que l'autre. Émilie eut une jolie paire de bracelets. Charles et Édouard eurent chacun une montre à répétition. Croiriez-vous que depuis hier celle d'Édouard est déjà dérangée? Et moi, ma chère maman, j'ai eu un beau microscope. Cela vaut mieux pour moi que tous les bijoux. Oh! la bonne madame Grandisson! Comment ai-je mérité ce cadeau?

Le soir il nous vint une grande compagnie de toutes les maisons de campagne d'alentour. Charles fit les honneurs de la table comme un homme fait. Il dépeça les viandes, il versa les liqueurs, il servit les dames : en un mot, il remplit à merveille son petit emploi.

Voilà une bien longue lettre, maman; mais je parle de mon ami, et c'est à vous que j'en parle. Je ne suis plus étonné que de pouvoir si tôt finir. Je ne le ferai pourtant pas sans avoir tendrement embrassé ma petite sœur, pour qu'elle vous le rende.

LETTRE XV.

Guillaume D*** à sa mère.

Le 15 juillet.

J'ai tous les jours de nouveaux plaisirs, ma chère maman. Votre fils est maintenant devenu jardinier. Veux-tu m'aider? me dit l'autre jour mon ami. Il faudrait donner une autre tournure à mon jardin. La saison des fleurs est passée; je veux faire venir de la salade pour régaler maman pendant tout le reste de l'été. Si je le veux! lui répondis-je. Oh! sûrement. Je te serai toujours obligé, lorsque tu me donneras l'occasion de faire quelque chose pour toi. Nous allâmes aussitôt prendre une camisole légère, et nous voilà tous les deux la bêche à la main. Le jardin fut défriché le soir même. Nous recueillîmes avec soin les griffes et les ognons pour les remettre en terre avant notre départ. Hier nous nous sommes levés à cinq heures. On n'a pas long-temps à dormir dans notre métier, parce qu'on ne peut rien transplanter à l'ardeur du soleil. Ce matin nous sommes retournés de bonne heure à l'ouvrage, et nous avons eu le plaisir de l'achever avant le déjeûner. Nous n'attendons plus que de voir lever nos semailles, et prendre racine à nos plantations.

Dans cet intervalle nous aurons assez de besogne

à extirper les mauvaises herbes. Quel plaisir ce sera pour nous de voir croître nos petites plantes! j'avais fait jusqu'ici comme les autres enfans qui voient tous les jours les productions de la nature sans y faire attention. Mais Charles m'apprend à réfléchir sur tout ce que je vois. Je puis encore vous en donner un exemple dans un entretien que nous eûmes hier. Je ne sais si je vous ai déjà écrit que Charles avait une jolie volière, peuplée de toutes sortes d'oiseaux dont il prend soin lui-même. Nous avions fini notre jardinage, et nous faisions un tour de promenade avec Émilie. Attendez un moment, nous dit Charles, il faut que je vous quitte. Je n'ai pas encore pansé mes oiseaux aujourd'hui.

ÉMILIE.

Nous irons avec lui, n'est-ce pas, Guillaume?

GUILLAUME.

Avec grand plaisir, Émilie.

CHARLES.

Vous êtes de bons enfans de venir rendre visite à mes petits pensionnaires.

GUILLAUME.

Oh! les jolis oiseaux! Comme ils paraissent joyeux de te voir!

CHARLES.

C'est qu'ils sont accoutumés à manger de ma main.

GUILLAUME.

On dirait qu'ils te reconnaissent.

CHARLES.

Je me flatte d'être un peu de leur connaissance.

J'ai observé cependant que lorsque j'ai mon chapeau sur la tête, ils s'enfuient de moi, comme s'ils ne me connaissaient plus. L'instinct de mon chien est plus sûr. Il me reconnaîtrait, je crois, sous toute espèce de déguisement.

ÉMILIE.

Édouard devrait bien apprendre de toi à être plus soigneux. N'a-t-il pas laissé mourir l'autre jour sa linote de faim! Oh! si j'avais un oiseau, je me garderais bien de l'oublier.

CHARLES.

Tu as raison. Il faut bien soigner ces pauvres petits animaux, puisqu'ils ne sont pas en état de pourvoir eux-mêmes à leurs besoins.

ÉMILIE.

Mais ne vaudrait-il pas mieux encore leur donner la volée, que de les tenir prisonniers? On ne renferme que ceux qui ont fait du mal aux autres; et sûrement ces pauvres oiseaux n'en ont fait à personne.

CHARLES.

Non, sans doute; mais ils ne sont pas malheureux dans leur cage. S'ils avaient joui auparavant de leur liberté, je me serais bien gardé de les en priver. Mais ils sont nés dans leur prison; et je parie que je leur ouvrirais la volière, qu'ils craindraient d'en sortir.

ÉMILIE.

Ils voient cependant les autres voler librement dans les airs. Que penserions-nous si nous étions renfermés?

CHARLES.

Nous penserions qu'il est fort agréable d'être libre, et fort triste d'être prisonnier. Mais les oiseaux n'ont aucune idée de cette différence. Pourvu qu'on leur donne à manger et à boire, ils sont contens. Ils jouissent de ce qu'ils ont sans penser à ce qui leur manque.

ÉMILIE.

Je suis bien aise de ce que tu m'as tranquillisée là-dessus. Ma tante Campley m'a promis un serin. Je ne pensais à le recevoir que pour lui donner la volée. Tu peux venir à présent, mon petit ami. J'aurai bien soin de toi, et tu auras abondamment du grain dans ta cage, malgré l'hiver, lorsque les autres oiseaux ont tant de peine à en trouver sous la neige.

Vous voyez, maman, combien Émilie est une bonne fille! je pense que ma petite sœur ne trouvera pas ma lettre trop longue. Voilà un bon modèle que je lui présente pour l'imiter.

LETTRE XVI.

*Guillaume D*** à sa mère.*

Le 18 juillet.

CHARLES, Édouard et moi nous sommes allés dîner hier chez le chevalier Friendly. Il a un fils à peu

LE PETIT GRANDISSON. 43

près de notre âge, avec qui nous nous sommes bien amusés. Je veux vous faire part, ma chère maman, de l'entretien que nous eûmes à ce sujet, à notre retour. Émilie vint à notre rencontre, et nous demanda d'un air gracieux si nous étions contens de notre journée.

Oui, ma chère sœur, lui répondit Charles; mais j'aurais eu encore plus de plaisir, si tu avais pu être de la partie.

ÉMILIE.

Tu as bien de la bonté, mon frère. Cependant Édouard ne me paraît pas trop satisfait de sa visite.

ÉDOUARD.

Il est vrai. Une autre fois je reste à la maison. Le jeune Friendly ne me convient pas du tout.

CHARLES.

En quoi donc, mon cher Édouard? Il est si doux et si poli.

ÉDOUARD.

C'est qu'il ressemble plus à un homme de quarante ans qu'à un jeune homme de quatorze.

CHARLES.

Voilà justement ce que j'estime en lui. Ne trouves-tu pas surprenant qu'on puisse avoir tant de sagesse et d'instruction à son âge?

ÉDOUARD.

Quel besoin avait-il de nous étaler tous ses instrumens de physique? Que dirais-tu si j'allais parler à une demoiselle des beautés du latin? Ne serait-ce point une impolitesse de ma part?

CHARLES.

Oui, sans doute, parce que tu saurais déjà qu'elle n'a pas été élevée à entendre cette langue. Mais le jeune Friendly pouvait nous supposer aussi bien instruits que lui-même; et je le crois trop modeste pour avoir eu l'intention de nous humilier. Il ne voulait que nous amuser un moment par quelques expériences curieuses sur sa machine électrique. J'avoue qu'elles m'ont fait d'autant plus de plaisir, qu'il m'a semblé que ces connaissances n'étaient pas au-dessus de notre portée; et j'y ai pris une nouvelle ardeur pour m'instruire dans toutes les sciences qui ont pour objet l'étude de la nature.

ÉDOUARD.

Et que dis-tu de voir qu'un jeune homme de condition ait un tour à tourner?

CHARLES.

Je le trouve si bien de mon goût, que je veux prier mon papa de m'en donner un.

ÉMILIE.

Oh! oui, Charles, je t'en prie. Tu me feras de jolis ouvrages en ivoire.

ÉDOUARD.

Vraiment je ne puis m'empêcher d'en rire. Charles Grandisson se faire tourneur! c'est une excellente idée. Voilà un beau métier qu'il aura, s'il devient jamais pauvre.

CHARLES.

Ne crois pas badiner, mon frère. Il y a des gens bien au-dessus de nous qui sont tombés dans la pauvreté. Quoique j'espère n'avoir pas besoin de l'art de tourner pour gagner ma vie, c'est une occupation fort amusante, et qui donne de l'adresse à nos mains. Je la prendrai pour délassement quand je serai fatigué de l'étude.

O ma chère maman, si vous étiez assez riche pour me donner aussi un tour! Mais non, que cela ne vous inquiète pas. Je travaillerai sur celui de mon ami Charles. Le jeune Friendly a tourné en notre présence une petite boîte d'ivoire qu'il m'a donnée. Je vous l'envoie pour ma petite sœur, jusqu'à ce que je puisse lui en donner une de ma façon.

LETTRE XVII.

Guillaume D*** à sa mère.

Le 22 juillet.

Monsieur et madame Grandisson sont allés passer quelques jours chez un de leurs amis. M. Bartlet vient de partir pour Londres. Ainsi, ma chère maman, nous voilà restés seuls avec une ancienne femme de chambre, et un petit nombre de domestiques. Émilie conduit le ménage en l'absence de sa mère. Oui, en vérité, c'est elle qui donne ses ordres à tout le monde, et avec autant de sagesse que si elle avait dix ans de plus. N'est-ce pas bien joli de la part d'une si jeune demoiselle? elle n'a pas encore douze ans, et les domestiques la respectent déjà comme leur maîtresse. Savez-vous pourquoi ? C'est qu'elle ne leur parle jamais qu'avec douceur, sans se familiariser avec eux. Elle suit en cela l'exemple de son frère Charles. Vous ne sauriez croire combien il est aimé et honoré de tous les gens de la maison. Édouard, au contraire, ne fait que jouer avec eux ; et ils ne peuvent le souffrir. Il est vrai qu'il leur fait bien des malices, et qu'il les traite souvent avec une hauteur insupportable. Oh ! s'il était allé avec son papa et sa maman ! Dès qu'ils ne sont plus là pour le morigéner, il n'y a plus moyen de tenir avec lui. Charles, Émilie et moi nous n'en remplissons pas moins nos heures d'étude, que si M. et madame Grandisson étaient ici pour veiller sur nous ; mais Édouard profite de leur absence pour passer sa journée à baguenauder ou à courir les champs. Il ne cherche même qu'à nous détourner de nos exercices, comme si notre application était un sujet de reproche pour sa paresse. Nous étions hier au matin dans un coin de la chambre, occupés à dessiner ; Édouard s'amusait à faire voler un hanneton au bout d'un fil, et, sous prétexte de le suivre, il venait donner des secousses à nos chaises, pour nous troubler dans notre travail. Émilie, emportée par sa vivacité, allait le tancer vertement ; Charles la prévint, et adressant avec douceur la parole à son frère : Mon cher Édouard, lui dit-il, si tu veux jouer à la bonne heure ; mais pourquoi nous interrompre ?

ÉDOUARD.

Ne vois-tu pas que c'est mon hanneton qui m'entraîne ?

ÉMILIE.

Voilà qui paraît bien croyable.

CHARLES.

Sans vouloir te fâcher, dis-moi quel plaisir peut trouver un garçon de ton âge dans un pareil amusement ? N'est-ce pas tourmenter une pauvre bête sans nécessité ?

ÉDOUARD.

Eh bien ! je vais lui donner la volée, pourvu que tu viennes te promener avec moi dans le jardin.

CHARLES.

C'est-à-dire que, si je refuse d'y aller, tu continueras de tourmenter ce pauvre hanneton. Ce n'est cependant pas sa faute, si je ne veux pas te suivre.

ÉDOUARD.

Te voilà bien ! Jamais il ne te plaît de faire ce que je te demande.

CHARLES.

Écoute donc. Il vaut encore mieux, à mon avis, faire ce que demande mon papa ; et il veut que cette heure soit donnée au travail.

ÉDOUARD.

Comme s'il était ici pour nous y forcer !

ÉMILIE.

Tu ne fais donc rien que par force ?

ÉDOUARD.

Vous êtes toujours tous les deux à vous entendre contre moi.

CHARLES.

Non, mon frère; et, quoique Émilie ait raison, pour te prouver que je suis à ton service, me voilà prêt à te suivre. Je puis achever mon dessin dans un autre moment. Allons dans le jardin. Ce sera toujours un plaisir pour moi de t'obliger.

Il n'étaient pas au bout de l'allée, qu'il survint une grosse averse; ce qui les força de rentrer, au grand regret d'Édouard. Charles, pour le consoler, lui proposa de faire entre nous une petite lecture dans l'histoire ancienne. Va, je n'ai pas besoin de tes livres, lui répondit brusquement Édouard. Je n'ai pas envie d'être un savant, je dois être un officier.

CHARLES.

Eh bien ! crois-tu que la connaissance de l'histoire ne lui soit pas utile.

ÉMILIE.

Un joli officier, qui ne saura parler que de bombes et de canons !

Édouard fit une grimace à sa sœur, et voulut nous obliger à jouer aux quatre coins, en prenant John pour faire le cinquième. Mais Charles, qui, malgré la douceur de son caractère, est capable de la plus grande fermeté, lui répondit : Non, mon frère, il n'a pas tenu à moi tout à l'heure que je fisse ce qui pouvait te faire plaisir. La pluie nous a contrariés. Je t'ai proposé un autre amusement qui devait te satisfaire. Tu ne l'acceptes point; mais il convient à ma sœur et à mon ami ; et je crois devoir céder à un goût raisonnable plutôt qu'à tes caprices.

Édouard, qui sait que son frère ne revient pas aisément d'un parti qu'il a pris, sortit aussitôt d'un air grognon ; et malgré la pluie, il courut jouer dans la cour avec un grand dogue, dont il a fait son ami pour le tarabuster sans cesse. Il n'en revint qu'au bout d'une heure, trempé jusqu'aux os, et tout couvert de crotte de la tête aux pieds. Pour nous, dans cet intervalle, après avoir lu la vie d'Épaminondas, qui nous fit infiniment de plaisir, nous eûmes le temps de reprendre nos dessins et de les achever. Il se présenta l'après-midi une occasion pour les envoyer à M. Grandisson ; et nous avons eu ce matin le plaisir d'apprendre qu'il en a été fort satisfait. Mais qu'aura-t-il pu penser d'Édouard qui ne lui a rien envoyé ; voilà ce qui m'afflige. Je donnerais tout au monde pour qu'il fût aussi bon, aussi aimable, aussi appliqué que son frère. C'est alors qu'il ne manquerait plus rien au bonheur de ses parens. Je vois avec regret combien de peines il leur cause. O ma chère maman, s'il m'arrivait un jour de vous donner aussi des chagrins ! Non, non, rassurez-vous. Lorsque je pense à votre tendresse pour moi, je sens tout ce que je dois faire pour m'en rendre digne. J'ose vous promettre que je ne vous donnerai jamais que des sujets de satisfaction. J'entends d'ici ma petite sœur qui vous donne la même parole ; et je l'embrasse tendrement pour cette bonne résolution. Adieu, ma chère maman.

LETTRE XVIII.

Guillaume D*** à sa mère.

Le 24 juillet.

Une des servantes de la maison est très-malade. Vous allez voir, maman, s'il est possible d'avoir un cœur plus sensible et plus compatissant que la bonne Émilie. Elle s'est levée ce matin à la pointe du jour, pour porter elle-même une potion à la pauvre malade. Elle n'a pas eu de repos qu'elle ne la lui ait vu prendre tout entière, parce que c'était absolument l'ordonnance du médecin. On dirait, à la voir, que c'est une sœur chérie à qui elle donne ses soins. Que c'est une chose aimable dans une jeune demoiselle, d'avoir tant d'humanité! Édouard a voulu lui en faire des reproches. Il te sied bien, lui a-t-il dit, de servir toi-même ta servante? Et pourquoi non, mon frère? a-t-elle répondu. Tu joues bien aux quilles avec les domestiques. S'il est de leur devoir de nous servir lorsqu'ils se portent bien, c'est à nous de les soigner lorsqu'ils sont malades; d'ailleurs, la pauvre Peggy ne m'a-t-elle pas veillé plus d'une fois dans les maladies de mon enfance? C'est bien le moins que je fasse pour elle ce qu'elle a fait pour moi. Je pense combien j'aurais de plaisir, à sa place, de voir que l'on me témoigne de l'attachement. Édouard s'est trouvé si honteux, qu'il est sorti brusquement de la chambre. Ah! me suis-je dit à moi-même, Émilie ne fait que ce que j'ai vu faire à ma chère maman. Lorsque notre pauvre Nanette avait la fièvre, c'était maman qui lui donnait ses soins. Mais ce souvenir me fait venir une pensée qui m'attriste. Il y a tant de domestiques dans cette maison!-Et vous, ma chère maman, vous n'avez qu'une servante pour vous servir. Combien vous devez vous trouver malheureuse! Il faut que vous fassiez vous-même une infinité de choses qui conviennent si peu à la veuve d'un colonel! Encore si ma sœur était assez grande pour vous soulager! Mais non, elle ne fait que vous donner plus de peine. Et moi, que fais-je ici, au lieu d'être auprès de vous, pour vous aider de toutes mes forces, et pour vous consoler? Cette réflexion me serre le cœur. Il n'y a qu'une chose qui puisse adoucir ma tristesse; c'est qu'à force de m'instruire, je puisse un jour me mettre en état de finir vos malheurs. Oh! comme une si douce espérance me donne du courage! Adieu, ma chère maman, je vous embrasse entre les larmes et la joie.

LETTRR XIX.

Madame D*** à son fils.

Amsterdam, 6 août.

Que j'aime la jeune Emilie! Oui, mon fils, il

n'est point de vertu plus aimable que l'humanité. Il serait bien à souhaiter que toutes les jeunes demoiselles voulussent profiter d'un si bel exemple, et qu'au lieu de tracasser les domestiques, elles apprissent à les traiter avec bonté. Comment peut-on être insensible au plaisir de se faire aimer de ceux qui nous entourent?

Mais pourquoi t'affliger, mon cher fils, de ce que je n'ai qu'une servante à mes ordres? La multitude des domestiques ne fait pas le bonheur : elle sert plus au faste qu'à l'utilité. Chaque domestique dans une maison annonce un besoin de plus dans le maître et la maîtresse, et les assujettit à plus de soins et de vigilence. Si j'en avais les moyens, j'aurais sans doute le nombre de gens que demanderait mon état; je le regarderais comme un devoir, pour assurer les besoins de la vie à de pauvres malheureux, qui seraient peut-être réduits à souffrir, faute d'emploi. Puisque le ciel n'a pas trouvé bon de m'accorder des richesses, je ne me crois pas à plaindre de n'avoir qu'un seul domestique. C'est tout ce qu'il me faut : je n'ai pas besoin d'autres services que les siens.

Maintenant, mon cher fils, quelles sont les occupations qui ne conviennent pas, dis-tu, à la veuve d'un colonel? Tu n'as pas assez réfléchi à ce que tu voulais dire. Il n'y a aucune honte à se servir soi-même, lorsqu'on n'est pas en état de payer les services des autres. Ne vaut-il pas mieux pour toi de pouvoir dire après ma mort : Ma mère préparait elle-même ses simples repas, nos habits étaient l'ouvrage de ses mains, à peine pouvait-elle nous procurer le nécessaire, mais elle ne devait rien à personne; que si l'on te faisait ce reproche : Vos parens ont vécu selon leur rang et leur naissance; ils avaient une superbe habitation, de magnifiques ameublemens, une suite nombreuse de domestiques; mais ils ne vous ont laissé que des dettes ? — Qu'est-ce alors que le fils d'un colonel? Un jeune homme méprisé, qui, malgré son innocence, porte la honte de ses pères, tandis qu'un homme d'honneur, de la naissance la plus commune, daigne à peine le reconnaître pour son égal.

Ce que je viens de te dire suffira, je l'espère, pour te guérir de ta tristesse, puisque par là je suis entièrement satisfaite de mon sort.

Au reste, mon cher fils, la sensibilité de ton cœur, et les témoignages de ta tendresse, m'ont fait répandre des larmes de joie. Quand je serais encore plus pauvre que je ne le suis, je me croirais riche dans la possession d'un fils aussi vertueux. Adieu, mon cher enfant; continue à suivre les heureuses dispositions que tu fais paraître, et tu seras la consolation de la plus tendre des mères.

Ta petite sœur a été vivement touchée de ta lettre; et j'ai remarqué en elle, depuis ce moment, encore plus d'application et de docilité. O mes enfans, puissiez-vous toujours vous encourager l'un l'autre dans la pratique de vos devoirs!

LETTRE XX.

Guillaume D*** à sa mère.

Le 11 août.

O ma chère maman, de quel malheur affreux je fus témoin l'autre jour! J'en suis encore tout saisi. Non, je n'aurai pas la force de vous le raconter. J'aime mieux vous envoyer une copie des lettres qu'Émilie et Charles ont écrites à leurs parens pour les en instruire, avec les réponses qu'ils en ont reçues. Vous y verrez comme l'humanité règne dans cette généreuse famille. Lisez, je vous prie, lisez.

LETTRE XXI.

Émilie Grandisson à sa mère.

Le 7 août.

Nous avons été dans une grande consternation cette nuit, ma chère maman. La maison de M. Falston, notre voisin, a été entièrement brûlée? Oh! quelles flammes épouvantables! le ciel était rouge comme du sang. Le cœur me battait. Je pleurais, Il est si triste de voir un père de famille perdre tous ses biens! Quelles précautions on doit prendre contre le feu, puisqu'en un moment il peut produire un malheur si terrible! Ce sont les jeunes demoiselles Falston qui en sont la cause. Hier au soir, sans que personne s'en aperçût, elles allèrent chercher dans la cuisine des charbons allumés, et les portèrent dans une petite chambre où l'on ne va guère, pour y faire cuire en secret une galette. Une demi-heure après elles entendirent leur papa qui les appelait. Elles se hâtèrent de manger leur galette à moitié cuite, et elles descendirent. L'heure de se coucher vint bientôt après, et elles montèrent dans leur appartement, sans penser aux charbons allumés qu'elles avaient portés dans la chambre. Le feu aura sans doute pris au tapis, et de là au plancher et aux meubles. Enfin cette nuit, à deux heures, lorsque tout le monde était encore dans le sommeil, voilà la maison tout en flammes. Le ciel les a bien punies. Voyez, maman, pour manger une mauvaise galette, réduire en cendre la maison de son père! Maintenant elles se désolent, elles demandent pardon, elles sont à demi mortes de douleur; mais à quoi cela sert-il? Le feu a tout consumé. On n'a pu sauver ni les meubles, ni les papiers, ni l'argent. A peine les jeunes demoiselles ont-elles pu s'échapper en simples camisoles, et M. Falston lui-même a couru le risque de perdre la vie. Il est cruellement brûlé dans plusieurs parties de son corps. Il serait péri au milieu des flammes, sans le courage de l'un de ses domestiques. Que va maintenant devenir l'orgueil de ces jeunes demoiselles? Hier elles étaient riches; elles sont aujourd'hui si pauvres! Elles traitaient les paysans avec mépris, parce qu'ils n'avaient pas de belles maisons : elles sont aujourd'hui trop heureuses que ces paysans aient voulu les recevoir par pitié dans leur chaumière. Comme il faut peu de temps pour être humilié! Oh! certes, il est bien mal de ne pas traiter ses inférieurs avec affabilité, lorsque l'on voit combien on peut avoir besoin de la compassion de tout le monde

Cette lettre est déjà si longue, que je crains de vous importuner, ma chère maman. Cependant, quoique je n'ose guère vous dire ce que j'ai fait, j'ai encore quelque chose à vous marquer. Le pardonnerez-vous à votre Émilie? Oh! oui, vous êtes si bonne et si compatissante! Les habits des jeunes demoiselles Falston ont tous été brûlés; elles n'en ont pu sauver aucun. J'ai envoyé à la plus jeune, qui est à peu près de ma taille, une de mes robes et du linge. J'aurais bien voulu lui envoyer davantage; mais tout ce que je possède est à vous, et je ne puis en disposer sans votre aveu. Je vous supplie de vouloir bien approuver la liberté que j'ai prise. J'en serai d'autant plus économe à l'avenir pour mes petites affaires. Vous n'aurez pas besoin de me remplacer ce que j'ai donné. Grâces à vos bontés, j'en ai de reste. Adieu, ma chère maman. Embrassez pour moi mon papa; et soyez tous deux assurés de mon respect et de ma tendresse.

LETTRE XXII.

Charles Grandisson à son père.

Le 8 août.

Je prends la liberté, mon cher papa, de vous faire une humble prière pour une malheureuse famille. Ce mouvement de mon cœur pourrait-il vous déplaire? Oh! non, sans doute. Le vôtre est trop sensible et trop généreux.

Vous aurez appris, par la lettre d'Émilie à maman, le cruel malheur qui est arrivé à M. Falston. Mais ce n'est pas tout. Émilie n'a pu vous parler que de sa maison et de ses effets : il est encore sur le point de perdre sa terre. Il a des créanciers qui ne le pressaient pas lorsqu'il était riche. Aujourd'hui que leur créance ne leur paraît pas en sûreté, ils veulent être payés à toute force; et ils ont déjà menacé de faire saisir ses biens pour les vendre. Dans une visite que je viens de lui faire, je l'ai entendu dire au procureur Nelson, que toutes ses dettes ne se montaient pas à plus de deux cents livres sterling ; c'est une petite somme. Faut-il pour cela qu'après avoir éprouvé un malheur si cruel, il soit encore privé du moyen qui lui reste pour élever ses enfans, et qu'il soit livré au besoin dans sa vieillesse? Que le ciel nous préserve de le souffrir. Voici, mon papa, ce que j'ai pensé. Le legs que mon oncle m'a laissé, en mourant, est de cinq mille livres sterling. C'est, je crois, une grosse somme. Elle est entre vos mains, et vous pouvez en disposer. Je puis sûrement me passer de deux cents livres pour tirer un honnête homme d'embarras. Je serai bien assez riche, surtout avec la bonté que vous avez d'ajouter tous les ans pour moi les intérêts à la somme du legs. Je vous en supplie, mon papa, ne me refusez pas ma demande. J'en aurai mille fois plus de plaisir, que les deux cents livres ne pourraient jamais m'en donner. Oh! si je pouvais préserver de l'indigence un malheureux vieillard et ses deux enfans, quel bonheur ce serait pour moi! Permettez-moi de vous ressembler dans cette occasion, vous qui êtes si bienfaisant. Ne m'instruisez-vous pas tous les jours à l'être? Si vous étiez ici, je me mettrais à vos pieds, je vous supplierais si ardemment..... Mais en voilà assez. C'est à votre sagesse à décider si ma demande doit être écoutée. Mon devoir est une soumission aveugle à vos volontés, le respect le plus profond pour vos vertus, et l'amour le plus tendre pour votre personne.

Daignez, je vous prie, présenter à maman les plus vifs sentimens de mon respect et de ma tendresse.

LETTRE XXXIII.

Monsieur Grandisson à son fils.

Le 9 août.

C'est de moi, dis-tu, mon cher fils, que tu as appris à être bienfaisant. Sans doute j'ai toujours cherché à rendre ton cœur sensible aux maux de tes semblables. L'amour de nos frères, outre la douceur qu'il nous fait sentir, nous rend encore agréables aux yeux de l'Être-Suprême. La prière que tu me fais est un témoignage de la générosité de ton cœur; et une demande si louable mérite sa récompense. Les sentimens dont je te vois animé sont pour moi d'un prix au-dessus des deux cents livres sterling. Tu trouveras ici un billet de banque de cette somme. Cours adoucir le chagrin du malheureux Falston, et goûte la jouissance d'une âme noble. Mais, pour ce qui regarde le legs de ton oncle, nous ne pouvons ni l'un ni l'autre en faire aucun usage jusqu'à ce que tu sois en âge de majorité. Je garde ce dépôt comme ton tuteur, et non comme ton père. Adieu, mon cher fils; nous t'embrassons, ta maman et moi, et nous t'aimons plus que jamais.

LETTRE XXIV.

Madame Grandisson à sa fille.

Le 9 août.

Oh ! si j'étais près de toi, ma chère Émilie, avec quels transports je te presserais contre mon sein ! Oui, je t'approuve entièrement d'avoir secouru la jeune demoiselle Falston dans son malheur. Je veux te donner pour récompense une nouvelle occasion de goûter le plaisir de faire du bien. Tu trouveras dans ma garde-robe une pièce d'étoffe que je destinais à m'habiller. Tu en auras assez pour faire une robe à chacune des deux demoiselles. Si j'en crois le bon cœur de mon Émilie, cette disposition lui causera plus de plaisir que si je la faisais en sa faveur. Adieu, ma chère fille ; n'oublie jamais la leçon que tu t'es donnée à toi-même dans ta lettre, de n'être jamais fière de la possession des biens de ce monde, puisqu'une seule nuit peut nous en priver ; ni dédaigneuse envers tes semblables, puisque tu peux avoir besoin de leurs secours au moment où tu y penses le moins. Conserve toujours devant tes yeux l'événement terrible dont tu m'as fait la peinture. Songe sans cesse combien il est dangereux de jouer avec le feu, puisque d'une étincelle dépend souvent notre ruine, ou même notre mort.

Bien des amitiés de ma part à Guillaume et à tes frères, j'espère avoir bientôt le plaisir de vous embrasser et de témoigner particulièrement la satisfaction que j'ai ressentie de ta conduite.

LETTRE XXV.

Charles Grandisson à son père.

Le 10 août.

Je m'empresse, mon cher papa, de répondre à la lettre gracieuse dont vous m'avez honoré. Si vous aviez vu combien M. Falston m'a témoigné de reconnaissance, vous en auriez pleuré d'attendrissement ainsi que moi. Tandis qu'il m'embrassait, je voyais de grosses larmes couler le long de ses joues. Ah! ces larmes devaient être bien douces pour lui, puisque je trouvais tant de douceur dans les miennes. Je dois vous rendre compte de tout ce que j'ai fait. Le voici. M. Falston a, comme vous le savez, de la fierté dans le caractère ; et il aurait pu être humilié de recevoir un secours qui, dans cette circonstance, aurait eu l'air d'une charité. Je ne lui ai présenté le billet de banque que comme un prêt dont il serait libre de s'acquitter à son aise. Il a voulu m'en donner une reconnaisance, je l'ai reçue ; mais je l'ai déchirée devant lui, en disant que je n'avais besoin que de sa parole, pour lui faire entendre qu'il n'aurait jamais de tracasserie à essuyer à ce sujet. Si j'avais pu mettre le billet en cachette dans sa tabatière, je l'aurais mieux aimé, parce qu'il n'aurait jamais su d'où lui venait ce secours; mais je n'ai pas trouvé l'occasion de faire mon coup.

O mon cher papa, quel doux plaisir vous m'avez fait goûter! Et combien je désire d'être bientôt à vos genoux pour vous en remercier, comme je le dois!

Dites, je vous prie, à maman, qu'Émilie a déjà rempli ses ordres. Elle s'est privée de toutes ses heures de récréation, pour mettre la main à l'œuvre; et, grâces à son activité, les ouvrières ont fini les deux robes en un jour. Émilie vient de les envoyer.

Avec qu'elle impatience nous attendons l'instant qui nous rendra des parens si dignes de tous nos respects et de toute notre tendresse!

LETTRE XXVI.

Guillaume D*** à sa mère.

Le 12 août.

O MA chère maman, le pauvre Charles à une jambe échaudée; il ne peut pas marcher. C'est Édouard qui en est cause par sa maladresse; il a renversé sur lui une théière d'eau bouillante. Jamais, non, jamais on n'a montré autant de patience et de bonté que

LE PETIT GRANDISSON.

mon ami. Un autre se serait emporté contre son frère, et l'aurait accablé de reproches. Charles, au contraire, ne cherchait qu'à lui cacher la douleur qu'il ressentait. Ce n'est rien, disait-il, je ne souffre pas beaucoup. Ne t'afflige pas, Édouard, je t'en prie. Cependant nous vîmes bientôt qu'il y avait plus de mal qu'il n'en disait; car sa jambe devint si enflée, qu'on fut obligé de lui couper son bas avec des ciseaux pour le déchausser. Émilie fondait en larmes. Voyez, dit-elle à Édouard, ce que vous avez fait par votre étourderie. Vous avez peut-être estropié votre frère pour le reste de ses jours. Je souhaiterais que ce malheur fût retombé sur vous-même. Il vaudrait mieux qu'il ne fût arrivé à personne, dit Charles, en interrompant sa sœur. Va, ma chère Émilie, cela ne vaut pas la peine de t'inquiéter. Je serai bientôt guéri. Édouard ne l'a pas fait par un mauvais dessein. C'est un malheur; et quand il serait encore plus grand, il faudrait bien s'en consoler. Non, répondit Émilie. Je ne saurais lui pardonner sa maladresse. Voyez-le donc. Il reste là immobile comme une bûche, au lieu d'envoyer tout de suite chercher un chirurgien. Je n'en ai pas besoin, dit Charles. Donnez-moi seulement un linge et de l'eau fraîche pour bassiner ma jambe. Il n'y paraîtra plus dans quelques jours. Mais, reprit-il, en nous adressant la parole à Émilie et à moi, M. Bartlet va venir; ne lui dites pas, je vous prie, qu'Édouard soit pour rien dans cet accident. Et toi, mon frère donne-moi la main, et embrassons-nous. Ton affliction me ferait plus de peine que cette petite brûlure dont je ne souffre presque plus.

Que l'on est heureux de pouvoir ainsi se rendre maître de soi-même? On a beau voir que Charles a raison, qui pourrait faire comme lui? Cependant je sens à merveille qu'il ne sert à rien de se dépiter. Les emportemens n'enlèvent pas le mal. Mais le plaisir que je goûte à vous écrire me fait oublier que Charles m'a prié de lui tenir compagnie. Adieu, ma chère maman; souffrez que je vous quitte pour retourner auprès de mon ami. J'embrasse ma petite sœur, et je la prie, au nom de son amitié pour moi, de se préserver de la brûlure. Elle se trouvera fort bien de cette marque d'attachement que je lui demande.

LETTRE XXVII.

Guillaume D*** à sa mère.

Le 14 août.

LE pauvre Charles! Il y a maintenant deux jours qu'il a sa jambe étendue sur un coussin. Je crois qu'il souffre beaucoup, quoiqu'il s'obstine toujours à n'en rien faire paraître. Émilie lui demandait hier s'il ne se trouvait pas bien triste de ne pouvoir marcher. Que me servirait de m'attrister? lui répondit-il; je ne ferais que rendre mon mal plus sérieux; j'aime mieux me réjouir de l'espérance d'être bientôt guéri. Et puis ne serait-ce pas une honte, si je ne pouvais me consoler d'un si petit malheur. Il peut m'arriver cent fois pis dans ma vie ; et ces légères disgrâces m'apprennent de bonne heure à tenir mon courage tout prêt, lorsqu'il m'en viendra de plus grandes. Mais, dit Émilie, c'est pourtant bien fâcheux de souffrir ainsi par la faute d'un autre ! Il est vrai, répondit Charles, j'aimerais mieux que ce fût par la mienne : mon frère n'en aurait pas tant de chagrin.

ÉMILIE.

Est-ce que tu ne t'ennuie pas d'être obligé de rester dans la chambre, sans oser remuer ?

CHARLES.

Comment veux-tu que je m'ennuie, quand j'ai le plaisir de recevoir des marques si touchantes de ton amitié ?

ÉMILIE.

Tu as bien de la bonté, mon frère, d'y faire attention. Mais enfin il a tenu à fort peu de chose que tu n'eusses la jambe entièrement brûlée.

CHARLES.

Voilà qui doit encore me consoler dans mon accident. J'aurais bonne grâce à me plaindre, lorsque je vois tant de gens condamnés pour la vie à marcher avec des béquilles !

ÉMILIE.

Je crois, en vérité, que tu aurais eu le secret de trouver aussi des consolations, s'il avait fallu te couper la jambe.

CHARLES.

Il n'est pas nécessaire de te dire que j'en aurais été bien affligé : mais comme ce malheur ne me serait arrivé que par la volonté du-ciel, j'aurais tâché de lui soumettre la mienne, pour en obtenir la force dont j'aurais eu besoin.

Qu'en dites-vous, maman, prendre son parti comme Charles, n'est-ce pas l'unique moyen de parer à tous les malheurs? Je me souviens encore de ce triste jour où je perdis mon papa. Vous pleuriez, je me désolais; mais nos gémissemens et nos larmes ne pouvaient lui rendre la vie. Vous me prîtes par la main, et vous me dîtes : Viens, mon fils ; prions le Tout-Puissant de nous consoler. Je vis bientôt que vous étiez plus tranquille. Je sentis moi-même que mon cœur avait été soulagé par la prière. Voilà un bon moyen que j'ai trouvé pour adoucir la tristesse. Je me soumettrai aux ordres du ciel dans tout ce qui m'arrivera de fâcheux. J'espère que j'aurai alors du courage pour souffrir, en pensant que c'est Dieu qui le veut, Dieu à qui je dis tous les jours : Que votre volonté s'accomplisse.

Mais pourquoi ai-je commencé à vous parler de choses si tristes, ma chère maman, vous à qui je ne voudrais rien dire que pour vous donner de la joie? Je n'y sais qu'un rémède ; c'est de prendre dans vos bras ma petite sœur, de la caresser, de lui parler de votre tendresse et de la mienne. Je suis sûr que son joli sourire vous rendra la paix et le bonheur.

LETTRE XXVIII.

Guillaume D*** à sa mère.

Le 18 août.

Monsieur et madame Grandisson viennent d'arriver, ma chère maman. Nous en sommes tous dans une joie que je ne puis vous exprimer. Les domestiques eux-mêmes font éclater mille transports d'allégresse. N'est-ce pas un bon signe, lorsque les domestiques se réjouissent si vivement du retour de leurs maîtres? Je veux, lorsque je serai grand, être aussi humain que M. Grandisson, puisqu'il y a tant de plaisir à se faire aimer. Mais il faut que je vous parle encore de mon ami Charles. M. Bartlet nous a demandé, ce matin après déjeûner, si nous voulions aller faire un tour de promenade dans le parc. Quoique Charles se trouve à présent beaucoup mieux, il nous a priés de le dispenser d'être de la partie. Ma brûlure n'est pas entièrement guérie, nous a-t-il dit; et je souhaite que mon papa et maman, à leur retour, ne puissent pas s'en apercevoir. Si j'allais me promener à présent, ma jambe souffrirait peut-être de la fatigue, et mes parens ne manqueraient pas de le remarquer. Cela les affligerait. J'aime mieux me priver du plaisir de la promenade, que de leur causer le moindre chagrin.

Vous avez raison, lui dit M. Bartlet, et j'approuve une si tendre prévoyance; elle fait honneur à votre cœur. Charles est resté dans sa chambre; et M. Bartlet, Édouard, Émilie et moi, nous sommes allés nous promener jusqu'à midi.

A notre retour, nous avons trouvé Charles qui nous attendait dans le salon d'en-bas. Nous en avons été surpris, parce qu'il ne nous avait pas dit qu'il voulût sortir de sa chambre. Il avait encore un peu souffert en descendant l'escalier; mais le plaisir d'aller un peu plus près au devant de son papa et de sa maman, valait bien, nous a-t-il dit, une petite douleur. Il avait fait avancer l'heure du dîner, afin que nous fussions plus tôt libres pour recevoir ses parens. Avec qu'elle vitesse il a volé sur le perron, lorsque nous avons entendu la voiture entrer dans la cour! Avec quelle joie il s'est précipité dans les bras de son papa et de sa maman! Il ne pouvait s'en arracher pour nous faire place. Vous auriez été émerveillée de voir avec combien de grâce et de respect il a donné la main à sa mère pour la conduire dans le salon. Cela m'a fait penser à la joie que je ressentirai, ma chère maman, lorsque je retournerai auprès de vous. Oh! elle sera bien aussi vive que celle de Charles, je vous en réponds. Mais il faut que je vous rapporte un entretien qu'il vient d'avoir tout à l'heure avec son frère. Vous jugerez s'il est à sa louange, sans que j'aie besoin de vous en prévenir.

M. et madame Grandisson étaient monté dans leur appartement pour quitter leurs habits de voyage;

et nous, Édouard, Charles, Émilie et moi, nous étions restés dans le salon. Charles a prié sa sœur de nous jouer une pièce sur son clavecin. Émilie l'a fait de bonne grâce; mais à peine a-t-elle eu commencé, que nous avons entendu une porcelaine tomber, et se briser en mille morceaux.

ÉDOUARD.

Ah! voilà encore une porcelaine brisée! Ces domestiques sont de grands lourdauds!

CHARLES.

Ne les accuse pas si vite, mon frère; nous ne savons pas si l'accident est arrivé par leur faute.

ÉDOUARD.

Je sais que la pièce est en morceaux. Ces gens-là traitent les meubles comme s'ils ne coûtaient rien.

CHARLES.

Je vais voir. J'imagine que le mal ne sera peut-être pas si grand.

ÉDOUARD.

Veux-tu parier, Émilie, qu'il trouve encore le secret d'excuser le coupable?

ÉMILIE.

Il fera fort bien, mon frère. N'es-tu pas bien aise, lorsque tu as fait quelque faute, que l'on parle pour toi? Combien de punitions Charles ne nous a-t-il pas sauvées à l'un et à l'autre! Mets-toi à la place du pauvre domestique.

ÉDOUARD.

Tu vas voir. Charles va le soutenir, comme si rien n'était arrivé.

ÉMILIE.

Charles ne ment jamais. Il saura s'y prendre d'une autre manière.

ÉDOUARD.

Le voici qui revient. On dirait à sa mine que c'est lui qui a fait le mal.

ÉMILIE.

Cela prouve qu'il a un bon cœur.

ÉDOUARD (à *Charles*.)

Eh bien, qu'est-ce donc? Avais-je tort de dire que la pièce est en morceaux?

CHARLES.

Je n'ai jamais dit le contraire. C'est une assiette de porcelaine.

ÉDOUARD.

Tu en parles comme si ce n'était rien.

CHARLES.

Quand le mal serait encore plus considérable, il faudrait toujours prendre son parti.

ÉDOUARD.

Si j'étais à la place de maman, je ferais bien payer le dommage à ce maladroit.

CHARLES.

Ce serait un peu dur pour un domestique, qui n'a que ses gages pour s'entretenir.

ÉDOUARD.

Cela lui apprendrait à être plus attentif.

CHARLES.

Mais, Édouard, n'as-tu jamais fait de maladresse, et es-tu bien sûr que tu n'en feras jamais?

ÉMILIE.

Quand ce ne serait que de jeter de l'eau bouillante sur les jambes.

ÉDOUARD (*à Émilie.*)

Pourquoi te mêler de ce qui ne te regarde pas? (*A Charles.*) Si je casse quelque chose, au moins c'est notre bien.

CHARLES.

Je te demande pardon, mon cher Édouard; le bien de nos parens n'est pas à nous. Nous ne possédons rien encore.

ÉDOUARD.

Si jamais tu deviens maître, je vois que tes domestiques pourront briser tout ce qu'ils voudront.

CHARLES.

Tout ce qu'ils voudront, dis-tu? Je ne crois pas qu'il y ait des domestiques qui brisent quelque chose de gaîté de cœur : c'est toujours par un accident; et, à ce titre, il me semble qu'ils doivent trouver grâce.

ÉDOUARD.

Voilà une bonté rare, sans contredit. Un valet maladroit ne fera jamais de mal chez toi.

CHARLES.

Je l'espère. J'aurai soin de ne pas prendre de gens maladroits à mon service. Je mettrai tous mes soins à les bien choisir. Cependant si l'un d'eux venait à casser quelque chose, je le lui pardonnerais, comme si je l'avais fait moi-même.

ÉDOUARD.

Mais il me semble que mon papa et maman doivent être informés lorsqu'il se brise quelque chose chez eux?

CHARLES.

Aussi mon dessein est-il de les en instruire, mais en même temps de demander grâce pour le coupable.

ÉDOUARD.

Et qui est-il? Est-ce John, est-ce Arthur?

CHARLES.

Ni l'un ni l'autre. Si je disais que c'est toi, mon frère?

ÉDOUARD.

Moi? Oh! voici du nouveau.

CHARLES.

Lorsque tu es allé te promener ce matin, n'as-tu pas donné la pâtée à manger à ton chien dans une assiette de porcelaine? Et n'as-tu pas mis cette assiette dans l'office sur un banc de bois?

ÉDOUARD.

Cela est vrai; mais que s'ensuit-il?

CHARLES.

Le domestique est allé chercher ce banc sans lumière, et en le prenant il a fait tomber l'assiette qui était dessus.

ÉDOUARD.

Eh bien! est-ce ma faute? Quel besoin avait-il d'aller fureter dans les ténèbres?

ÉMILIE.

C'est ce qu'il fait tous les jours. Va, mon frère, tout le mal vient de toi. L'assiette n'était pas à sa place, et le domestique ne pouvait pas deviner qu'elle fût sur un banc.

ÉDOUARD.

Vous parlez toujours, mademoiselle, de ce qui ne vous regarde pas. Mais écoute, Charles, papa et maman n'ont rien entendu; ils ne s'aviseront pas de trouver cett assiette à dire.

CHARLES.

Comment donc, Édouard, tu voulais tout à l'heure que nos parens fussent informés de l'accident, et tu veux à présent leur en faire un mystère, parce que tu en es la cause! Cela n'est pas juste. Tu en obtiendras facilement ton pardon : le cas est bien graciable. Vois maintenant, mon frère, si nous devons vouloir tant de mal à un domestique de quelque légère étourderie, puisque nous sommes si souvent coupables nous-mêmes.

Charles avait à peine fini, que M. et madame Grandisson sont descendus. Il leur a raconté l'aventure de la porcelaine avec tant d'agrément, d'esprit et de gentillesse, qu'il y a eu plus à rire qu'à se fâcher. Édouard a été enchanté de se voir si bien tirer d'affaire. O maman, qu'on est heureux d'avoir un frère tel que mon ami! J'espère bien que je trouverais aussi un bon avocat dans ma petite sœur, si j'avais jamais besoin de son éloquence pour me justifier de quelque faute auprès de vous.

LETTRE XXIX.

Guillaume D*** à sa mère.

Le 22 août.

Je n'ai pas aujourd'hui de nouvelles à vous dire, ma chère maman; mais j'espère avoir demain des choses bien intéressantes à vous apprendre. C'est le jour de naissance de Charles. Édouard m'a dit que nous nous amuserions comme des rois, parce que son frère a coutume de donner, ce jour-là, une fête à tous les jeunes gens de notre âge qui demeurent dans les environs. Émilie prétend, au contraire, qu'il n'invitera personne cette année, et qu'il a déjà résolu d'employer l'argent que son père lui donnera pour sa fête à acheter des livres amusans et instructifs. Je voudrais bien qu'il prît ce parti. La compagnie se retire lorsque la soirée est finie, au lieu que les livres restent toujours avec nous.

Je ne crois pas trahir sa confidence, en vous disant qu'il élève en secret un joli serin de Canarie pour le donner à sa sœur, jusqu'à ce qu'elle ait reçu celui que sa tante doit lui envoyer. Il l'accoutume depuis quelques jours à venir manger dans la main, et à voler hors de sa cage. Émilie ne s'attend pas à ce cadeau. Elle sera bien surprise en le recevant. Le serin commence déjà à répéter joliment son nom. Je veux aussi en élever un qui me répète sans cesse le vôtre et celui de ma sœur. Je n'en ai pourtant pas besoin pour penser à vous. C'est le plaisir que je me donne, lorsque je veux me trouver aussi heureux que je puis l'être, étant si éloigné de ce que j'aime le plus dans l'univers.

LETTRE XXX.

Guillaume D*** à sa mère.

Le 25 août.

O ma chère maman, que vous allez être contente de mon ami! Il n'a pas donné de fête à ses jeunes voisins avec l'argent qu'il a reçu de son père. Il ne l'a pas employé non plus à acheter des livres. Il en a fait un tout autre usage. Mais il faut d'abord que je vous rapporte un entretien qu'il a eu avec son papa.

Nous nous étions levés ce matin de fort bonne heure. Notre coutume est de lire tous les jours une ou deux histoires de l'Ancien Testament avant de descendre pour déjeûner. M. Grandisson est entré dans la chambre au milieu de notre lecture. Charles s'est levé aussitôt de sa chaise pour saluer son père, et lui baiser la main.

CHARLES.

Je vous souhaite le bonjour, mon papa. Avez-vous bien reposé cette nuit?

M. GRANDISSON.

Très-bien, mon fils ; et toi aussi, à ce que je vois. Mais continue, je t'en prie ; je ne veux pas te troubler dans ta lecture.

CHARLES.

Je craindrais, mon papa, qu'il ne fût pas décent de lire devant vous, lorsque vous me faites l'honneur de me rendre visite.

M. GRANDISSON.

Le devoir doit passer avant tout. J'aurai du plaisir à t'entendre.

CHARLES.

Je suis prêt à vous obéir.

Il est allé chercher un fauteuil pour son père, et il a repris sa lecture à haute voix. Lorsqu'elle a été finie, M. Grandisson lui a témoigné combien il était content de sa manière de lire. C'est un talent beaucoup plus difficile à acquérir qu'on ne pense, a-t-il ajouté. La plupart des lecteurs, sans prendre garde au sens de ce qu'ils lisent, prononcent les noms en nasillant ou en chantant ; et cela est fort pénible pour ceux qui les écoutent. On doit lire particulièrement l'histoire d'un ton naturel et sans affectation, comme si l'on faisait soi-même le récit. Mais c'est aujourd'hui ton jour de naissance, et je suis monté pour te faire mon compliment.

CHARLES.

Je vous remercie, mon papa. Permettez que je vous embrasse, et que je vous exprime ma reconnaissance. Ce jour rappelle à mon souvenir tout ce que je dois à vos tendres soins et à ceux de ma chère maman.

M. GRANDISSON.

Nous en sommes déjà récompensés par ta bonne conduite. Continue, mon cher fils, à remplir tes devoirs ; et puisse le ciel mettre le comble aux grâces qu'il nous accorde, en nous rendant témoins de ta félicité !

CHARLES.

Je vais travailler avec une nouvelle ardeur à me rendre digne de ce vœu. Daignez toujours m'honorer de vos sages leçons ; et je tâcherai de ne rien négliger pour les suivre. Mais, mon papa, avant de commencer une nouvelle année de ma vie, j'ai besoin de votre pardon pour toutes les fautes que j'ai pu commettre dans les précédentes.

M. GRANDISSON.

Je ne me souviens pas d'avoir reçu de ta part aucun sujet de reproche. J'aime à te rendre ce témoignage, non pour t'enorgueillir, mais pour t'encourager dans le bien. Ce jour est un jour de bonheur ; je veux que tu le passes dans la joie. Je te donne ce que tu trouveras dans ce papier, pour l'employer, si tu le veux, à donner une fête à tes meilleurs amis. Il est déjà près de neuf heures. Achève de t'habiller, et descends avec Guillaume. Ta mère nous attend. Adieu, je vais vous annoncer.

O maman, qu'il est doux de se rendre digne de l'affection d'un bon père ! Comme M. Grandisson paraissait enchanté de son fils ! Des larmes de joie et de tendresse roulaient dans ses yeux. Mais aussi qu'il doit être cruel, pour de braves parens, d'avoir des enfans indignes de leur amour! Oh! je veux toujours suivre l'exemple de mon ami. Dieu même doit l'aimer. Que j'aurais encore de choses à vous dire, si ma lettre n'était déjà trop longue! Mais vous n'en perdrez rien : je vous les garde pour en commencer une autre demain en me levant. Que je voudrais être auprès de vous pour vous exprimer combien je vous aime! j'ai toujours peur que mes lettres ne vous le disent pas assez. Oh! si ma petite sœur pouvait vous le dire à ma place, elle qui a le bonheur de vous embrasser! Oui, maman, recevez mes caresses dans les siennes. Nous ne faisons qu'un cœur à nous deux pour vous mieux chérir.

LETTRE XXXI.

Guillaume D*** à sa mère.

Le 26 août.

Je vais commencer cette lettre, ma chère maman, à l'endroit où j'ai fini celle d'hier.

Avant de descendre pour déjeûner, Charles ouvrit le papier que venait de lui donner son père. Il y trouva quatre guinées. Jamais il ne s'était vu tant d'argent à la fois. Il réfléchit un peu en lui-même. Guillaume, me dit-il, je voudrais bien savoir ta pensée. Il y a ici aux environs peu de jeunes gens dont la société puisse nous faire plaisir. Ils sont la plupart si turbulens, que leur commerce en devient insupportable. Le jeune Friendly est le seul dont le caractère soit d'accord avec le mien, et il est parti depuis trois jours pour Londres avec sa mère. Que me conseilles-tu de faire de mon argent? Si j'étais à ta place, lui dis-je, je le garderais pour acheter quelque chose d'utile. Trois ou quatre heures de jeux ou de danses sont bientôt écoulées ; au lieu que des estampes ou des livres nous amuseraient tous les jours. Mais, reprit-il, cela ne te fera-t-il aucune peine que nous passions la soirée à nous amuser tout seuls comme à l'ordinaire ? Non, sûrement, lui répondis-je, ta société me suffit pour être heureux. En ce cas-là, répliqua-t-il en m'embrassant, je pourrai suivre ma première idée. Et à ces mots nous nous trouvâmes à l'entrée du salon. Madame Grandisson embrassa son fils avec toute la tendresse imaginable, et lui souhaita une heureuse fête. Après le déjeûner, nous restâmes seuls avec M. Grandisson. Charles prit la main de son père et lui dit :

Puis-je vous demander une chose, mon papa?

M. GRANDISSON.

Quoi donc, mon fils?

CHARLES.

Jugez-vous absolument essentiel que je donne une fête à mes jeunes voisins?

M. GRANDISSON.

Cela ne dépend que de toi.

CHARLES.

Je puis donc faire ce qu'il me plaira de l'argent que vous avez eu la bonté de me donner?

M. GRANDISSON.

Oui, mon fils.

CHARLES.

Cela étant, je sais bien comment célébrer ma fête.

M. GRANDISSON.

Veux-tu me mettre dans ta confidence?

CHARLES.

Je ne demande pas mieux, mon papa. Je crains cependant que vous ne désapprouviez mon projet?

M. GRANDISSON.

Non, mon fils, tu peux parler en toute sûreté. Je ne t'ai jamais vu faire un mauvais usage de ton argent. Tu es libre d'en faire telle disposition que tu voudras : je l'approuve d'avance. Voyons que veux-tu acheter?

CHARLES.

Je vous demande pardon, mon papa, je n'ai besoin de rien. Grâces à vos bontés, j'ai de tout en abondance. Je veux seulement que l'on se réjouisse à ma fête. Mais savez-vous qui j'ai choisi pour la célébrer? Ce sont les pauvres de notre voisinage. Je me suis fait donner une liste de toutes les honnêtes familles qui sont dans la nécessité. Combien ces pauvres malheureux se réjouiront du petit festin que je leur prépare ! Les fils de nos riches voisins que j'aurais pu inviter ont du superflu en tout aussi bien que moi; et ceux que je veux régaler aujourd'hui sont quelquefois des jours entiers sans pain. Comme ils seront joyeux du bon repas que je leur ferai faire! Leur bonheur me fera plus de plaisir que tous les jeux auxquels j'aurais pu me livrer avec mes camarades : mais c'est toujours à condition que cela ne vous déplaise point, mon papa.

M. GRANDISSON.

As-tu pensé, mon cher fils, que cela pourrait me déplaire? Non, non, j'approuve en tout ce dessein généreux. Ta quatorzième année, que tu commences si bien, ne peut amener pour toi que des jours pleins de bonheur. La bonté de ton cœur ne restera pas sans récompense.

CHARLES.

Eh! mon papa, je ne fais en cela que remplir mon devoir. Combien de grâces n'ai-je pas reçues du ciel dans l'année qui vient de s'écouler. N'est-il pas juste que j'en rende quelque chose à mes semblables?

M. GRANDISSON.

Embrasse-moi, mon fils, et cours accomplir ton louable dessein. Tu peux donner tes ordres aux domestiques : je vais leur dire de t'obéir.

Que dites-vous de cela, ma chère maman? Oh! si j'étais aussi riche que M. Grandisson, je vous donnerais tout, maman, à vous et à ma petite sœur; puis je vous en demanderais une petite partie pour être bienfaisant comme mon ami.

LETTRE XXXII.

Guillaume D*** à sa mère.

Le 27 août.

C'est hier, ma chère maman, que Charles donna son repas aux pauvres habitans de la paroisse. Ils eurent un bon rôti, du riz et des légumes. Jamais je n'ai eu tant de plaisir que de voir manger ces bonnes gens. La reconnaissance et la joie étaient peintes sur leur physionomie. Ils burent d'excellente bière à notre santé, toujours avec ce refrain : Vive Charles Grandisson ! Charles avait souvent les yeux baignés de larmes de plaisir. Pendant le repas, il s'aperçut qu'un pauvre homme, presque aveugle de vieillesse, n'était pas assez bien servi à sa fantaisie. Il fit venir le fils du fermier, qu'il plaça près de lui, en disant : Ayez soin de ce bon vieillard. C'est le plus cher de mes convives ; je veux le voir manger de bon appétit. Mon père, lui dit-il, vous avez la première place dans mon repas : il faut que ces jeunes gens honorent votre vieillesse, pour qu'on les honore à leur tour quand ils seront comme vous.

Quand le repas fut fini, Charles partagea entre eux le reste de son argent. Oui, maman, il leur donna tout ce qu'il avait reçu de son père. Vous imaginez quelles bénédictions on répandit sur lui. Il en fut si attendri, qu'il ne put y tenir plus long-temps. Il me prit par la main, et nous nous en allâmes sans pouvoir prononcer une parole. Ce ne fut qu'en rentrant à la maison qu'il me dit : Eh bien ! mon ami, peut-il y avoir un plus grand plaisir que de soulager les malheureux ? Oh ! non, lui répondis-je en lui sautant au cou, tu ne pouvais me donner une fête plus agréable. Mon cœur était aussi ému que le sien. Hélas ! pensais-je en moi-même, que les pauvres sont à plaindre ! Ils manquent souvent des premiers besoins de la vie, tandis que nous sommes assis tous les jours à une table couverte de friandises, où notre embarras n'est que de choisir ce qu'il y a de plus délicieux. J'en serai d'autant plus reconnaissant envers le ciel, de qui nous tenons ces faveurs ; et j'en aurai d'autant plus de pitié pour ceux qui souffrent l'indigence. Oui, mon plus grand plaisir serait de les soulager, à l'exemple de mon ami.

Après le dîner, nous allâmes faire une petite promenade. Nous croyions passer le reste de la soirée entre nous, dans nos amusemens ordinaires. Quelle fut notre surprise, en arrivant à la maison, d'y trouver une nombreuse compagnie ! M. Grandisson avait invité les gentilshommes du voisinage, et leurs enfans, à venir célébrer avec lui la fête de son fils. Nous eûmes un joli concert, et ensuite un bal. Charles et sa sœur y firent des merveilles. Que j'aurais désiré savoir comme eux chanter et toucher du clavecin ! Mais vous le savez, maman, ce n'est pas ma faute. Je n'ai pas eu de maîtres : vous n'étiez pas en état de m'en donner. Aujourd'hui que je peux partager les leçons de mes amis, je vais en profiter si bien, que je puisse un jour les égaler pour vous plaire.

Je suis obligé de finir ici cette lettre, ma chère maman : on vient de m'appeler pour aller faire un tour dans la campagne. J'espère que cette promenade sera fort agréable, et j'aurai soin de vous en rendre compte. Mais j'allais oublier de vous dire que Charles fit hier présent à sa sœur de son joli serin, pour lui payer le bouquet qu'elle venait de lui donner. Émilie est déjà fort bien avec son oiseau : il siffle pour elle de jolis airs que Charles lui a appris sur sa serinette. Je n'ai jamais vu de petite bête si drôle. Je voudrais que ma sœur vît tout le soin qu'en prend Émilie. Mais j'aimerais mieux encore être auprès d'elle pour l'embrasser, car je serais aussi auprès de vous, ma chère maman.

LETTRE XXXIII.

Guillaume D*** à sa mère.

Le 27 août.

Nous n'avons pas eu hier autant de plaisir que nous l'avions pensé, ma chère maman. Le temps était assez beau lorsque nous sortîmes ; mais il commença bientôt à tomber une grosse pluie, en sorte que nous fûmes obligés d'entrer dans une mauvaise auberge pour laisser passer l'orage. Édouard grognait entre ses dents, Émilie était triste; et, s'il faut vous l'avouer, je n'étais pas trop content moi-même. Charles, qui sait toujours prendre son parti, était le seul que ce contre-temps n'eût pas affecté, comme vous allez le voir par notre entretien.

ÉDOUARD.

Il est bien malheureux que cette pluie soit venue. Nous ne pourrons plus avoir de plaisir.

CHARLES.

Nous prendrons ici le thé. La pluie cessera peut-être; sinon il sera facile d'envoyer chercher la voiture, pour que ma sœur n'aille pas dans l'humidité.

ÉMILIE.

Je te remercie, mon frère. Mais j'aimerais bien mieux qu'il fît sec.

CHARLES.

Je le conçois; ta promenade en serait plus agréable. Mais notre jardinier désirait ce matin la pluie, parce que les plantes et les arbres en ont un grand besoin. De ses vœux ou des tiens, lesquels méritent le plus d'être exaucés?

ÉDOUARD (*avec un sourire moqueur.*)

Ceux du jardinier, sans doute?

CHARLES.

Oui, vraiment; car, s'il ne pleuvait pas, les arbres auraient beaucoup à souffrir de la sécheresse. Et ne serais-tu pas bien fâché s'il ne venait pas de fruit? Que deviendraient les malheureux si la chaleur étouffait le blé sur la terre, et que la disette des moissons fît renchérir le pain ?

ÉMILIE.

Oh ! ils seraient bien à plaindre.

CHARLES.

Réjouis-toi donc de la pluie qui détourne d'eux ce malheur. Tu y trouveras d'autres plaisirs toi-même. Tu verras comme la verdure paraîtra demain plus fraîche et plus brillante, comme les fleurs de notre parterre auront repris de nouvelles couleurs.

ÉMILIE.

Allons, voilà qui est fait ; je ne me fâche plus avec la pluie. Elle n'a qu'à tomber, sans crainte que je m'en formalise.

ÉDOUARD.

Un jour de moins ne faisait pas grand'chose. Il aurait bien mieux valu qu'elle ne fût arrivée que cette nuit, ou demain ; nous aurions pu nous promener aujourd'ui.

CHARLES.

Ceux qui se mettront cette nuit ou demain en voyage aiment mieux qu'elle tombe à présent. Pourquoi veux-tu que le temps se gouverne de préférence à ta fantaisie ?

ÉMILIE.

Charles a raison. Nos désirs sont si contraires les uns aux autres, qu'il n'est pas possible que tout le monde soit satisfait.

CHARLES.

Crois-moi, nous serions bien malheureux si toutes nos prières étaient exaucées. Et pour en revenir au temps qu'il fait, qu'est-ce que c'est que de nous priver pour un jour de nos plaisirs, en comparaison du bien que cette pluie va produire pour les autres et pour nous-mêmes?

ÉMILIE.

Mais regarde, les pauvres oiseaux! Je les plains.

CHARLES.

Ils sauront bien se mettre à l'abri, si la pluie leur déplaît. D'ailleurs, à ce que dit mon papa, leurs plumes ont une espèce d'huile qui les empêche de se mouiller.

ÉMILIE.

Ah! j'en suis bien aise. Il me semble que tout est arrangé bien sagement.

La pluie ne fit que devenir plus forte. Heureusement madame Grandisson ne nous avait pas oubliés; nous vîmes arriver la voiture qui venait à notre rencontre. Nous fûmes bientôt de retour à la maison. Émilie alla s'amuser avec son serin. Charles et moi nous fîmes une partie de volant, pour remplacer l'exercice de la promenade. Pour Édouard, il fut toujours grognon, et il ne sut imaginer autre chose pour se consoler, que de tracasser son chien. C'est une bonne leçon qu'il me donne. Je vois que lorsqu'on prend de l'humeur à la moindre contradiction qu'on éprouve, on court le risque d'être souvent malheureux. Allons, je tâcherai de m'accommoder de mon mieux à tous les contre-temps qui pourront m'arriver. Il en est un pourtant qui me paraît toujours bien sensible; c'est de vous tendre les bras sans pouvoir vous embrasser, vous, ni ma petite sœur. Je pense mille fois par jour que vous me tendez aussi les vôtres. Mais, hélas! nous ne pouvons nous atteindre que par nos sentimens. Eh bien, qu'ils soient assez vifs et assez tendres pour nous réunir!

LETTE XXXIV.

Guillaume D***. à sa mère.

Le 29 août.

Il faut, ma chère maman, que je vous raconte une drôle d'histoire qui nous est arrivé hier au soir.

Il y avait à peine une demi-heure que nous étions couchés, lorsque nous entendîmes un grand bruit. Qu'est cela? dis-je à mon ami. Je ne sais, répondit-il. Ce sont peut-être des voleurs? repris-je. Et au même instant nous entendîmes Édouard pousser un cri aigu. Charles sauta aussitôt de son lit, prit quelque légers vêtemens, et saisissant son épée : Suis-moi, Guillaume, dit-il; c'est dans la chambre d'Édouard. J'allumai un flambeau à notre lampe de nuit, et nous montâmes dans la chambre de son frère pour voir ce que cela pouvait être. Charles ne montrait pas la moindre frayeur; mais moi, pour vous dire la vérité, je tremblais de tout mon corps. En entrant dans la chambre d'Édouard, nous le trouvâmes étendu à terre, couvert d'une table qui était tombée sur lui, avec ses livres et ses papiers. Après l'avoir aidé à se relever, Charles lui dit : Que t'est-il donc arrivé, mon frère ?

ÉDOUARD.

Je n'en sais rien ; mais je viens d'avoir une terrible peur.

CHARLES.

Et par quel hasard te trouves-tu à terre ?

ÉDOUARD.

Je vais te le dire ; mais laisse-moi un peu revenir à moi.

GUILLAUME.

As-tu vu quelqu'un ? sont-ce des voleurs ?

ÉDOUARD.

Non, je ne le crois pas ; mais je ne sais encore ce que c'est.

CHARLES.

Et pourquoi as-tu poussé un cri si affreux ?

ÉDOUARD.

Tu en aurais bien fait autant si tu avais été à ma place. Je ne sais comment je suis tombé du lit. C'est un esprit qui m'a poussé.

CHARLES.

Y penses-tu, Édouard ?

ÉDOUARD.

Il revient un esprit, te dis-je.

CHARLES.

Je craignais qu'il ne te fût arrivé quelque chose de fâcheux. Je vois à présent que ce n'est plus qu'un sujet de rire. Mais te voilà tout effaré. Guillaume est aussi tout hors de lui-même. Je vais vous chercher un peu d'eau de mélice. Il est à propos d'en prendre quelques gouttes.

ÉDOUARD.

Ne descends pas tout seul. Appelle un domestique.

CHARLES.

Je n'en ai pas besoin. Gardons-nous de faire du bruit, de peur que mon papa et maman ne se réveillent.

GUILLAUME.

Est-ce que tu oserais parcourir la maison sans avoir personne avec toi ?

CHARLES.

Et pourquoi non, mon ami ! Que veux-tu que je craigne ?

ÉDOUARD.

Je ne suis pas plus poltron que toi, et cependant je n'oserais en faire autant. Écoute donc, Charles.

GUILLAUME.

Bon ! Il est déjà loin. Il est sorti d'un air délibéré. Franchement, il a bien du courage. Mais, Édouard, comment la chose t'est-elle arrivé ?

ÉDOUARD.

Je te le dirai, quand Charles sera revenu.

GUILLAUME.

Tiens, le voici déjà de retour.

ÉDOUARD.

N'as-tu rien vu, mon frère ?

CHARLES, *avec un sourire.*

Je te demande pardon. J'ai vu le corridor, l'escalier, mon armoire et cette bouteille. Allons, prenez un peu de cette eau fortifiante ; elle vous donnera du courage pour attendre l'esprit.

ÉDOUARD.

Je te prie de ne point badiner là-dessus.

CHARLES.

Pourquoi non ? c'est justement avec les esprits qu'il faut badiner

GUILLAUME.

C'est que tu ne crois pas qu'il en revienne.

CHARLES.

Il est vrai. Mais dis-nous un peu, Édouard, par quelle aventure sommes-nous tous les trois hors de notre lit à l'heure qu'il est ? Et d'abord, qui t'a fait sortir du tien ?

ÉDOUARD.

C'est l'esprit, te dis-je.

CHARLES.

C'est plutôt un rêve que tu auras fait.

ÉDOUARD.

Non, certes, j'étais bien éveillé.

CHARLES.

Raconte-moi donc ton histoire.

ÉDOUARD.

La voici. Tu sais que je n'aime pas à dormir avec de la lumière dans ma chambre. Je venais d'éteindre mon flambeau, et de me mettre au lit, lorsque j'ai entendu marcher doucement sur le plancher. Je me suis relevé sur mon séant; et, en écartant le rideau, j'ai vu clairement dans ce coin deux lumières qui étaient tantôt grandes et tantôt petites, et qui se remuaient.

CHARLES.

C'est un éblouissement qui t'aura pris, sans doute.

ÉDOUARD.

Vraiment oui, un éblouissement! C'est une chose que j'ai vue, comme je te vois.

CHARLES.

Eh bien! ensuite.

ÉDOUARD.

Je me suis tenu tranquille, sans oser souffler. Alors les lumières se sont éteintes, et j'ai entendu trotter dans la chambre; puis il s'est fait un bond violent contre la porte.

GUILLAUME.

Le seul récit me rend tout transi.

ÉDOUARD.

Charles a beau se tenir ferme, il aurait été aussi troublé que moi.

CHARLES.

Mais pourquoi n'as-tu pas appelé pour demander de la lumière?

ÉDOUARD.

Est-ce que je pouvais? L'oppression m'avait fermé la bouche. Tout est demeuré tranquille un moment. Mais bientôt j'ai entendu quelqu'un se glisser contre le mur, et tout de suite après, à la faible lueur de la lune, j'ai vu un grand fantôme blanc contre les rideaux de la fenêtre. Il paraissait, de moment en moment, devenir plus grand et plus gros. J'ai mis la main sur mes yeux, dans la crainte de voir quelque chose d'effroyable ; et j'ai voulu hasarder de descendre doucement du lit, et de m'esquiver hors de la chambre. Le fantôme à ce qu'il m'a semblé, s'est mis à bondir, et il est venu droit à moi. Alors, dans ma frayeur, je suis tombé contre ma table, et je l'ai renversée sur moi, en poussant un cri qui est allé jusqu'à vous. Mais doucement, je crois l'entendre encore.

GUILLAUME.

Il me semble aussi que j'ai entendu remuer quelque chose près du bureau.

CHARLES.

Je parie que c'est un rat qui s'est caché.

ÉDOUARD.

Mais un rat n'est pas blanc ; et ce que j'ai vu est au moins aussi gros que notre chien de basse-cour.

CHARLES.

Nous n'avons qu'à chercher. S'il est ici, il faut bien qu'il se montre.

Charles se mit à fureter dans tous les coins. Il visita la ruelle, et regarda sous la commode, sous le secrétaire et sous le bureau. Voici l'esprit, s'écriat-il enfin ; je l'ai trouvé. Et qu'est-ce que c'était que cet esprit ? Oh ! devinez, ma chère maman ; c'était un gros chat blanc du fermier, qui sûrement s'était glissé, à la dérobée, dans la maison, et était monté dans la chambre d'Édouard. Il nous échappa alors à tous les trois un grand éclat de rire. Charles plaisanta fort joliment son frère sur sa crédulité; et le chat se sauva brusquement, aussitôt qu'il vit la porte ouverte. Édouard semblait confus de cette aventure. Je ne puis comprendre, dit-il, comment le chat a pu me paraître d'une grandeur si épouvantable. C'est le propre de la frayeur, répondit Charles, de nous représenter les choses tout autrement qu'elles ne sont en effet, et surtout de les grossir à notre imagination. — Mais les deux flambeaux, je les ai bien vus. — Je le crois. C'était les yeux du chat, qui te semblaient plus grands, ou plus petits, selon qu'il ouvrait ou fermait les paupières. Crois-moi, il en est de tous les esprits dont les sots se font peur comme du chat de notre histoire. Lorsqu'on remonte à la cause, on voit qu'elle est toute naturelle.

Après cette conversation, nous retournâmes nous coucher; et nous avons dormi fort tranquillement le reste de la nuit. Ce matin, à déjeûner, nous avons régalé M. et madame Grandisson de l'histoire de notre revenant. Ils ont donné des louanges à la résolution et au sang-froid de Charles. Il est vrai que je n'ai jamais vu sa présence d'esprit en défaut. Pour Édouard et moi, nous n'avons pas été les derniers à rire de notre faiblesse. Je suis honteux, en vérité, de n'avoir pas eu plus de courage. J'espère que cette historiette amusera ma petite sœur, et qu'elle pourra lui donner, en pareille occasion, un peu plus de hardiesse que n'en a eu son frère.

Adieu, ma chère maman; vous ne m'écrivez pas

aussi souvent que je le désire, et que j'en aurais besoin. Émilie me parle souvent de ma sœur. Elle voudrait savoir si vous en êtes toujours aussi contente. Donnez-moi de ses nouvelles, je vous en conjure, pour satisfaire ma tendresse, et l'intérêt que ma jeune amie daigne prendre à une petite personne que j'aime tant.

Je l'embrasse par votre bouche, pour lui faire mieux sentir toute l'affection que j'ai pour elle.

LETTRE XXXV.

Madame D***. à son fils

Le 6 septembre.

JE suis fort sensible, mon cher fils, au tendre reproche que tu me fais de ne pas t'écrire assez souvent. Je n'aurais point d'occupation plus agréable, si j'étais libre de m'y abandonner. Mais tu dois aisément concevoir combien mon temps est rempli par tous les détails de mon ménage, et surtout par les soins qu'exige de moi ta petite sœur. Je suis obligée de l'instruire moi-même, puisque je ne suis pas assez fortunée pour lui donner les maîtres dont elle aurait besoin. Il est vrai que je me trouve bien dédommagée de mes peines par ses heureuses dispositions. Elle apprend tout avec la plus grande facilité; rien ne rebute son courage; et je suis chaque jour étonnée des progrès que fait son intelligence.

Ses sentimens ne me donnent pas moins de satisfaction. Il serait difficile d'avoir un cœur plus droit et plus sensible. Tout ce que tu m'écris de temps en temps sur Émilie lui fait infiniment de plaisir. La jolie lettre que cette charmante demoiselle écrivit à sa mère au sujet des pauvres incendiés, et dont tu m'as envoyé copie, a fait la plus vive impression sur ta sœur. Elle ramène chaque jour la conversation sur ce chapitre. O ma chère maman, me disait-elle hier, si j'avais été riche, j'aurais bien fait comme Émilie. Qu'elle doit avoir eu de plaisir à secourir ces pauvres demoiselles Falston! Oui, ma fille, lui répondis-je, elle a dû être bien heureuse; et je le suis aussi de voir que tu sais prendre part aux peines des autres. C'est une preuve que tu as un bon cœur; et tu mérites, par ses sentimens, que les autres prennent aussi du plaisir à partager tes chagrins. Ces dispositions affectueuses sont nécessaires entre les hommes, pour se soulager mutuellement dans leurs peines. Ce que vous dites là, maman, est bien vrai, me dit-elle; lorsque j'ai du chagrin, que mes petites amies en paraissent affligées, il ne m'en coûte pas la moitié tant pour me consoler; et puis encore il y a cela de bon que je les en aime davantage, ce qui fait toujours plaisir, N'est-ce pas là, mon fils, un sentiment bien délicat, et d'une expression charmante par sa naïveté? Elle en a tous les jours de semblables, qui m'attendrissent jusqu'aux larmes.

Je ne suis pas moins touchée de ceux que tu me témoignes dans tes lettres. Je sens qu'ils viennent du fond du cœur, et je les recueille avec joie dans le mien. Ils adoucissent ma mélancolie. Je vois que je n'ai pas tout perdu sur la terre en perdant mon époux, puisque mes enfans me restent pour me chérir aussi tendrement que je les aime. Oui, c'est vous deux que je charge du soin de mon bonheur. Ce soin ne vous sera pas pénible, puisqu'il me suffit de vous voir heureux par vos vertus.

Toutes les lettres que je reçois de madame Grandisson sont pleines de témoignages les plus avantageux sur ton compte. L'amitié qui nous unit a sans doute un peu de part à ses éloges. Cependant j'aime à croire que tu sens assez vivement le prix de ses bontés, pour ne rien faire qui puisse t'attirer des reproches sur ta conduite. Il te serait bien honteux de les mériter, ayant continuellement sous tes yeux un modèle aussi parfait que Charles. L'attachement qu'il a pris pour toi me flatte infiniment. On ne sent jamais une vive inclination pour ceux qui ne méritent point d'estime. Continue de suivre les bons exemples de ton ami. Un jeune homme doué de qualités si nobles doit t'inspirer une louable émulation; et tu ne peux répondre à sa tendresse, qu'en cherchant à devenir digne de l'aimer.

Je vois que ton cœur souffre de ne pouvoir imiter sa bienfaisance. Il me serait bien doux de te mettre en état d'exercer cette touchante vertu. Cultive-la toujours dans ton sein, jusqu'au moment où la fortune te permettra de suivre des mouvemens aussi généreux. Mais, en attendant, mon fils, reçois le peu d'argent que je t'envoie. Je souhaiterais pouvoir t'en offrir davantage; mais c'est tout ce que l'état de mes affaires laisse en ce moment à ma disposition. J'ai fait remettre à M. Grandisson tout ce qu'il a bien voulu avancer pour tes besoins. Ceci est uniquement destiné à tes plaisirs; et je suis sûre que tu sauras les trouver dans l'emploi le plus digne d'un cœur sensible et généreux. Adieu, mon cher fils, je t'embrasse avec tous les transports d'une mère qui n'attend sa félicité que de la tendresse et des vertus de ses enfans.

LETTRE XXXVI.

Guillaume D*** à sa mère.

Le 12 septembre.

Je vous remercie mille fois, ma chère maman, du cadeau que vous m'avez envoyé. Comment! vous dites que c'est peu de chose. Oh! non, permettez-moi de vous contredire, je trouve que c'est beaucoup. Vous n'êtes par riche, il s'en faut, et vous me faites présent de deux guinées pour mes plaisirs. N'est-ce pas bien plus que si vous étiez dans l'opulence, et que vous m'eussiez donné dix fois davantage? Hélas! je crains que vous ne vous soyez mise dans la gêne pour m'enrichir. Cette pensée trouble la joie que j'aurais eue de recevoir des marques de votre bonté. Soyez au moins persuadée que je sens toute la valeur de ce don, et que je saurai en faire un emploi dont vous ayez sujet d'être satifaite.

Je vous avoue que j'ai senti un peu d'orgueil à instruire Émilie de ce que vous m'apprenez de ma petite sœur. Il me semble que je serais plus fier de ses perfections que de celles que je pourrais acquérir. Émilie ma paru flattée que sa conduite ait mérité votre approbation. Elle devient tous les jours plus sensée et plus aimable. Puisque ma petite sœur fait si bien son profit de ce que je vous écris sur le compte de mon amie, je vais vous rapporter une autre aventure qui lui est arrivée. Franchement, il y a d'abord un peu de sa faute; mais la suite lui en fait trop d'honneur pour que je n'aie pas de plaisir à vous raconter la chose comme elle s'est passée. La pauvre enfant était hier dans le salon avec Édouard. Ils s'amusaient à jouer tour à tour de petits airs sur le clavecin. Vous saurez qu'il y a dans ce salon une armoire en laque, remplie de porcelaines les plus précieuses. Émilie eut la curiosité de l'ouvrir pour regarder des figures chinoises, dont ou venait de faire présent à M. Grandisson. Elle en prit une dans ses mains, afin de la considérer de plus près. Édouard, qui songe toujours à faire des malices, lui dit brusquement, pour l'attraper, qu'il entendait descendre sa mère. Émilie, craignant d'être prise sur le fait, n'eut rien de plus pressé que de remettre la porcelaine dans l'armoire. Mais, en retirant son bras avec précipitation, elle fit tomber une tasse qui se brisa en mille morceaux. Elle fut saisie de consternation en voyant ce malheur. Elle savait que cette tasse était du plus grand prix, et que sa maman la conservait avec un soin extrême, parce qu'elle faisait partie d'un service de déjeûner, qui lui venait de la meilleure de ses amies. Édouard quitta son clavecin au cri de douleur que laissa échapper Émilie; et voici l'entretien qu'ils eurent ensemble.

ÉDOUARD.

Vraiment, tu viens de faire là un beau chef-d'œuvre. Je ne voudrais pas être à ta place.

ÉMILIE.

O mon frère, tu vois que je suis affligée. Ne m'effraie pas davantage, je t'en supplie. Donne-moi plutôt un bon conseil.

ÉDOUARD.

Quel conseil veux-tu que je te donne? Quand tu irais chez tous les marchands, tu ne trouverais pas une tasse comme celle-là. Il n'y a d'autre moyen que de t'embarquer pour la Chine, afin d'y chercher sa pareille.

ÉMILIE.

Quel plaisir prends-tu à me tourmenter par tes railleries?

ÉDOUARD.

Mais aussi pourquoi fureter dans l'armoire?

ÉMILIE.

Cela ne t'arrive jamais, n'est-ce pas?

ÉDOUARD.

C'est de toi qu'il s'agit. Avais-tu besoin de toucher à cette porcelaine.

ÉMILIE.

Il est vrai ; j'ai mal fait. Cependant si tu ne m'avais donné une fausse peur, je n'aurais rien cassé.

ÉDOUARD.

Ce déjeûner de porcelaine, qui faisait tant de plaisir à maman, le voilà décomplété. Autant vaudrait qu'il n'en restât plus une seule pièce.

ÉMILIE.

Je donnerais tout au monde pour que cela ne fût pas arrivé.

ÉDOUARD.

Oh! oui, désole-toi, cela t'avancera de beaucoup.

ÉMILIE.

O mon frère, que tu es cruel ! Charles ne me tourmenterait pas ainsi.

ÉDOUARD.

Eh bien, ne pleure pas d'avantage. Je vais te dire ce qu'il faut faire.

ÉMILIE.

Voyons, dis-moi cela, mon ami.

ÉDOUARD.

Personne au monde n'a entendu ce qui vient d'arriver. Nous n'avons qu'à ramasser les morceaux, et les mettre l'un à côté de l'autre dans l'armoire. Maman n'y regardera pas ce matin. Pendant le dîner tu pourras dire que tu as entendu des porcelaines tomber dans l'armoire. Je soutiendrai la même chose. Maman ira faire sa visite; et sans doute elle imaginera que la porcelaine est tombée d'elle-même.

ÉMILIE.

Non, mon frère, voilà ce que je ne ferai point.

ÉDOUARD.

Et pourquoi donc? Tu n'accuses personne.

ÉMILIE.

N'importe. C'est un mauvais expédient. Dire un mensonge, c'est pis encore que de casser la porcelaine.

ÉDOUARD.

A la bonne heure. Je te donne un moyen de sortir d'embarras; tu ne veux pas en profiter; ce sont tes affaires.

ÉMILIE.

Hélas! que vais-je devenir?

ÉDOUARD.

Je crains pour toi. Mais je suis bien bon de m'en mettre en peine. Tu ne demandes qu'à être punie.

ÉMILIE.

Oui, j'aime mieux être punie que de tremper maman. Je vais la trouver. Je lui dirai la faute que j'ai commise, et le malheur qui m'est arrivé. Je lui demanderai pardon, en lui promettant de ne plus toucher de ma vie à la clé de son armoire.

Emilie était prête à sortir, quand elle vit sa mère entrer dans la chambre. Elle s'arrêta toute déconcertée. Elle rougit; elle pâlit: son visage devint de toutes les couleurs; et, avant de pouvoir dire un seul mot, il lui échappa un torrent de larmes. Elle s'attendait à recevoir de vifs reproches. Quelle fut sa surprise, lorsque madame Grandisson, qui avait tout entendu, la prit tendrement dans ses bras, et lui dit, en la caressant : Tu es une bonne fille, ma chère

Émilie. Je ne sais pas ce que tu as brisé; mais quand ce serait le morceau le plus précieux, je te le pardonne en faveur de ta franchise et de ta confiance. Pour vous, monsieur, continua-t-elle, en s'adressant à Edouard, montez dans votre chambre pour y méditer sur la leçon que votre jeune sœur vous à donnée. Vous êtes bien heureux que votre père n'en soit pas instruit. Il serait plus sévère que moi. Allez, et rougissez de votre menterie. Je vois que je ne puis plus compter désormais sur vos paroles et que je puis toujours m'en rapporter à celles de ma fille.

Vous voyez, maman, combien Émilie fut récompensée de n'avoir pas suivi les mauvais conseils d'Édouard; car elle aurait payé cher son mensonge, puisque madame Grandisson avait tout entendu. Le récit de cette aventure ne sera pas, je crois, inutile à ma petite sœur. Ce n'est pas que je la soupçonne d'avoir jamais l'idée de vous tromper. Que le ciel m'en préserve! mais c'est un nouvel encouragement pour persister dans les bons principes qu'elle a reçus de vous. Ah! qu'elle est heureuse de pouvoir les recueillir de votre propre bouche! Hélas! il y a bien long-temps que je ne jouis plus de ce bonheur. La mer, en grondant, me sépare de ce que j'ai de plus cher au monde. Oh! quand pourrai-je vous embrasser? quand pourrez-vous nous voir, ma petite sœur et moi, tous deux à vos genoux, pour vous témoigner à l'envi notre tendresse?

LETTRE XXXVII.

Guillaume D*** à sa mère.

Le 16 septembre.

O MA chère maman! tout le monde est ici dans la plus grande consternation. Charles est sorti ce matin de bonne heure, à cheval, suivi d'un domestique, pour aller rendre visite à un de ses amis, à deux lieues du château. Eh bien! il n'est pas encore de retour. Son père lui avait recommandé d'être revenu avant cinq heures, et il en est déjà plus de neuf. Jamais il n'avait désobéi aux ordres de ses parens. Il faut qu'il lui soit arrivé quelque malheur. La nuit est fort sombre; il fait un brouillard affreux. M. Grandisson vient de faire partir un valet de chambre pour avoir des nouvelles de son fils. Avec combien d'impatience j'attends son retour.

Onze heures.

Quelle désolation! le valet de chambre est revenu de la maison où Charles est allé passer la journée. Charles en était parti avant quatre heures, avec son domestique. Que sera-t-il devenu? S'est-il égaré dans la forêt? Est-il tombé de son cheval? Que sais-je? des voleurs l'auront peut-être assassiné. Oh ciel! madame Grandisson en mourra. Émilie ne fait que pleurer. Édouard courtà grands pas comme un fou sur l'escalier de la cour. M. Grandisson cherche à consoler sa femme; mais on voit bien qu'il est lui-même au désespoir. Il vient d'envoyer des hommes à cheval, par divers chemins, pour tâcher de retrouver le pauvre Charles. Si ce n'était la crainte d'abandonner son épouse dans la douleur où elle est plongée, il aurait déjà volé à la recherche de son fils. Oh! si j'étais allé avec mon ami! j'aurais du moins partagé tous ses périls. Madame Grandisson a voulu que je restasse au château, à cause d'un petit rhume que j'ai. Si je l'en avais bien priée, elle m'aurait peut-être laissé partir avec lui. Je suis bien malheureux. Je ne sais comment je supporte mon chagrin. Je ne puis plus tenir ma plume. Je ne vois pas ce que j'écris.

Une heure du matin.

Point de Charles encore. Personne ne s'est mis au lit. Comment pourrait-on reposer? Les domestiques se tordent les bras de douleur. Édouard et Émilie crient sans cesse : O mon frère, mon frère! Et cela m'afflige encore davantage. Oh! s'il était bientôt jour.

Six heures et demie du matin.

Dieu soit loué, maman, nous avons des nouvelles de Charles : le domestique qui le suivait vient de rentrer. Il n'est point arrivé d'accident à mon ami. Ce n'est pas sa faute s'il nous a donné tant d'inquiétude. Il ne s'est laissé retenir si tard ni par la négligence, ni par le plaisir. Loin de mériter qu'on le blâme, il est bien digne des plus grandes louanges. Oh!

quand vous saurez son aventure! Mais M. Grandisson veut absolument que nous allions tous nous reposer pendant quelques heures pour nous remettre du trouble et de la fatigue que nous avons ressentis cette nuit. Il faut bien obéir. Adieu, ma chère maman, jusqu'au réveil. Mon premier soin sera de vous écrire. J'en serai debout deux heures plus tôt.

Neuf heures.

Je vais tout vous raconter, ma chère maman, d'après le récit que nous en a fait le domestique.

Son jeune maître et lui s'étaient mis hier en route avant quatre heures, comme je vous l'ai marqué, pour être de retour au moment où M. Grandisson leur avait prescrit. A peine avaient-ils fait le quart du chemin, que le temps commença tout-à-coup à s'obscurcir. Il survint un brouillard si épais, qu'on ne pouvait rien distinguer à six pieds de distance. Charles, qui est naturellement courageux, ne s'en mit point en peine. Ils continuaient leur route au grand trot, lorsqu'ils aperçurent au devant de leurs pas un homme étendu sur le chemin. Qu'est-ce ci? dit Charles en arrêtant son cheval. C'est apparemment quelqu'un qui a trop bu d'un coup, reprit le domestique. Allons toujours, mon cher maître.

Non, reprit Charles : si c'est un homme pris de vin, il faut au moins le retirer de l'ornière, pour qu'une voiture ne l'écrase pas dans l'obscurité. Il n'avait pas dit ces paroles, qu'il était déjà descendu de cheval. Quelle fut sa surprise, lorsqu'en s'approchant du malheureux, il aperçut un vieil officier en habit

Non, non, il vit encore, dit Charles, c'est qu'il est évanoui.

d'uniforme! Il avait à la tête une large blessure, dont le sang coulait en abondance. Charles lui adressa la parole; mais il n'en reçut aucune réponse.

C'est un homme mort! s'écria le domestique, qui était descendu de cheval.

Non, non, il vit encore, dit Charles; c'est qu'il est évanoui. O ciel! qu'allons-nous faire?

Que ferons-nous en effet? répondit le domestique. Il faut continuer notre chemin. Nous nous arrêterons au premier village, pour envoyer à son secours.

Que vous êtes impitoyable, John! reprit Charles avec vivacité. Avant que les personnes que nous pourrions envoyer fussent rendues ici, le pauvre blessé serait déjà mort. Voyez combien de sang il a perdu! Attachez nos chevaux à ces arbres. Il faut nous-mêmes lui donner tous les secours qui sont en notre pouvoir.

Comment, monsieur, dit John, y pensez-vous? La nuit va nous surprendre. Jamais avec ce brouillard il ne nous sera possible de retrouver notre chemin.

CHARLES.
Eh bien, nous resterons ici.

JOHN.
Et vos parens! Vous figurez-vous leur inquiétude?

CHARLES.
Oh! tu as raison; je n'y songeais pas.

Charles allait remonter à cheval; mais, en tournant vers l'officier ses yeux pleins de larmes, il se sentit arrêté par un pouvoir secret. Non, malheureux vieillard, s'écria-t-il, je ne t'abandonnerai pas dans cette cruelle situation. Mes parens ne sauraient s'en fâcher. Je ne laisserai pas ainsi périr un de mes semblables sans avoir fait tous mes efforts pour le secourir.

En disant ces mots, il se dépouilla précipitamment de son habit, et déchira sa veste par la moitié.

JOHN.
Que faites-vous donc là, mon cher maitre?

CHARLES.
Il faut lui bander le front pour arrêter le sang.

JOHN.
Mais, monsieur...

CHARLES.
N'en dis pas davantage, et viens m'aider.

Il plia aussitôt son mouchoir en quatre, et l'appliqua sur la tête ensanglantée du vieillard. Puis, d'un côté de sa veste repliée dans sa longueur, il assujettit de son mieux le bandage avec quelques épingles. Ensuite, aidé de John, il tira le malheureux de l'ornière, et le porta sur le gazon.

Que ferons-nous maintenant, monsieur? lui dit John.

CHARLES.
Il faut que tu coures au galop vers le premier village, pour amener des gens qui transporteront le blessé dans quelque ferme. Je les paierai de leurs peines. Je reste ici en t'attendant.

JOHN.
Que le ciel me préserve de vous obéir! Non, je

n'en ferai rien, mon cher maître. Moi! que je vous laisse tout seul dans cet endroit écarté! Monsieur votre père ne me le pardonnerait de sa vie.

CHARLES.

Je prends tout sur moi, et je te l'ordonne.

JOHN.

Allons, monsieur, puisque vous me l'ordonnez si expressément, je n'ai plus rien à répliquer. Mais souvenez-vous au moins...

CHARLES.

Je me souviendrai de tout. Pars.

John se mit aussitôt à courir de toute la vitesse de son cheval. Il trouva à quelque distance une chaumière, où deux hommes travaillaient à des ouvrages d'osier, au milieu de plusieurs femmes et d'une troupe d'enfans. Il ouvrit la porte; et, s'adressant au chef de la famille, il le supplia de venir avec son fils aîné au secours d'un vieux officier qui était tombé sur le chemin, et qui nageait dans son sang. Ils montrèrent d'abord quelque répugnance à sortir dans un temps si sombre, sur la parole d'un inconnu. Mais enfin, persuadés par les instances de John, et par l'air de sincérité qui éclatait dans ses protestations, ils allèrent chercher une espèce de brancard, et le suivirent.

Dans cet intervalle, Charles n'avait pas quitté un instant le vieillard; et, à force de soins, il était parvenu à lui faire reprendre l'usage de ses sens.

Oserai-je vous demander qui vous êtes, monsieur, lui dit-il aussitôt qu'il lui vit ouvrir la paupière, et par quel accident vous vous trouvez dans cet état ?

Mon nom est Arthur, répondit le vieillard d'une voix faible et tremblante. Je suis major dans le trente-troisième régiment. J'étais sorti de chez moi pour faire un tour de promenade. Mon cheval a fait un faux pas dans cette ornière, et m'a entraîné dans sa chute. Ma tête a porté sur une pierre. J'ai voulu me relever; la douleur que j'ai ressentie, la perte de mon sang et la faiblesse de l'âge, m'ont fait retomber sans connaissance. Je ne sais plus ce qui m'est arrivé depuis ce moment. Mais vous, aimable enfant, qui vous montrez si sensible à mon malheur, est-ce vous qui avez pansé ma tête, et qui me sauvez de la mort ?

CHARLES.

Oui, monsieur, c'est moi qui ai eu le bonheur de pouvoir vous servir. J'avais un domestique à ma suite. Je viens de l'envoyer dans le premier village pour vous procurer un logement et des secours plus nécessaires que les miens.

LE MAJOR.

Quoi ? vous avez eu le courage de rester près de moi, malgré la solitude et l'obscurité ! si jeune encore, vous m'avez prodigué les soins les plus bienfaisans ! Quelle reconnaissance ne vous dois-je pas !

CHARLES.

Vous ne m'en devez aucune, monsieur. Je n'ai fait que mon devoir ; et, si je puis vous être encore utile, je m'estimerai trop heureux.

Cet entretien fut interrompu par l'arrivée de John

avec les deux paysans. On étendit le major sur le brancard, qui était muni d'un bon matelas. Quelque soin que l'on pût prendre pour le transporter doucement, les secousses de la marche réveillèrent la douleur de sa blessure, et il tomba de nouveau dans un évanouissement assez profond.

Charles, ayant donné son cheval à conduire à John, marchait en silence à côté du brancard, et rendait toutes sortes de soins au malade pour tâcher de lui faire reprendre ses esprits. Lorsqu'on fut arrivé à la porte de la chaumière, il fit aussitôt monter l'un des deux paysans sur son cheval, et l'envoya chercher en toute diligence le chirurgien.

Cependant John employait toujours les instances les plus vives pour engager son maître à reprendre la route du château, en lui représentant les trances où ses parens devaient être sur son retard.

Quoi! lui répondit Charles, je laisserais ce vieillard mourant entre des mains étrangères! Tu le vois, il est encore sans connaissance. Qu'aurais-je fait pour lui, si je l'abandonnais à présent? Non, non, je veux passer la nuit à son côté.

JOHN.

Que dites-vous, mon cher maître?

CHARLES.

Ma résolution est prise. Cours auprès de mon père et de ma mère. Raconte-leur tout ce qui vient de se passer, afin qu'ils se tranquillisent sur mon compte. Dis-leur que j'attendrai ici leurs ordres demain.

JOHN.

Vraiment, monsieur, c'est ce que je ne ferai pas, s'il vous plaît. Monsieur votre père me recevrait bien, je crois, si je rentrais sans vous.

Il faut pourtant que cela soit ainsi, reprit Charles en prenant un ton de fermeté. Ne perds pas de temps. Il était déjà nuit.

John eut beau éclater en protestations contre ce qu'il appelait l'imprudence de son jeune maître, il fallut partir.

Charles alors se trouva plus tranquille, dans la pensée que ses parens allaient recevoir bientôt de ses nouvelles. Mais il devait encore arriver un nouveau contre-temps. Le brouillard ne fit que s'épaissir. La nuit devint plus obscure; et John, égaré dans un bois qu'il fallait traverser, ne sachant de quel côté prendre pour en sortir, fut obligé, après bien des courses inutiles, de s'asseoir au pied d'un arbre pour y attendre le jour, et de nous laisser toute la nuit dans les plus cruelles alarmes. Le pauvre garçon n'en pouvait plus de froid et de fatigue, lorsqu'il est arrivé ce matin. Malgré son empressement, il tremblait de paraître, craignant d'être chassé. Je ne saurais vous peindre sa surprise, lorsqu'après son récit il a entendu M. Grandisson s'écrier : Que je dois te bénir, ô mon Dieu, de m'avoir donné un tel fils! Et vous, John, vous avez bien fait de remplir tous ses ordres. Voici deux guinées pour vous faire oublier une si mauvaise nuit. Allez vous rafraîchir et prendre un peu de sommeil, pour être en état de retourner vers mon fils. Je ne lui fais aucun reproche de l'inquiétude qu'il nous a causée. Il a fait tout ce qui était en son pouvoir pour nous l'épargner.

Mais combien le cœur de mon ami va souffrir, lorsqu'il apprendra de John ce que nous avons souffert nous-mêmes! John s'est déjà remis en chemin. J'ai vu que M. Grandisson lui avait donné pour son fils une bourse pleine d'or, afin qu'il ait de quoi pourvoir à tout ce qui sera nécessaire. Je brûle à présent d'apprendre si ce pauvre major est mort ou vivant. J'espère vous en donner bientôt des nouvelle. Adieu, ma chère maman. Aimez-moi toujours. Aimez aussi mon ami Charles pour son courage, sa prévoyance et son humanité.

Onze heures.

Charles est enfin de retour, ma chère maman. Avec quel transport je l'ai embrassé. C'est un ange à mes yeux. Grâces à ses soins, le major est beaucoup plus tranquille; il sera bientôt guéri de sa blessure.

Charles est arrivé au moment où nous étions bien loin de l'attendre encore. Émilie l'a vu la première. Un cri de joie lui est échappé : Charles! Charles! et elle a couru avec précipitation à sa rencontre. Ils sont entrés en s'embrassant. Charles l'a quittée à la porte pour voler à son père. Il s'est précipité à ses genoux, et ne s'en est relevé que pour aller se jeter au cou de sa maman, qui lui tendait les bras. Je vais vous rapporter mot pour mot tout ce qu'ils se sont dit. Je ne l'oublierai de ma vie.

CHARLES.

Pourrez-vous me pardonner, mes chers parens, de vous avoir causé tant d'inquiétude?

M. GRANDISSON.

Te pardonner, mon fils! Viens plutôt que je t'embrasse mille et mille fois. Tu as rempli ton devoir envers un de tes semblables, sans oublier ce que tu nous dois à nous-mêmes. Je ne croyais pas pouvoir t'aimer d'avantage. Combien je me trompais!

CHARLES.

Je me sens confondu par votre bonté, mon papa.

M. GRANDISSON.

N'en parlons plus, mon fils. Comment va ton malade?

CHARLES.

Il est beaucoup mieux à présent. Il lui reste un peu de faiblesse; mais le chirurgien m'a assuré que sa blessure n'était pas dangereuse.

M.me GRANDISSON.

Est-il encore dans la cabane de ces pauvres gens? Aura-t-on bien soin de sa personne?

CHARLES.

Oh! maman, n'en soyez pas en peine. Son fils est auprès de lui. Aussitôt qu'il m'eut appris sa demeure, j'y envoyai un exprès pour instruire sa famille de son accident. L'aîné de ses fils accourut tout de suite. Quelle douceur pour moi d'avoir remis un père souffrant dans les bras de ce qu'il a de plus cher!

M. GRANDISSON.

Et le major aura-t-il le moyen de se procurer tout ce qui lui est nécessaire?

CHARLES.

Oh! oui, mon cher papa, il est fort riche; et voici votre bourse telle que vous me l'avez envoyée. Je n'ai pas eu occasion de m'en servir.

M. GRANDISSON.

Eh bien! elle est pour toi, mon fils.

CHARLES.

Pour moi, mon papa?

M. GRANDISSON.

Oui, Charles, je te la donne comme une marque de ma satisfaction. Je suis sûr que tu ne l'ouvriras que pour en faire un bon usage. Continue d'être toute ta vie tel que tu te montres aujourd'hui. Garde-toi bien de laisser jamais endurcir ton cœur pour les maux de tes frères.

CHARLES.

O mon papa, que puis-je vous dire? Je craignais vos reproches; et c'est de vos bontés que vous m'accablez.

Mme GRANDISSON.

Mais comment te trouvais-tu dans cette chaumière?

CHARLES.

Je vous avoue, ma chère maman, que je ne m'occupais guère de l'endroit où j'étais. Je n'avais devant les yeux que ce pauvre vieillard, que je craignais de voir mourir à chaque instant.

Mme GRANDISSON.

Tu n'as donc pas dormi de toute la nuit.

CHARLES.

J'avais fait mettre quelques bottes de paille à côté

du lit du major; mais vos inquiétudes, celles de mon frère, de ma sœur et de mon ami, que je me représentais sans cesse; mes craintes continuelles au sujet de mon pauvre blessé, tout cela éloignait le sommeil de mes yeux. Ah! si j'avais pu penser que vous dussiez être une nuit entière sans savoir ce que j'étais devenu, combien mon cœur aurait souffert! Je serais revenu en tâtonnant dans les ténèbres.

Mme GRANDISSON.

Embrasse-moi, mon fils, embrasse-moi encore. Mais je ne veux plus me livrer au plaisir de t'entendre; il est bien temps que tu ailles goûter un peu de repos.

Il fallut se séparer, et je l'accompagnai dans sa chambre. Que je suis heureux, me dit-il en me serrant la main, de ce que mes parens sont contens de moi! Malgré le plaisir que j'ai eu de sauver ce pauvre major, je n'aurais pu me consoler de les avoir mis en colère.

Aimable et cher ami! m'écriai-je en me jetant à son cou. C'est tout ce que je pus lui dire, maman. Mes yeux étaient inondés de larmes; mon cœur suffoquait de sanglots, et je ne pouvais m'arracher de ses bras. Oh! combien la sensibilité donne de plaisir! et qu'il est doux d'avoir un ami tendre et vertueux!

LETTRE XXXVIII.

*Guillaume D**** à sa mère.*

Le 22 septembre.

Je me félicite, ma chère maman, d'avoir à vous faire connaître un nouveau trait de modération et de générosité de mon ami. Non, je ne puis assez vous le dire, il n'est pas, je crois, dans tout l'univers, un jeune homme d'un caractère aussi noble que le sien.

Le comte de *** lui fit présent, il y a quelques jours, d'un beau chien d'une espèce très-rare. Le jeune Falkland, l'un de nos voisins, l'avait déjà demandé plusieurs fois au comte; mais il n'avait pu l'obtenir, parce que l'on sait dans tout le pays avec quelle dureté il traite les pauvres bêtes qu'il tient à son service. Il n'a d'autres plaisirs que de les tourmenter par mille exercices fatigans, ou de les dresser à combattre l'un contre l'autre, et à se déchirer. Ce Falkland a déjà une douzaine de chiens dans sa maison. Vous allez peut-être croire que c'est là toute sa ménagerie? Oh non! certes. Il nourrit encore de toute espèce d'animaux, surtout des chats, des singes et des perroquets, avec lesquels il passe la moitié de sa journée. Il me semble qu'il faut avoir l'esprit bien étroit pour prodiguer son temps à ces occupations misérables, au lieu de le conserver pour s'instruire dans les sciences et les arts. Quoiqu'il eût déjà un si grand nombre de bêtes autour de lui, il fut outré de voir que le comte, après lui avoir refusé son chien, en eût fait un présent à un autre, qui ne le lui avait pas demandé. Qu'est-il arrivé de là ? A peine Charles possédait-il ce chien depuis quinze jours, que la pauvre bête fut trouvée morte dans un coin de la maison. Ce n'est que d'hier que l'on a su d'un domestique de Falkland, que c'était lui qui l'avait fait empoisonner par une rage de jalousie. Quels monstres y a-t-il donc parmi les hommes ? J'ai dit monstres; et le mot n'est pas trop fort. Oui, ma chère maman, c'est un monstre à mes yeux, celui qui prive un autre de ce qu'il ne peut pas avoir, dans la seule vue de lui causer de la peine. Mais l'entretien suivant que nous eûmes hier au soir, Édouard, Charles et moi, en nous promenant dans le jardin, va vous apprendre comment mon ami s'est vengé de cette coquinerie.

Je lui témoignais le regret que j'avais de la mort de la pauvre bête.

Je suis aussi bien affligé, me dit-il. Je n'aurais jamais cru que la perte d'un chien pût m'être si sensible. Mais cet animal était d'une beauté singulière, et il commençait à s'attacher à moi.

ÉDOUARD.

C'est une action affreuse de la part de Falkland, de l'avoir empoisonné. Je ne lui pardonnerais de ma vie, si j'étais à ta place.

CHARLES.

Il faut pourtant bien que je lui pardonne, à moins de vouloir être aussi méchant que lui.

ÉDOUARD.

Tu es trop bon, mon frère. Pour moi, je le hais à la mort.

CHARLES.

Je ne le hais point, mais je méprise son caractère. Je le plains d'avoir des passions si violentes et si détestables. Donner une mort cruelle à une bête innocente, uniquement pour en déposséder un autre, c'est une cruauté de sang-froid, qui annonce que l'on peut se porter aux excès les plus affreux.

ÉDOUARD.

Avant-hier encore, le traître osait t'appeler son ami.

CHARLES.

Je savais déjà qu'il ne faut pas s'en rapporter à de vaines paroles, et que nous devons bien connaître les gens avant de compter sur leur amitié.

ÉDOUARD.

Est-ce que tu ne rompras pas en face avec un si mauvais sujet?

CHARLES.

Je n'irai point lui faire une insulte publique. Je me contenterai seulement de le voir aussi peu qu'il me sera possible. La société d'un jeune homme qui a une manière de penser aussi basse, ne peut me convenir en aucune façon.

ÉDOUARD.

Oh ! ce n'est pas assez. Tiens, veux-tu que je lui coupes les oreilles ? Tu n'as qu'à dire un mot.

CHARLES.

Ce mot-là je me garderai bien de le dire. Ses oreilles ne me rendraient pas mon chien.

ÉDOUARD.

Eh bien, il nous reste un autre parti à prendre. Falkland a une douzaine d'épagneuls et de lévriers ; nous n'avons qu'à les empoisonner à notre tour : c'est une bonne revanche qu'il mérite.

CHARLES.

Et ces pauvres chiens l'ont-ils mérité ?

ÉDOUARD.

Quoi ! tu veux donc laisser sa méchanceté impunie ?

CHARLES.

Cela ne me regarde point ; je ne suis point son bourreau : c'est assez pour moi de le livrer à sa conscience.

ÉDOUARD.

Je suis bien curieux de savoir ce que mon papa va penser de cette aventure. Je ne m'étonne plus s'il cherchait toujours à nous détourner d'une liaison trop étroite avec ce lâche garnement.

CHARLES.

C'est une preuve que mon papa savait lire dans son mauvais cœur. J'apprends par là que je dois consulter mes parens dans le choix de mes amis. Comme ils ont plus d'expérience que nous, ils savent mieux distinguer les bons et les mauvais caractères. Avec leurs sages conseils, j'espère me préserver des liaisons dangereuses qui pourraient me corrompre. Mais Édouard, je pense qu'il ne faudrait pas dire à mon papa l'indigne action de Falkland.

ÉDOUARD.

Et pourquoi donc le ménager ?

CHARLES.

Nous le ferions mieux rougir par un froid mépris que par nos plaintes.

GUILLAUME.

Voilà une noble façon de penser, mon ami.

CHARLES.

C'en en est assez, croyez-moi : parlons de quelque chose de plus agréable. Nous avons aujourd'hui une belle soirée. N'irons-nous pas faire un tour dans les champs ?

ÉDOUARD.

Un moment, s'il te plaît. Regarde, regarde. Ne vois-tu rien là-haut sur cet arbre ?

GUILLAUME.

Il me semble que j'aperçois un oiseau d'un plumage extraordinaire. Il s'agite de toutes ses forces.

CHARLES.

Vraiment oui, il est pris par les ailes.

ÉDOUARD.

Oh! quel bonheur! C'est le perroquet de Falkland, qui était s'est échappé de sa cage. Je le reconnais. Puisque nous le tenons en notre pouvoir, il paiera pour le chien. Son maître ne l'aurait pas donné pour dix guinées ; il va être bien puni.

CHARLES.

Oh! mon cher Édouard! la pauvre bête souffre. Guillaume, fais-moi le plaisir d'aller demander une échelle. Je veux monter sur l'arbre, et dégager le malheureux oiseau.

ÉDOUARD.

Pour le rendre à Falkland, peut-être?

CHARLES.

Sans doute, puisqu'il est à lui.

ÉDOUARD.

Il a fait périr ton chien, et tu veux lui sauver son perroquet?

CHARLES.

Pourquoi non? Ah! je me fais une joie de pouvoir, dès ce jour, lui rendre un service pour le mal que j'ai reçu de lui.

ÉDOUARD.

Prends-y donc garde. Le sort ne pourra jamais te servir d'une manière plus heureuse pour te venger.

CHARLES.

Je regarde bien aussi comme vengeance de lui montrer que mon cœur vaut mieux que le sien.

ÉDOUARD.

Oui, vraiment il est bien capable de le sentir.

CHARLES.

En ce cas je le ferais pour ma propre satisfaction.

J'avais crié au jardinier d'apporter une échelle. Elle arriva en ce moment. Charles monta lui-même sur l'arbre, où le perroquet, et s'abattant, avait embarrassé ses ailes entre deux branches, qui le retenaient. Il parvint à le dégager; et il courut aussitôt charger un domestique de le reporter au jeune Falkland.

Que penses-tu de mon frère? me dit Édouard en le voyant s'éloigner à grands pas.

Peux-tu le blâmer, lui répondis-je, d'être si généreux?

— Non, sans doute. Mais je ne me sens pas encore assez parfait pour l'imiter.

— Il ne tient qu'à nous de le devenir avec un si bon modèle.

Charles vint aussitôt nous rejoindre. Son visage brillait d'une douce satisfaction. Je n'ai jamais si vivement senti combien on peut goûter de plaisir à faire le bien. O ma chère maman, conservez, je vous prie, mes lettres, afin que je puisse les relire quand je serai de retour à la maison. Je serais bien indigne de mon ami, si sa conduite ne me donnait le désir et la force de profiter des bons exemples que je reçois de lui chaque jour. Je voudrais qu'ils fussent connus de tous les jeunes gens de notre âge. Si l'on a tant de plaisir à lire les belles actions des autres, combien n'en aurait-on pas davantage à les faire soi-même! Oui, ma chère maman, ce sentiment est au fond de mon cœur; je le nourris avec joie pour me rendre un jour plus digne de votre tendresse. J'embrasse ma petite sœur à travers le grand espace qui nous sépare. Elle trouvera bon que j'y revienne à deux fois; car c'est moitié pour le compte d'Émilie, et moitié pour le mien.

LETTRE XXXIX.

Guillaume D*** à sa mère.

Le 16 septembre.

Nous assistâmes hier, ma chère maman, à la récolte des fruits d'automne L'air était doux, le ciel serein, et l'on entendait retentir toute la campagne de joyeuses chansons, accompagnées du fifre et du flageolet. C'était un charme de voir, à travers la verdure des arbres, les garçons jardiniers, en vestes blanches, grimper sur les branches les plus élevées pour en cueillir les fruits, tandis que leurs femmes et leurs filles les recevaient dans leurs tabliers, et les déposaient ensuite dans des corbeilles. Nous aussi, nous étions occupés à dépouiller les rameaux qui pendaient à hauteur de nos bras. Ces travaux avaient un air de fête qui pénétrait le cœur de plaisir.

Quelques petites paysannes, assez mal vêtues, nous regardaient à travers la haie. Une d'elles, lorsque nous eûmes fini, vint appeler le jardinier à la barrière, et lui parla d'un air suppliant en tournant quelquefois ses regards vers mon ami; Charles s'en aperçut; mais il attendit que le jardinier eût achevé la conversation : il lui fit signe alors d'approcher; et voici la suite de leur entretien, qui vous dira mieux la chose que toutes mes paroles.

CHARLES.

Qu'est-ce donc que cette petite fille vous demandait d'un air si touchant?

LE JARDINIER.

Vous le dirai-je, monsieur? Tout le monde sait ici que vous avez un cœur pétri de bonté; elle me priait de vous demander quelques fruits pour sa mère qui est malade.

CHARLES.

C'est pour sa mère qu'elle demande? c'est une brave enfant. Allez et donnez-lui autant de pommes qu'elle en pourra porter. Je me fais un plaisir de récompenser son amour pour ceux de qui elle tient la vie.

LE JARDINIER.

Je vais donc lui donner des plus petites, de celles qui ne sont pas d'un si bon acabit?

CHARLES.

Comment donc, mon ami, vous voulez choisir pour une pauvre malade précisément ce qu'il y a de plus mauvais? Non, non, s'il vous plaît. Donnez-lui, au contraire, de ce qu'il y a de meilleur.

LE JARDINIER.

Je craignais que cela ne fît tort à votre provision.

CHARLES.

Ne m'avez-vous pas dit que la récolte n'a jamais été plus abondante que cette année?

LE JARDINIER.

Il est vrai, monsieur, nos greniers vont regorger de richesses.

CHARLES.

Eh bien! de cette abondance que le ciel nous envoie, donnons au moins quelque chose à ceux qui n'ont rien.

LE JARDINIER.

Ah! mon jeune maître, que c'est avec raison que tout le monde vous aime et vous honore! Vous êtes la bonté du ciel sur la terre. Je vais vous obéir. Je sais trop bien que tout ce que vous faites ne manquera jamais de recevoir l'approbation de vos parens.

Le jardinier courut aussitôt exécuter ses ordres. Édouard avait entendu son frère; il s'en approcha et lui dit : Je ne saurais te blâmer de ta bienfaisance; mais je ne puis souffrir que les gens du peuple aient toujours quelque chose à demander.

CHARLES.

Eh! mon ami, s'ils ne demandaient pas ce qui leur manque, aurions-nous l'attention d'y songer pour eux? Nous demandons bien tous les jours mille choses superflues à nos parens. Laissons du moins aux pauvres la liberté de nous exposer leurs pressans besoins.

ÉMILIE.

Charles a bien raison. Ne serait-il pas affreux que nous eussions tant au-delà de ce qu'il nous faut, même pour nos plaisirs, et que les pauvres fussent dépourvus des premières nécessités de la vie? Je dirai ce soir à maman l'état où se trouve la mère de cette petite fille; et je suis bien sûre qu'elle lui enverra des secours.

M. Bartlet, qui, en s'avançant vers nous, venait d'entendre les dernières paroles d'Émilie, lui donna des louanges sur son humanité. Charles lui demanda si les pommes étaient une nourriture saine pour les malades. Oui, sans doute, répondit M. Bartlet, surtout lorsqu'elles sont cuites. Ce fruit, qui convient à presque tous les tempéramens, est d'autant plus précieux, qu'il peut se conserver pendant une grande partie de l'année. Quelle est la sagesse et la bonté du Créateur, qui prend soin de nous pour l'hiver, lorsque la terre, épuisée, n'est plus en état de produire les fruits délicieux dont elle nous a nourris pendant l'été.

Oh! ma chère maman, je serai toujours plein de reconnaissance pour le Maître de la terre, qui pourvoit aux besoins de ses enfans avec une tendresse si généreuse. Hélas! cependant, combien n'y a-t-il pas d'enfans ingrats qui dévorent les provisions d'hiver, sans penser à la main bienfaisante de laquelle ils les ont reçues. Me préserve le ciel d'être jamais de ce nombre, moi surtout qui lui dois tant de grâces, pour avoir eu en partage une si bonne mère! Oui, maman, vous me le feriez aimer quand je ne posséderais que vous sur la terre. Daignez recevoir l'hommage de ces sentimens, et me continuer ceux dont vous voulez bien m'honorer. Je vous le demande pour ma petite sœur et pour moi; et j'en accepte pour gage le premier baiser qu'elle recevra de votre bouche, puisque je ne peux avoir le bonheur de le partager.

P. S. M. Grandisson vient de recevoir en ce moment une lettre du comte de ***, premier chambellan du roi, qui mande le jeune Charles à la cour. On ignore pour quelle raison. Mon ami part demain pour Londres avec M. Bartlet. Oh! combien de regrets va me coûter son absence! Moi qui m'étais fait une si douce habitude de le voir à chaque instant, il faudra que je passe des journées entières sans le voir et sans lui parler! Qui sait encore pour combien de temps il s'éloigne de nous! M. Grandisson n'a point d'inquiétude sur le sujet de ce message. La lettre de M. le comte est fort grâcieuse, et ne peut annoncer rien de fâcheux. Cependant je perds mon ami; il n'y a que l'idée de son bonheur qui puisse me consoler de notre séparation. Il m'a bien promis de m'écrire. Oh! ma chère maman, avec quelle joie je vous enverrai une copie de toutes ses lettres.

LETTRE XL.

*Guillaume D*** à sa mère.*

Le 20 septembre.

JE m'empresse, ma chère maman, de vous envoyer, comme je vous l'ai promis, une copie de la première lettre que je reçois de mon ami Charles.

Vous y verrez les aventures de son voyage et son arrivée à Londres. J'attends avec impatience les premières nouvelles qu'il doit me donner. Mon cœur me dit qu'elles seront heureuses. Jugez de l'empressement que j'aurai à vous en faire part. Plein de cette douce espérance, je vous embrasse avec plus de tendresse encore, vous et ma petite sœur.

LETTRE XLI.

Charles Grandisson à Guillaume D***, son ami.

Le 18 septembre.

Je ne sais encore, mon cher ami, ce que produira notre voyage à Londres. Les commencemens de notre expédition n'ont pas été fort heureux. Des esprits superstitieux pourraient croire que cela ne présage rien de bon pour la suite ; mais nous, mon cher Guillaume, qui avons reçu de nos parens des instructions plus sensées, nous nous garderons bien de nous laisser abattre par ce vains pronostics.

A peine avions-nous fait quelques milles, que l'un de nos chevaux s'arrêta, sans vouloir aller plus avant. Le postillon crut vaincre sa résistance, en lui donnant de rudes coups de fouet ; ce qui me fit de la peine, parce que je ne puis voir traiter durement un animal aussi doux et aussi utile. On ne tarda guère à s'apercevoir que la pauvre bête était enclouée, et qu'ainsi il n'y avait point de sa faute. Il fallut se traîner lentement jusqu'à la poste la plus voisine. Les chevaux frais que l'on nous donna nous menèrent avec plus de vitesse : mais vers le milieu de la route, dans un chemin raboteux, l'essieu de notre voiture vint tout-à coup se à rompre. Heureusement il ne nous en arriva aucun mal. Il n'y avait pas de maison dans le voisinage ; et nous ne vîmes d'autre parti à prendre que de descendre de voiture, et d'aller à pied. Je me serais fort aisément consolé pour moi-même de cet accident ; mais j'en fus affligé pour notre digne ami M. Bartlet. Le froid et l'humidité de l'air, ainsi que la fatigue de la marche, me donnèrent des inquiétudes pour sa santé. Le soleil était déjà près de se coucher ; et nous allions lentement, suivis de notre domestique Henri. La pluie commença bientôt avec une extrême violence. Enfin, après une demi-heure de marche, nous aperçûmes, à notre droite, une petite maison peu éloignée du grand chemin. Nous y fûmes reçus par un honnête laboureur, courbé sous le poids du travail et des années, et par sa femme, qui n'était guère plus jeune que lui. Ces braves vieillards et leurs enfans nous accueillirent avec beaucoup de bonté. Les fils aînés coururent aussitôt chercher un charron dans le voisinage ; et ils allèrent ensemble vers la voiture, pour aider le postillon à la raccommoder de son mieux. On n'acheva de la réparer qu'assez avant dans la soirée. Il était trop tard pour nous remettre en route. Il fut donc résolu que nous passerions la nuit dans cette pauvre cabane, qui, dans cette circonstance, me parut aussi bonne pour nous qu'un riche palais. Pendant que la jeune fille nous préparait un simple repas : Messieurs, nous dit le vieillard, n'ayez aucune inquiétude ; nous vous céderons notre lit, dans lequel vous pourrez goûter le repos qui vous est nécessaire pour continuer votre route. M. Bartlet ne voulait pas se rendre à cette proposition ; mais notre hôte et sa femme lui firent tant d'instances, qu'ils vinrent à bout de le persuader. On n'avait mis que deux couverts sur la table. M. Bartlet s'en aperçut, et leur dit : Est-ce que vous avez déjà soupé, mes amis ? — Non, pas encore, monsieur. — Eh bien, il faut que nous mangions tous ensemble : notre repas en sera plus joyeux. — Nous n'aurions pas osé prendre cette liberté, monsieur, lui répondit le vieillard ; mais, puisque vous l'ordonnez, vous serez obéi. Le rustique repas fut aussitôt mis sur la table. Un bon morceau de rôti, un plat de légumes, du beure, du fromage et quelques fruits, ce fut tout : mais, tu peux m'en croire, je n'ai jamais fait un meilleur souper de ma vie. J'ai dormi toute cette nuit d'un si bon sommeil, que M. Bartlet a eu de la peine à me réveiller. Je viens de faire un déjeûner excellent ; et je profite, pour t'écrire, d'un moment que M. Bartlet vient de prendre pour aller remercier nos hôtes, et leur témoigner notre reconnaissance. Je suis obligé de te quitter ; mais, après notre première visite à M. le comte, je m'empresserai de te donner de mes nouvelles. Mille respects à mon papa et à maman, et mille tendres amitiés à mon frère et à ma sœur.

Je t'embrasse, et suis à toi pour la vie,
Charles Grandisson.

LETTRE XLII.

*Guillaume D*** à sa mère.*

Le 23 septembre.

Je vous le disais bien, ma chère maman, que j'aurais de bonnes nouvelles à vous apprendre de mon ami Charles. Voici la copie de la lettre qu'il vient de m'écrire, et de celle que M. Bartlet écrit à M. Grandisson. A peine aurais-je le temps de vous les transcrire pour le départ du courrier. Je voudrais bien cependant pouvoir vous exprimer toute la joie dont mon cœur est plein. Je ne puis que m'écrier : Quel bonheur pour moi de voir mon ami heureux, et de l'écrire à ma chère maman !

LETTRE XLIII.

*Charles Grandisson à Guillaume D***, son ami.*

Londres, le 21 septembre.

Pourrais-tu jamais deviner, mon cher ami, quel a été l'objet de mon voyage en cette ville ? Oh ! non, sans doute, puisque moi-même je n'ose encore le croire. Eh bien, c'est par l'ordre du roi, qui vient de me donner le titre de Comte, et m'honorer d'une place distinguée auprès de ses enfans. Je ne sais qui peut me valoir ces honneurs. On veut me persuader que j'en suis redevable à ma conduite ; mais il me semble que je n'ai fait en cela que remplir mon devoir, et que le devoir seul ne mérite pas de récompense. Ainsi je ne regarde ce qui vient de m'arriver que comme une pure grâce du ciel, qui veut payer les vertus de mes dignes parens. C'est pour eux, bien plus que pour moi, que je m'en réjouis. M. Bartlet écrit à mon papa. Tu entendras sans doute lire sa lettre. A peine ai-je le temps de t'assurer que je suis pour la vie ton fidèle et tendre ami;

CHARLES GRANDISSON.

LETTRE XLIV.

M. Bartlet à M. Grandisson.

MONSIEUR ET CHER AMI,

QUELLE heureuse nouvelle j'ai à vous annoncer! et combien le cœur de madame Grandisson va tressaillir de joie! Votre aimable fils... Oh! vous méritez bien les faveurs dont le ciel récompense sa conduite. Je vous l'ai toujours dit, qu'il était destiné à remplir votre vie des plus douces jouissances. Si jeune encore, être l'objet des grâces de son souverain, et voir tous les honnêtes gens y applaudir! Oui, certes, il n'est ici personne qui, après l'avoir vu, ne le trouve digne de son bonheur. Mais c'est trop vous tenir en suspens sur sa brillante destinée. Apprenez donc que le roi vient de l'honorer du titre de Comte, et de le placer en qualité d'émule auprès de ses enfans. Le comte de ***, dont la femme est sœur du major Arthur, à qui Charles a sauvé la vie, a représenté votre fils à sa majesté sous des traits si avantageux ; il lui a rendu un si bon témoignage de son esprit, de ses connaissances et de ses sentimens, que le roi a désiré de le voir ; et c'est d'après cette première entrevue qu'il vient de le combler de ses faveurs.

Le comte qui a introduit Charles auprès de sa majesté, et qui est resté à cette audience, déclare qu'il n'a jamais vu accueillir personne d'un air si gracieux. Le roi a daigné lui-même le présenter à ses enfans, qu'il avait fait appeler. Votre aimable fils a répondu à toutes les questions qu'on lui a faites, avec une liberté respectueuse, et une noblesse d'expression étonnante à son âge. Les jeunes princes auraient voulu qu'il fût resté dès ce moment auprès d'eux ; mais il leur a représenté qu'il avait besoin de passer encore quelque temps dans la maison de son père, pour profiter de ses instructions, et se rendre plus capable de répondre aux vues que l'on a sur lui.

Il m'a avoué, en sortant, qu'il avait eu une autre raison pour demander ce délai : c'est que son ami Guillaume n'ayant plus que trois mois à passer en Angleterre, il aurait eu trop de regret de se séparer de lui avant ce terme. Ainsi, vous le voyez, jamais sa présence d'esprit ne l'abandonne ; et les séductions de la fortune ne lui font point oublier ce qu'il doit à l'amitié.

M. le comte vient de donner aujourd'hui un grand repas en l'honneur de votre fils. Charles a reçu les complimens de la compagnie avec autant de grâce que de noblesse. Les louanges qu'il a reçues n'ont pas fait naître en lui le moindre sentiment d'orgueil, et il a laissé tout le monde dans l'enchantement des ses qualités aimables. Ne croyez point, monsieur et cher ami, que mon attachement pour vous et pour votre famille me fasse parler de votre fils avec trop d'enthousiasme ; vous recevrez les mêmes témoignages en sa faveur dans la lettre que M. le comte doit vous écrire.

Nous passerons encore ici cinq à six jours pour remplir quelques devoirs, et je ramènerai dans vos bras le digne objet de votre tendresse.

BARTLET.

P. S. M. le comte vient de faire rouvrir ma lettre, pour vous annoncer qu'Édouard a, dès ce moment, une lieutenance dans le régiment dont le major Arthur est colonel.

LETTRE XLV.

Guillaume D*** à sa mère.

Le 26 septembre.

J'étais si empressé, ma chère maman, de vous envoyer l'autre jour une copie de la lettre de Charles et de celle de M. Bartlet, que je n'eus pas le temps de vous faire part des réflexions que la fortune de mon ami a fait naître dans mon esprit. Je sens que je ne finirais pas toutes mes pensées. Il m'est plus facile et plus doux de tâcher de vous peindre combien j'ai été sensible au souvenir qu'il a gardé de notre amitié. Comment! dans la crainte de se séparer de moi avant le terme qui m'est prescrit, résister au désir de jeunes princes, et sacrifier les agrémens dont il aurait pu jouir dès ce moment à la cour! Ah! il n'a pas fait ce sacrifice à un ingrat. Vous saviez, maman, si je l'aimais! Vous avez vu dans toutes mes lettres, si elles sont pleines de ma tendresse pour lui! Eh bien, il m'est encore devenu mille fois plus cher. J'ai trop senti, depuis son absence, combien il est nécessaire à mon bonheur. Malgré toutes les caresses de M. et de madame Grandisson, malgré les amitiés d'Édouard et d'Émilie, je trouve qu'il me manque à tous les momens du jour. Il me semble que je n'ai plus que la moitié de ma vie. Je n'ai d'autre ressource que de m'occuper sans cesse pour lui. Oui, maman, tous les travaux que nous faisions ensemble, je les fais à présent tout seul, afin que son absence ne s'y fasse pas sentir. J'ai remué tout son jardin, je l'ai orné des fleurs de la saison, pour qu'il voie, à son tour, les soins que j'ai donnés à ce qui l'intéresse. J'ai continué la copie qu'il a commencée d'une suite de dessins d'architecture. Ils ne seront pas aussi bien que s'il les avait faits ; mais ils sont mieux que si je les avais faits pour moi. Je suis sûr que son amitié excusera la faiblesse de mes crayons, et qu'il les verra avec plaisir dans son recueil. J'ai aussi transcrit, sur ses livres de musique, des airs nouveaux qui nous sont venus depuis son départ. J'ai rangé ses livres dans sa bibliothèque, j'ai nourri ses oiseaux; j'ai donné quelque chose à ses pauvres ; enfin j'ai tâché de faire tout ce qu'il aurait fait lui-même. C'est dans ce moment que j'ai senti mieux que jamais, ce que vous ne cessiez de me dire, combien le travail nous est nécessaire pour nous distraire de nos chagrins. Ah ! s'il m'avait fallu vivre dans tout cet intervalle sans occupation, que j'aurais été à plaindre ! J'ai tâché de ne laisser aucun instant de vide dans la journée, de peur qu'il ne se remplît de ma tristesse. Je vous envoie, pour témoignage, une petite pièce sur *les avantages du travail*, que je viens de traduire.

Adieu, ma chère maman, lorsque mon ami est loin de moi, je sens doublement le regret d'être éloigné de vous. Je n'ai pour toute consolation que de savoir que vous m'aimez, et de sentir combien je vous aime.

LES AVANTAGES DU TRAVAIL.

M. Dorville, riche fabricant, était l'ennemi le plus infatigable de l'oisiveté. Non-seulement il consacrait la journée entière au travail, mais encore il avait soin de tenir en exercice tous les gens de sa maison. Bienfaisant envers ceux à qui des infirmités ou un grand âge ne laissaient plus la force de s'occuper. Il était sans pitié pour ces robustes fénéans qui venaient mendier à sa porte. Il leur demandait pourquoi ils ne travaillaient pas ; et, lorsqu'ils s'en excusaient sur ce qu'ils ne trouvaient pas d'ouvrage, il leur en offrait dans ses manufactures; mais, lorsqu'on l'avait une fois refusé, il ne fallait plus se présenter devant lui.

Il ne laissait ouvrir ni fermer un ballot de marchandises, sans obliger François et Robert, ses enfans, d'y prêter la main. Il avait un jardin assez vaste derrière sa maison. Pendant l'été, il faisait travailler ses fils sous les yeux du jardinier; et, pendant l'hiver, il leur donnait à faire de petits ouvrages en carton ou au tour.

Ses trois filles n'avaient pas plus de temps à donner à l'oisiveté. Elles étaient chargées de tous les détails du ménage qui convenaient à leur sexe.

Pour mieux exciter leur zèle, M. Dorville payait

à chacun son ouvrage, et il avait soin d'accorder une récompense particulière à celui qui s'était distingué par son activité. C'était avec ces petits profits que les enfans trouvaient moyen de fournir aux dépenses de leurs plaisirs et de leur entretien.

On n'entendait jamais parmi eux de mauvais propos et de querelles. Ils jouissaient d'une santé parfaite, et chaque jour amenait de nouveaux plaisirs, en leur faisant goûter le fruit de leurs travaux.

Si les garçons apportaient à leurs sœurs un bouquet d'œillet ou de jacinthes, cueilli dans leur parterre, ils en recevaient, à leur tour, des manchettes brodées, des bourses, des cordons de canne ou de montre, ouvrages de leurs mains industrieuses. S'ils présentaient un dessert des fruits venus sur de jeunes arbres qu'ils avaient plantés et greffés eux-mêmes, ils avaient la satisfaction d'entendre leurs parens en faire l'éloge, en apprenant à leurs amis à qui ils en avaient obligation. Alors chacun prenait son verre, et les convives en chœur buvaient à la santé des petits jardiniers.

Tous les ans on célébrait dans la famille sept jours de fête extraordinaires; savoir : le jour de naissance de chacun des cinq enfans, et celui de leur père et de leur mère. On y voyait règner à l'envi la tendresse et le plaisir. C'était surtout pour la fête de leurs parens que les enfans, animés d'une louable émulation, cherchaient à se surpasser les uns les autres par la richesse de leurs hommages. Les jeunes garçons venaient offrir des ouvrages de carton bien vernissés, ou des bijoux d'ivoire et d'ébène artistement travaillés au tour. Les jeunes demoiselles présentaient des ouvrages en broderie, qu'elles avaient travaillés en secret. Leur père et leur mère, comme on l'imagine sans peine, n'oubliaient pas de répondre à ces cadeaux. Ils donnaient ordinairement à leurs enfans un joli repas, auquel on invitait tous leurs petits amis. La fête se terminait toujours par un bal, où cette vive jeunesse, excitée par la musique, se trémoussait à ravir; et les parens étaient transportés de joie en voyant leurs grâces naturelles et leur folâtre gaîté.

Qui croirait que ces enfans eussent jamais pu se dégoûter d'un genre de vie aussi doux? C'est pourtant ce qui arriva. François, un jour, était allé faire visite à ses petits cousins. Il revint à la maison avec une physionomie chagrine. Son père, qui, sur quelques paroles indirectes, comprit d'abord le sujet de ses soucis, fit semblant de ne pas s'en apercevoir. Cependant comme François avait encore, le lendemain, le même fond de tristesse, M. Dorville l'ayant engagé, après le dîner, à faire avec lui une visite à ses pépinières, ils eurent ensemble l'entretien suivant :

M. DORVILLE.

Qu'as-tu donc, mon cher François? Je suis inquiet de l'air de langueur que je vois répandu sur ta physionomie.

FRANÇOIS (*affectant une mine riante*).

Ce n'est rien du tout, mon papa.

M. DORVILLE.

Tu as beau vouloir sourire, tu n'as pas la figure aussi gaie qu'à l'ordinaire.

FRANÇOIS.

Je ne saurais en disconvenir.

M. DORVILLE.

Est-ce que tu aurais quelque sujet de tristesse ?

FRANÇOIS.

Oh! si j'osais vous le dire!

M. DORVILLE.

Craindrais-tu de m'ouvrir ton cœur ? Ne suis-je pas ton ami ?

FRANÇOIS.

C'est que vous me gronderiez peut-être.

M. DORVILLE.

Moi, te gronder ! Tu sais que ce n'est ni dans mes principes, ni dans mon caractère.

FRANÇOIS.

Il est bien vrai : mais, tenez, mon papa, laissez-moi mon secret.

M. DORVILLE.

Pourquoi donc, puisqu'il t'afflige ?

FRANÇOIS.

C'est que vous ne voudriez pas remédiez à mon chagrin.

M. DORVILLE.

Ainsi, tu penses que j'aimerais mieux te voir triste que content ? Je croyais t'avoir fait prendre une autre idée de ma tendresse.

FRANÇOIS.

O mon papa, que dites-vous ? Non, non, je sais

que vous n'avez pas de plus grande joie que de nous voir joyeux.

M. DORVILLE.

Je ne vois donc pas ce qui t'empêche de me faire ta confidence. Tiens, arrangeons-nous; conte-moi ta peine; et moi, je te promets de faire tout ce qui sera en mon pouvoir pour la dissiper.

FRANÇOIS.

Eh bien, mon papa, puisque vous le voulez, il faut que je vous le dise. Vous nous tenez à la chaîne comme des esclaves, pour nous faire travailler du matin au soir. Voyez mes cousins, comme leur papa leur laisse prendre du bon temps. Est-ce que nous ne pourrions pas en avoir aussi bien qu'eux?

M. DORVILLE.

Quoi! mon cher fils, c'est là tout ce qui te chagrine? il n'est rien de plus facile de te contenter. A Dieu ne plaise que je veuille te faire travailler malgré toi! tu es le maître de prendre du repos, jusqu'à ce que tu viennes me presser toi-même de te rendre à tes occupations.

François, fort content de jouir de cette liberté, de l'aveu de son père, employa le reste de la journée à baguenauder çà et là dans le jardin.

M. Dorville se levait tous les jours de très-bonne heure; et lorsque la matinée était belle, il se plaisait à faire un tour de promenade dans la campagne avec celui de ses enfans qui, la veille, avait été le plus docile et le plus appliqué à son travail.

Le lendemain de cet entretien, l'aurore, en se levant, annonça la plus belle matinée. M. Dorville se disposait à sortir. François l'entendit; et, quoiqu'il sentît en lui-même qu'il n'avait guère mérité d'accompagner son père, il se leva précipitamment, et vint lui demander la permission de sortir avec lui. M. Dorville y consentit volontiers. Ils allèrent s'asseoir au sommet d'une colline, d'où l'on découvrait toute la campagne des environs. C'était dans les premiers jours du printemps. Les prairies qui, un mois auparavant, étaient encore ensevelies sous la neige, étalaient la plus riante verdure. Les arbres des bocages se couvraient d'un feuillage tendre; ceux des vergers se paraient de fleurs blanches et pourprées. L'oreille n'était plus déchirée des sifflemens aigus de l'aquilon : on n'entendait retentir les airs que du ramage des oiseaux. On voyait les brebis et les jeunes chevaux bondir sur les gras pâturages. Le laboureur parcourait ses sillons, en faisant raisonner les échos de ses chants joyeux. Une foule de voyageurs était répandue sur tous les chemins d'alentour : les uns conduisaient d'énormes voitures chargées de blé, de vin ou de marchandises; les autres portaient sur leur dos des corbeilles pleines d'herbes et de fleurs. Des jeunes paysannes semblaient marcher en cadence, la tête couronnée de vases de lait. Tous s'avançaient à grands pas vers les portes de la ville, qui venaient de s'ouvrir pour les recevoir. François, ému par ce tableau, sentit son cœur tressaillir d'allégresse. Il se jeta dans les bras de son père, en s'écriant : O mon papa, la délicieuse matinée ! Que je vous remercie du plaisir que je goûte en ce moment !

M. DORVILLE.

Si tous nos amis étaient ici pour en jouir avec nous ! Je suis fâché que nous n'ayons pas pris tes cousins, en passant devant leur porte.

FRANÇOIS.

Oh ! ils sont encore au lit pour deux ou trois heures au moins.

M. DORVILLE.

Est-il possible ? Ils passent donc une partie de la journée à dormir ?

FRANÇOIS.

Je suis allé quelquefois leur faire visite à neuf heures du matin : à peine avaient-ils les yeux ouverts.

M. DORVILLE.

Sans doute, en ce moment, leur sort te paraît digne d'envie ?

FRANÇOIS.

Non vraiment, mon papa. Si je dormais comme eux, je ne jouirais pas du plaisir que je sens.

M. DORVILLE.

Voilà un avantage de l'amour du travail ; il nous réveille d'assez bonne heure pour nous faire goûter le charme d'une belle matinée.

FRANÇOIS.

Mais, mon papa, est-ce que je ne pourrais pas me lever de bonheur sans travailler.

M. DORVILLE.

Et que ferais-tu ?

FRANÇOIS.

J'irais me promener tantôt d'un côté, tantôt de l'autre ; aujourd'hui, je monterais sur le sommet de la colline ; demain, je m'enfoncerais dans la forêt ; une autre fois, j'irais m'asseoir au bord de la rivière.

M. DORVILLE.

C'est fort bien, mon ami ; mais nous n'avons que 365 jours dans l'année. Si nous en retranchons toutes les matinées froides et humides, à peine en restera-t-il qui soient aussi belles que celle d'aujourd'hui. Iras-tu te promener le matin, lorsqu'il fait du brouillard, lorsqu'il tombe de la pluie ou de la neige, ou qu'un vent impétueux souffle la neige et les frimas.

FRANÇOIS.

Oh ! non, certes ; ce vilain temps me ferait bien vite passer le goût de la promenade.

M. DORVILLE.

Que ferais-tu donc les trois cents autres matinées, si tu ne travaillais ?

FRANÇOIS.

Je n'en sais trop rien.

M. DORVILLE.

Et crois-tu franchement que tu serais fort heureux de ne savoir ce que tu aurais à faire ?

FRANÇOIS.

Non, je l'avoue ; le temps me paraîtrait bien long.

M. DORVILLE.

Ne vaudrait-il pas mieux travailler de bon courage, que de te frotter les yeux, d'étendre tes bras, de bâiller, et de te laisser tomber sur une chaise, comme tu fais lorsque tu t'ennuis?

FRANÇOIS.

Mais, mon papa, si je ne travaillais pas, je pourrais m'amuser à quelque jeu.

M. DORVILLE.

Tu sais bien que je ne t'ai jamais empêché de t'amuser; mais voyons si c'est le travail ou une vaine dissipation, qui te donne les plus vrais plaisirs. Je suis bien loin de vouloir que mes enfans ne soient pas aussi heureux qu'ils peuvent l'être. Tu ne travailleras jamais, et tu joueras toujours, si tu me prouves que tes jeux te donnent plus de satisfaction que tes travaux.

FRANÇOIS.

Prenez-y garde, mon papa, cette preuve ne serait pas difficile.

M. DORVILLE.

Eh bien, voyons. Je veux en courir le risque.

FRANÇOIS.

N'avez-vous pas observé qu'en jouant, je saute, je ris, je danse, je fais mille cabrioles? Il n'en est pas de même lorsque je suis au travail.

M. DORVILLE.

Cependant je t'ai vu plusieurs fois t'amuser et rire avec ton frère tout en travaillant.

FRANÇOIS.

Il est vrai; mais c'est bien mieux encore lorsque je joue tout de bon.

M. DORVILLE.

Tu ne laisses passer aucun jour sans jouer : pourrais-tu me montrer quelque choses d'agréable qui te soit resté de tes jeux ?

FRANÇOIS.

Non, mon papa, je n'en ai plus que le souvenir.

M. DORVILLE.

Et n'as-tu rien qui te sois resté de ton travail ?

FRANÇOIS.

Je vous demande pardon; il y a dans mon jardin plus de trois douzaines de jeunes arbres que j'ai plantés et greffés moi-même; toutes mes couches sont couvertes de bons légumes, et mes plate-bandes de belles fleurs.

M. DORVILLE.

Est-ce là tout, mon ami ?

FRANÇOIS.

Non vraiment, mon papa. N'ai-je pas dans ma chambre une grande armoire pleine d'ouvrages en paille et en carton, ainsi que mille petits bijoux d'ivoire et d'ébène, que j'ai tournés sur mon tour ?

M. DORVILLE.

Mais tous ces objets, tu ne les vois sans doute à présent qu'avec regret, en songeant à toutes les gouttes de sueur qu'ils t'ont fait répandre ? En voilà, dis-tu, qui m'ont coûté une journée entière de peine.

FRANÇOIS.

Et quand ils m'en auraient coûté encore plus ?

M. DORVILLE.

Eh bien ?

FRANÇOIS.

Tenez, mon papa, lorsque je vois mon armoire parée des fruits de mon travail, lorsque je cueille un bouquet pour mes sœurs, ou que j'ai de beaux fruits ou de beaux légumes à présenter à maman, je me trouve si heureux, que je ne me souviens plus de tous les soins qu'il m'a fallu prendre.

M. DORVILLE.

Et dis-moi, le temps que tu as consacré à cultiver ton jardin, ou à tourner, voudrais-tu maintenant l'avoir passé à te divertir ?

FRANÇOIS.

Non, certainement; car il ne m'en resterait plus rien aujourd'hui.

M. DORVILLE.

Au moins tu en aurais le souvenir. Est-ce que tu le comptes pour rien ?

FRANÇOIS.

Oh ! c'est bien peu de chose.

M. DORVILLE.

Je crois entendre, dans ta réflexion, que les jeux ne peuvent amuser que lorsqu'on les goûte; et tu conviendras qu'ils n'amusent pas toujours autant qu'on l'avait espéré. Le travail, au contraire, après nous avoir occupé agréablement, nous laisse des jouissances utiles. Pendant plus de vingt ans, tu trouveras un nouveau plaisir à cueillir des fruits sur les arbres que tu as plantés de ta propre main, au lieu que tu ne te souviendras pas même de tes jeux frivoles. Tu peux maintenant décider ce qui donne les vrais plaisirs, si c'est un travail utile, ou de vains amusemens.

FRANÇOIS.

Oh! mon papa, de la manière dont vous me faites envisager les choses, il n'y a pas à balancer. C'est le travail, sans contredit, qui me rend plus heureux.

M. DORVILLE.

Tu vois si j'ai raison de te le faire chérir. Si je te disais : Allons, François, ne travaille plus; je veux que tu passes ton temps à jouer, ne serait-ce pas te rendre malheureux pour le reste de ta vie?

FRANÇOIS.

Oh! oui, je le sens; tous les jeux me deviendraient insupportables.

M. DORVILLE.

Ne te semblent-ils pas, au contraire, plus doux lorsque tu as travaillé?

FRANÇOIS.

Oui, mon papa, j'en conviens.

M. DORVILLE.

C'est alors que je te presse moi-même d'en goûter le plaisir. Tu sais que je vais souvent engager tes cousins et quelques autres de tes camarades à venir se divertir avec toi. As-tu oublié vos combats à la lutte, vos courses, vos parties de barres?

FRANÇOIS.

Non, mon papa, je m'en souviens à merveille. Vous avez la bonté d'y assister presque toujours; et je vous vois sourire lorsque j'y ai l'avantage.

7

M. DORVILLE.

En effet, cela t'arrive assez souvent.

FRANÇOIS.

C'est que je suis plus fort qu'aucun de mes compagnons; mes pauvres cousins surtout, je ne les craindrais guère, quand ils se mettraient tous les deux contre moi.

M. DORVILLE.

Ils ne sont peut-être pas si âgés?

FRANÇOIS.

Oh! vous le savez bien; je suis plus jeune d'un an que le cadet.

M. DORVILLE.

C'est donc que tu es mieux nourri?

FRANÇOIS.

Je vous demande pardon, mon papa; même ils sont mieux traités les jours ordinaires, que nous ne le sommes les jours de fête.

M. DORVILLE.

Je ne vois donc pas d'où cet excès de force pourrait te venir, à moins que ce ne soit du travail.

FRANÇOIS.

Avec votre permission, mon papa, cela n'est guère possible; car le travail m'affaiblit quelquefois, au point que je ne puis remuer mes membres.

M. DORVILLE.

Mais, mon fils, qui sont ceux qui courent le mieux?

FRANÇOIS.

Ce sont les coureurs.

M. DORVILLE.

Et d'où vient cela, je te prie?

FRANÇOIS.

C'est qu'ils sont accoutumés à courir.

M. DORVILLE.

Cependant la course les fatigue quelquefois, comme le travail t'affaiblit.

FRANÇOIS.

Sans doute.

M. DORVILLE.

Oui, mais le lendemain en sont-ils moins lestes, et toi moins frais et moins gaillard?

FRANÇOIS.

Il est vrai.

M. DORVILLE.

Un mot encore; n'as-tu pas vu des gens qui aient des membres plus nerveux que les autres?

FRANÇOIS.

Oh! oui, notre forgeron, par exemple. Il n'y a qu'à voir ses bras; tous ses muscles expriment la vigueur.

M. DORVILLE.

Et cette vigueur, comment peut-il l'avoir acquise?

FRANÇOIS.

Que vous dirais-je? Cet homme est courbé toute la journée sur son enclume. Il est exercé, dès sa jeunesse, à manier un marteau que j'aurais de la peine à soulever des deux mains.

M. DORVILLE.

Comment, tu le crois plus fort que moi?

FRANÇOIS.

Oh! mon papa, je ne voudrais pas vous voir aux

prises avec lui, quand je serais là pour vous secourir.

M. DORVILLE.

Cela me persuaderait encore que le travail fortifie les hommes. Voilà un forgeron qui fait des exercices plus violens que moi, et il est aussi plus robuste. Tu fais des exercices plus violens que tes cousins, et tu es plus robuste aussi. Le travail est sûrement pour quelque chose là-dedans.

FRANÇOIS.

En effet, je commence à le croire.

M. DORVILLE.

Tu me disais tout-à-l'heure que tes cousins étaient servis fort délicatement à leurs repas.

FRANÇOIS.

Et c'est bien vrai aussi.

M. DORVILLE.

Il me semble cependant que leur estomac est souvent malade.

FRANÇOIS.

Oui, presque toujours.

M. DORVILLE.

Et le tien, éprouve-t-il de ces incommodités?

FRANÇOIS.

Jamais, mon papa. Vous savez bien que j'ai toujours un bon appétit.

M. DORVILLE.

Oui, mais il y a des jours où tu sembles manger encore avec un nouveau plaisir. Je m'en aperçois, surtout lorsque tu viens de remuer ton jardin.

LE PETIT GRANDISSON.

FRANÇOIS.

Ah! vraiment, je fais une rude guerre à vos provisions quand j'ai bien travaillé.

M. DORVILLE.

Comment donc! le travail fortifie tes bras et ton estomac, il aiguise ton appétit; et je m'aviserais de te l'interdire! Oh! non, certes; je veux que mon fils fasse honneur à ma table sans avoir d'indigestion comme ses cousins. Je ne veux pas que ses camarades soient plus forts à la lutte ni à la course.

FRANÇOIS.

Mais, mon papa, il y a bien des gens qui me disent que, puisque vous êtes si riche, vous ne devriez pas nous faire travailler.

M. DORVILLE.

Ces gens là parlent comme des étourdis; et tu serais un plus grand étourdi de les croire. Si tu restes tous les jours au lit jusqu'à neuf heures, pourrai-je, avec tout mon argent, te faire jouir du charme d'une si belle matinée?

FRANÇOIS.

Non, certes.

M. DORVILLE.

Pendant bien des années, tu auras à cueillir du fruit sur les arbres que tu as plantés. Tu peux de temps en temps faire des cadeaux à tes sœurs et à tes amis, des jolis ouvrages que tu as faits sur le tour. Voilà ce qui te reste de ton travail, et la source de bien des jouissances qui vont se renouveler mille fois. Mais avec tout mon argent puis-je faire qu'il te reste quelque chose d'aussi doux de tes jeux lorsqu'ils sont finis?

FRANÇOIS.

Hélas! non, mon papa.

M. DORVILLE.

Puis-je enfin, avec toutes mes richesses, te rendre les membres robustes, et préserver ton estomac des indigestions?

FRANÇOIS.

Oh! encore moins.

M. DORVILLE.

Regarde maintenant combien d'avantages tu dois au travail : avantages précieux, que tout l'or du monde ne pourrait te procurer!

FRANÇOIS.

J'en conviens.

M. DORVILLE.

Et pourquoi donc ai-je de l'or, moi? Est-ce pour que mes enfans soient heureux ou malheureux?

FRANÇOIS.

Pour qu'ils soient heureux, sans doute.

M. DORVILLE.

Et quel est le plus heureux, celui qui passe une partie de la matinée à rêvasser dans son lit, ou celui qui, se levant avec l'aurore, peut, lorsqu'il fait beau, aller se promener dans la campagne, et contempler les beautés ravissantes de la nature?

FRANÇOIS.

C'est le dernier, sans doute.

M. DORVILLE.

Quel est encore le plus heureux, celui qui consume sa vie en de vains plaisirs, qu'il faut quelquefois attendre, qui ne l'amusent pas toujours, et dont il ne lui reste jamais rien ; ou celui qui s'occupe d'un travail agréable, dont il lui reste mille douces jouissances pour le temps qui vient après?

FRANÇOIS.

C'est toujours celui-ci.

M. DORVILLE.

Je ne te demande pas s'il vaut mieux avoir des bras robustes que des membres énervés, de belles couleurs qu'un teint pâle, une santé vigoureuse que des faiblesses continuelles, et un bon appétit que des indigestions.

FRANÇOIS.

Oh! il n'y a pas à balancer.

M. DORVILLE.

Tu viens de convenir que c'est le travail qui nous donne tous ces avantages.

FRANÇOIS.

Il est vrai.

M. DORVILLE.

Ne serais-je donc pas bien blâmable, si, m'embarrassant des sots propos de quelques étourdis, je négligeais de faire chérir le travail à mes enfans, sous le vain prétexte que je suis riche? Et avec toutes mes richesses, ne les rendrais-je pas plus malheureux?

FRANÇOIS.

Oh! oui, je le vois bien. C'est moi qui étais un insensé de vouloir me dégoûter du travail. Allons, mon papa; voici la matinée qui s'avance. Je brûle d'aller reprendre mes occupations ordinaires. J'espère avoir un joli bouquet à donner à chacune de mes sœurs, et d'excellentes fraises à cueillir sur mes couches pour votre dessert.

M. DORVILLE.

Allons, mon fils, je suis charmé de t'avoir trouvé si raisonnable. Cela m'engage à te consulter sur une grande affaire qui t'intéresse. Nous en parlerons demain.

Le lendemain, François, un peu fier, et encore plus curieux de répondre à la consultation que son père lui avait demandée, s'empressa d'aller lui offrir les secours de ses lumières.

Il y a long-temps, mon fils, lui dit M. Dorville, que je cherche à placer avantageusement une certaine somme pour mes enfans.

FRANÇOIS.

Vous avez bien de la bonté, mon papa.

M. DORVILLE.

Ainsi, je suis bien aise de te consulter sur l'emploi le plus avantageux que j'en puisse faire.

FRANÇOIS.

Mais, mon papa, il n'est rien de plus simple. Vous n'avez qu'à la mettre dans le commerce.

M. DORVILLE.

Elle y est déjà mon ami. C'est du commerce, au contraire, que je songe à la retirer pour vous l'assurer davantage. Dans notre état, on est exposé à faire bien des pertes. J'en éprouve tous les jours.

S'il m'arrivait quelque grand malheur, je voudrais avoir placé si solidement une partie de ma fortune, qu'elle pût vous assurer une subsistance assez honnête pour toute votre vie.

FRANÇOIS.

Il me semble que vous pourriez en acheter des maisons?

M. DORVILLE.

Oui bien, si elles ne couraient pas le risque de brûler.

FRANÇOIS.

En ce cas, achetez des terres; elles ne brûlent pas, au moins.

M. DORVILLE.

Il est vrai, mais il faut veiller soi-même à leur culture, ou bientôt elles tombent en friche, et ne vous rendent plus leur revenu ordinaire d'après lequel vous aviez établi votre dépense; en sorte que vous vous trouvez pauvre avec vos grandes possessions.

FRANÇOIS.

Je ne sais donc plus, mon papa, quel conseil vous donner.

M. DORVILLE.

Tiens, mon ami, je ne vois d'autre moyen pour mettre cette somme à l'abri de tous les hasards, que de la dépenser de manière que vous ne puissiez jamais en perdre l'intérêt.

FRANÇOIS.

Comment donc, mon papa! la dépenser de peur de la perdre!

M. DORVILLE.

Oui vraiment. Par exemple, si je l'employais à vous donner des talens utiles, pour vous mettre en état de parer aux plus grands revers de la fortune : alors, en quelque lieu que vous fussiez portés par le sort, vous seriez en état de vous procurer tout ce qui vous serait nécessaire. Tu commences à savoir bien calculer, à tenir les livres de commerce; tu sais planter et greffer des arbres; tu travailles joliment sur le tour : ton frère et tes sœurs ont aussi leurs talens particuliers : il m'en a coûté beaucoup d'argent pour vous donner ces instructions; j'en sacrifierais encore plus pour achever de vous y perfectionner ; ensuite je vous tiendrais plus riches qu'avec un grand héritage; car on peut perdre ses biens, mais les connaissances utiles restent toujours.

FRANÇOIS.

Mais, mon papa, vous êtes bien à votre aise : vous avez une bonne manufacture. Il me semble qu'avec cela nous ne pouvons jamais manquer.

M. DORVILLE.

Il y a des gens plus riches que nous, dont la fortune a été renversée. Il est bon de se préparer de loin à tous les événemens. Je me souviens, à ce sujet, d'une petite histoire, que tu ne seras pas fâché de savoir.

FRANÇOIS.

Oh! voyons, mon papa, je vous prie. Je suis prêt à vous entendre.

M. DORVILLE.

Un jeune gentilhomme voulut épouser une fort aimable demoiselle. Il en fit la demande en mariage à son père. Celui-ci lui dit : Je vous donnerais volontiers ma fille ; mais avez-vous un bon métier pour être en état de la nourrir, elle et les enfans que vous aurez ? Un métier, monsieur ? lui répondit le gentilhomme ; ignorez-vous que je possède un grand château dans votre voisinage, avec des terres considérables ? Ce n'est rien que cela, lui répliqua le père de la demoiselle. Votre château peut brûler ; vos terres peuvent être dévastées ; il peut encore vous arriver mille accidens ruineux que je ne prévois pas. En un mot, si voulez obtenir ma fille, il faut que vous appreniez quelque métier qui me tranquillise ; c'est une condition absolument essentielle que je mets à notre alliance. Le jeune gentilhomme voulut en vain combattre cette opposition : il ne put en faire revenir le père de sa maîtresse. Quel parti prendre ? Il aimait trop éperdûment pour renoncer à son bonheur. Il courut se mettre en apprentissage chez un vannier, parce qu'il jugea son métier le plus facile ; et il n'obtint la jeune demoiselle qu'après avoir fait sous les yeux de son père une corbeille fort propre, et divers petits ouvrages d'osier et de jonc.

Pendant les premières années de son mariage, il riait intérieurement de la prévoyance de son beau-père, et de la condition bizarre qu'il lui avait imposée ; mais il cessa bientôt de s'en moquer.

La guerre se déclara. Les ennemis entrèrent dans

sa province. Ils ravagèrent ses moissons, abattirent ses forêts, démolirent son château, pillèrent sa cassette et ses meubles, et le contraignirent de prendre la fuite avec sa famille. Notre riche gentilhomme se trouva tout-à-coup dans l'indigence. Il passa quelques jours à déplorer tristement son infortune, vivant avec peine du peu d'argent qu'il avait sauvé. Cette misérable ressource lui manqua bientôt. Il se souvint alors du métier qu'il avait appris. Son courage ne tarda pas à renaître; et il se livra au travail avec d'autant plus d'ardeur, qu'il s'était réfugié dans une ville où son premier état n'était point connu. Sa femme, après avoir apprêté la subsistance commune, le soulageait dans ses travaux : ses enfans allaient vendre ses paniers et ses corbeilles. De cette manière il parvint à se soutenir fort honnêtement, lui et sa famille jusqu'au moment heureux où le retour de la paix le fit rentrer dans la possession de ses biens.

Cette histoire fit une vive impression sur François. Il la raconta à son frère et à ses sœurs, qui en furent également frappés. Elle leur fit faire une foule de réflexions sur les ressources que l'on a besoin de se ménager contre les coups inattendus de la fortune. Hélas! ils ne prévoyaient pas qu'ils dussent si tôt s'en faire l'application à eux-mêmes. Quelque temps après, le feu prit, dans la nuit, à l'un des magasins de M. Dorville; et tous les bâtimens de sa manufacture furent consumés avant qu'on pût avoir des secours pour arrêter les fureurs de l'incendie.

Un autre se serait laissé lâchement abattre par ce désastre ; mais il ne fit au contraire que fortifier sa constance et redoubler son activité. Tous ses amis s'empressèrent de le soutenir. Il profita heureusement de ses moyens et de son industrie pour chercher à réparer ses pertes. Elles n'empêchèrent point que ses filles ne fussent bientôt recherchées par les hommes les plus riches et les plus sensés, parce qu'ils savaient qu'ils trouveraient en elles des femmes capables de conduire habilement leur maison. Pour ses deux fils, ils mirent une ardeur si infatigable dans leurs travaux, qu'ils parvinrent en peu d'années à rétablir les affaires de leur famille, et à les porter même à un degré de prospérité où elles ne s'étaient jamais élevées avant l'infortune qui semblait devoir les renverser pour toujours.

LETTRE XLVI.

Guillaume D*** à sa mère.

Le 27 septembre.

O ma chère maman, quel danger mon ami Charles vient de courir ! Eh quoi ! il a tenu à si peu de chose que je ne l'aie perdu ! Je frémis encore d'y songer. Que serais-je devenu s'il avait été aussi brutal que son adversaire, s'il en avait reçu la mort, ou s'il la lui avait donnée, et qu'il eût été obligé de fuir sa patrie ? Heureusement tout s'est terminé à sa gloire; et, en se conservant pour ses parens et pour moi, il nous donne encore un nouveau sujet de l'aimer et de l'estimer. Mais c'est trop long-temps tenir votre curiosité dans l'impatience. Lisez, lisez, je vous prie, la lettre que M. Grandisson vient de recevoir de M. Bartlet. Je passe la soirée à la transcrire pour vous l'envoyer. O ma chère maman, combien de fois le cœur m'a battu en vous faisant cette copie ! Mais ce n'est plus de moi qu'il s'agit. Oubliez-moi quelques instans pour ne vous occuper que de mon ami Charles.

LETTRE XLVII.

M. Bartlet à M. Grandisson.

Le 26 septembre.

MONSIEUR ET CHER AMI,

Je ne puis assez vous féliciter du bonheur de posséder un tel fils que le vôtre. Je fus hier témoin, sans qu'il s'en doutât, d'une aventure qui lui fait infiniment d'honneur..... Mais pourquoi m'étonner de sa conduite, lorsque j'y vois l'effet des bons exemples et des sages leçons qu'il a reçus de vous ?

Il se trouvait hier dans notre société, un jeune homme nommé Stanley, fils de milord G***. Son caractère est d'une violence brutale. Quoiqu'il n'en-

LE PETIT GRANDISSON. 163

core que dix-huit ans, l'ambition et l'envie dévorent son cœur. J'avais déjà observé qu'il était jaloux du titre que vient d'obtenir votre fils. Il ne tarda guère à le harceler par de malignes plaisanteries, que Charles laissa passer en silence avec une retenue admirable. Ils étaient à jouer une partie de piquet. Stanley, plat fanfaron, qui voudrait se targuer d'un faux courage, crut pouvoir abuser de la modération de votre fils. Il prit enfin le parti de lui chercher querelle au jeu d'une manière si marquée, que Charles ne put s'empêcher de laisser paraître dans ses regards combien il en était indigné. Je vais vous rapporter ici mot pour mot leur entretien.

CHARLES.

Il me semble, monsieur, que vous ne prenez pas beaucoup de plaisir à notre partie ; ne vaudrait-il pas mieux l'interrompre ?

STANLEY, *jetant les cartes sur la table.*

Il est vrai. On ne peut guère trouver de plaisir à jouer avec des personnes qui entendent si mal le jeu.

CHARLES.

Il est possible que je ne l'entende pas à beaucoup près aussi bien que vous ; je n'en ai pas une aussi grande habitude.

STANLEY.

Si vous n'en s'avez pas davantage sur tout le reste, je crains qu'il ne vous soit difficile de soutenir le titre que vous venez d'obtenir.

CHARLES.

Je ne crois pas que la science du jeu soit absolument essentielle pour remplir cet objet. Mais parlons, s'il vous plaît, d'autre chose. Vous avez là une fort belle tabatière.

STANLEY.

Elle ne vous conviendrait peut-être pas mal dans votre nouvelle dignité.

CHARLES.

Elle me serait inutile : je ne prends pas de tabac. Je crois qu'il vaut mieux ne pas s'y accoutumer à mon âge.

STANLEY.

C'est-à-dire que vous trouvez mauvais que j'en prenne.

CHARLES.

En aucune manière; il ne m'appartient pas de trouver à redire à ce qui vous convient à vous et à vos parens.

STANLEY.

Mes parens n'ont rien à voir dans ces choses-là; il suffit que cela me plaise.

CHARLES.

A la bonne heure; chacun à sa manière de penser.

STANLEY.

Certes, voilà un enfant bien docile, qui ne voudrait pas prendre de tabac sans en demander la permission à ses parens.

CHARLES.

Il est vrai; je ne fais rien sans les consulter.

STANLEY.

J'aurais tort d'en être surpris. Vous n'êtes pas

aussi âgé que moi, pour savoir penser et agir d'après vous-même ; il vous faut du temps pour vous former.

CHARLES.

J'espère en effet valoir un peu mieux, lorsque je serai aussi âgé que vous l'êtes.

STANLEY.

Votre dessein est-il de m'insulter? Pourquoi me dire que vous vaudrez mieux que moi?

CHARLES.

Mieux que vous, monsieur? Je suis incapable d'une grossièreté pareille. Il vous est aisé de comprendre que je n'ai voulu dire autre chose, sinon que j'espérais, à votre âge, valoir un peu mieux que je ne vaux à présent.

STANLEY.

Vous n'êtes pas maladroit, ce me semble, à tourner à rebours vos paroles.

CHARLES.

Non, monsieur, je commence d'abord par bien penser à ce que je veux dire ; et mes paroles n'ont point de rebours.

STANLEY.

Il suffit. Voulez-vous bien venir faire un tour de promenade dans le jardin ?

CHARLES.

Très-volontiers, monsieur, si cela vous est agréable, je ne vois rien qui m'en empêche.

Stanley aussitôt enfonça fièrement son chapeau sur sa tête, en cherchant de l'œil et de la main si son épée était à son côté. Charles posa la sienne sur un fauteuil, et suivit Stanley d'un pas ferme. J'attendis qu'il fût hors de la chambre pour me mettre doucement sur leur trace, sachant assez, par ce que je venais d'entendre, combien Stanley est querelleur. Ils marchaient à quelque distance l'un de l'autre, et s'avançaient vers un petit bosquet qui est à l'extrémité du jardin. Je pris un chemin plus court et plus détourné pour m'y rendre; et, m'étant caché à quelques pas derrière une charmille, je fus à portée d'entendre toute la suite de leur entretien, que je vais vous rapporter.

STANLEY.

Où est donc votre épée? Vous l'aviez tout-à-l'heure.

CHARLES.

Il est vrai, monsieur; mais je l'ai laissée à la maison.

STANLEY.

Courez la chercher, s'il vous plaît.

CHARLES.

Pourquoi donc, je vous prie? Elle m'est inutile pour me promener.

STANLEY.

Oui, mais vous en avez besoin pour réparer l'offense que vous m'avez faite.

CHARLES.

Une offense, dites-vous? Il serait bien étrange pour moi de vous avoir offensé à mon insu.

STANLEY.

Vous l'avez pourtant fait; et je n'aurais pas tardé

si long-temps à vous en demander raison, si nous avions été seuls dans la chambre.

CHARLES.

Vous auriez pu me la demander là-haut tout aussi bien qu'ici; je n'aurais pas craint les témoins pour vous répondre, comme je le fais, que je n'ai pu vous offenser, parce qu'il est dans mes principes de n'offenser personne.

STANLEY.

A quoi servent toutes ces vaines paroles? Allez chercher votre épée, vous dis-je. Je veux avoir satisfaction sous les armes, à moins que vous ne vous soumettiez à me demander pardon.

CHARLES.

Vous demander pardon, monsieur! si je vous avais offensé, je l'aurais fait de moi-même, sans en attendre la loi de personne. Mais, comme je ne vous ai point offensé, cette démarche est parfaitement inutile.

STANLEY.

Mais pourquoi avez-vous quitté votre épée? Vous deviez bien voir que j'avais la mienne.

CHARLES.

Eh! que m'importe, monsieur? Je ne connais point de raison qui m'oblige de régler mes actions sur les vôtres.

STANLEY.

C'est au moins, pour ne rien dire de plus, une fort grande imprudence de votre part.

CHARLES.

En quoi donc, s'il vous plaît? J'aurais gardé mon

épée si je vous avais pris pour un assassin; et c'est alors véritablement que je vous aurais fait une offense cruelle.

STANLEY.

Vous me feriez perdre patience. Mon épée est encore dans le fourreau; mais prenez-y garde, je vous en avertis.

CHARLES.

Je suis tranquille, monsieur. Je n'ai rien à craindre.

STANLEY.

Vous n'avez rien à craindre? Ne croyez pas que je souffre sans ressentiment qu'étant d'une naissance inférieure à mienne, et plus jeune que moi de quatre ans, vous emportiez un titre qui me convenait, à tous égards, mieux qu'à vous.

CHARLES.

Il me semble, monsieur, que vous avez fait une longue marche pour en venir là; je me doutais que c'était ce titre qui vous chagrinait. Mais vous êtes bien bon de me l'envier, lorsque je ne vous envie pas l'avantage d'une plus haute naissance.

STANLEY.

Comment donc? Est-ce que vous trouveriez cet avantage si méprisable?

CHARLES.

Non, sans doute; mais je pense que ce serait une folie à moi d'en être jaloux, et surtout de vous le témoigner les armes à la main.

STANLEY.

Et pourquoi, je vous prie?

CHARLES.

C'est que mon épée ne serait pas plus capable de vous le ravir, que la vôtre ne le serait de me dépouiller du titre dont le roi a bien voulu me revêtir. Après une réflexion aussi simple, croyez-vous encore que ce soit ici l'occasion de nous égorger.

STANLEY.

Mais on ne se tue pas toujours pour éprouver son épée ?

CHARLES.

En ce cas, nous pouvons nous mesurer aussi bien avec notre fleuret ; et je vous donne rendez-vous à la première salle d'armes, pour vider à toute outrance cette grande querelle.

STANLEY.

Vous moquez-vous de moi ?

CHARLES.

A Dieu ne plaise ! Mais je craindrais, je l'avoue, que l'on ne se moquât de notre combat, et que l'on ne dît que nous sommes deux jeunes poltrons, qui nous sommes fait l'un à l'autre une égratignure, pour faire parade d'un courage que nous n'avions pas. Voulez-vous m'en croire, et accepter une satisfaction qui nous convienne également à tous les deux ?

STANLEY.

Voyons, quelle est-elle ?

CHARLES.

C'est que je suis prêt à vous assurer que, dans tout ce qui vous élèvera véritablement au-dessus de moi, je ne rougirai point de vous regarder comme mon supérieur, et que je vous crois dans les mêmes sentimens à mon égard.

STANLEY, *remettant son épée dans le fourreau.*

Eh bien, c'est donc à moi de vous rendre le premier ce juste hommage. Oui, c'en est fait, aimable Grandisson, je me rends. Vous me faites trop bien sentir l'indignité de ma conduite. Oh! si vous pouviez me le pardonner aussi sincèrement que je me le reproche !

CHARLES.

Il suffit, monsieur; je n'en ai plus aucun ressentiment.

STANLEY.

Que cette scène, je vous en conjure, reste à jamais ensevelie dans le plus profond secret! C'est bien assez d'en porter le regret dans mon cœur, sans en trouver le reproche dans les yeux des autres.

CHARLES.

Soyez tranquille, Stanley, voici ma main que je vous en donne pour gage.

STANLEY.

Je la reçois avec confiance; je n'ose encore vous demander votre amitié : mais laissez-moi l'espérance de l'obtenir, pour m'aider à m'en rendre digne.

Après s'être embrassés, les deux jeunes gens revinrent ensemble dans la maison. Personne ne sait rien de cette aventure. Elle fait autant d'honneur à votre fils, qu'elle ferait de honte à son adversaire, s'il ne l'eût un peu réparé par son retour. Dans cette

Eh bien, c'est donc à moi de vous rendre le premier ce juste hommage.

circonstance délicate, Charles a montré du courage sans emportement, et de la modération sans faiblesse. Quoique plus jeune et sans armes, il n'en a pas moins su imposer à son ennemi par la seule vigueur de ses réponses. En un mot, je ne sais ce que je dois le plus estimer en lui, de sa prudence ou de son intrépidité.

LETTRE XLVIII.

Guillaume D*** à sa mère.

Le 2 octobre.

Mon ami Charles est enfin de retour, ma chère maman. Quelle a été notre joie de le revoir! Le moment de son approche fut le signal d'une fête. Les jeunes garçons du village, sans rien en dire à M. Grandisson, avaient élevé un arc de triomphe en verdure, à la première barrière de l'avenue. De jeunes filles vêtues de blanc l'attendaient avec des corbeilles pleine de fleurs, qu'elles répandirent sur son passage. Ce t par mille cris de vive Charles Grandisson! qu   ous apprîmes de loin son arrivée. Nous courûn   aussitôt à sa rencontre, en laissant marcher sa maman devant nous. Il s'élança de la voiture dans les bras de ses parens. Madame Grandisson le pressait contre son cœur, et le baignait de larmes de tendresse. Monsieur Grandisson, en l'embrassant, tâchait en vain de retenir les siennes. Pour Émilie, elle ne pouvait se détacher de son cou. Édouard avait aussi l'air très-joyeux. Quoiqu'il soit l'aîné, il semblait ne regarder son frère qu'avec une sorte de respect. Et moi, maman, je ne pourrai jamais vous dire ce que j'ai senti ; je pleurais, je soupirais, comme si j'avais eu du chagrin ; et cependant mon cœur était rempli de la joie la plus vive. Oh ! quand mon tour est venu de l'embrasser, comme je l'ai serré étroitement dans mes bras ! Je pensais en même temps à vous. Ah ! me disais-je à moi-même, si je pouvais, en cet instant, porter mon ami jusque sous les yeux de maman ! Les domestiques allaient et venaient autour de lui, en poussant des cris de joie. Ils auraient donné tout au monde pour pouvoir le prendre dans leur sein et le baiser à leur aise. Jamais personne n'a été aimé comme lui ; et jamais aussi personne n'a été plus digne de l'être.

Tous les paysans vinrent danser hier au soir sous les fenêtres du château ; et il y a eu cette nuit une illumination générale dans le village.

Charles a reçu ce matin les complimens de toute la noblesse des environs. Quel honneur à son âge ! Mais cela ne le rends pas plus orgueilleux : au contraire, il est plus modeste qu'auparavant. N'est-ce pas la meilleure preuve qu'il est bien digne de son bonheur ?

Au moment où nous allions nous mettre à table, nous avons vu arriver le vieux jardinier Matthews. C'est le père nourricier de madame Grandisson. Il vit, à trois mille d'ici, d'une pension que M. Grandisson lui paie pour l'aider à passer une vieillesse heureuse. Il venait lentement sur ses béquilles, pour faire son compliment. Du plus loin que Charles l'a vu dans l'avenue, il a couru au-devant de ses pas. Il l'a pris par la main, et l'a conduit à sa mère. Il a voulu qu'il s'assît à table auprès de lui. Vous voyez, maman, que les honneurs n'ont pas changé mon ami. Un jeune comte faire asseoir un vieux jardinier à son côté, et prendre soin de le servir! Ce n'est pas que cela me paraisse tout simple; mais Édouard s'en étonnait, sans faire seulement mine de le blâmer. Je ne sais, a-t-il dit à son frère après le dîner, mais il me semble que la visite de Matthews t'a fait plus de plaisir que toutes les autres. Il est vrai, lui répondit Charles; les paroles de ce brave homme ne sont pas de vains complimens : elles partent du fond de son cœur. A son âge, il n'aurait pas fait plus de trois milles à pied sur ses béquilles, pour me féliciter, s'il n'eût pas été sincèrement touché de mon bonheur. Et puis, ne dois-je pas bien l'aimer, lui qui a nourri ma chère maman ? Ah! je suis bien sûr qu'il l'aime comme sa propre fille. Charles avait bien raison, maman. Pendant tout le repas j'avais eu les regards attachés sur ce bon vieillard; et quoiqu'il fût en pointe de gaîté, je voyais souvent de grosses larmes suspendues à sa paupière. Lorsqu'il regardoit madame Grandisson. Le brave Matthews voulait s'en retourner de bonne heure, afin d'arriver chez lui avant la nuit; mais Charles, pour le garder plus long-temps, a obtenu sans peine, de M. Grandisson qu'on le remènerait ce soir dans la voiture.

Vous imaginez bien, ma chère maman, que je n'ai pu être témoin de toutes les scènes que je viens de vous décrire, sans me peindre aussi l'heureux jour où je retournerai auprès de vous. Hélas! je n'aurai point à vous apporter l'hommage d'un nouveau titre dont je sois décoré; mais au moins j'aurai fait tout ce qui est en mon pouvoir pour vous offrir un cœur moins indigne de votre tendresse. Il n'y aura point d'illumination pour célébrer mon retour; mais je verrai vos yeux et ceux de ma petite sœur briller, à travers de douces larmes, de tous les rayons de la joie. Je ne receverai point de complimens flatteurs sur l'avancement de ma fortune; mais je recevrai de votre bouche des paroles d'amour, je recevrai vos baisers et vos caresses. Je n'envie point à mon ami les faveurs qu'il reçoit de la bonté céleste : je sens qu'il les mérite mieux que moi. Mais, lorsque je le vois dans les bras de sa mère, je me demande pourquoi je ne suis pas aussi dans les bras de ma chère maman. Je n'ai plus que vous à aimer sur la terre, et j'en suis éloigné. Vous êtes toute ma richesse, et je ne vous possède pas. O maman, ma chère maman; il faut que je m'arrête. Je ne veux point me livrer à ces cruelles pensées. J'aurai peut-être la force les supporter pour moi seul, mais non pas pour vous. Ce n'est pas ma douleur que je crains, c'est la vôtre. Je ne tremblerais pas tant d'être triste si je n'avais peur de vous affliger.

LETTRE XLIX.

Guillaume D***. à sa mère.

Le 6 octobre.

La fortune de mon ami Charles, ma chère maman, fait une impression si vive sur Édouard, qu'il semble, depuis quelques jours, n'être plus le même. L'étude ne lui fait plus tant peur; il n'est plus si sauvage dans ses manières, et il cherche avec une ardeur incroyable à se faire aimer de ses parens, et à se concilier l'estime des gens de la maison, et des amis de son père. Si ces bonnes dispositions se soutiennent, comme je n'en doute pas, il ne peut manquer de devenir bientôt un jeune homme accompli. Je vais vous raconter un entretien qui m'a donné bien de la joie. M. Grandisson était avec ses deux fils dans sa bibliothèque; et moi, j'étais dans un petit cabinet voisin, d'où je pouvais tout entendre. Ne croyez pas, ma chère maman, que je m'y fusse mis en cachette pour écouter la conversation. Oh! non, je vous assure. Vous m'avez trop bien appris combien il était indigne d'être à l'affût des secrets des autres; et je n'oublierai jamais cette leçon. Ils savaient fort bien que j'étais si près d'eux; et je faisais de temps en temps un peu de bruit pour me faire remarquer. M. Grandisson, après avoir fait sentir à Charles toute la grandeur des bontés du roi, et de quelle importance il était pour lui de les justifier aux yeux de la nation, se tourna vers Édouard, et lui dit : Et toi, mon fils, songe à profiter de cette heureux événement. Tu te destines au service militaire : sois persuadé que tu n'as pas d'avancement à attendre que par la voie de la vertu. La manière de vivre de quelques officiers a pu te faire croire que dans cet état on n'avait pas de règles à se prescrire pour sa conduite. Préserve-toi, mon fils, d'une erreur si funeste. Le service militaire est un service d'honneur; et l'on ne peut y bien remplir ses devoirs sans être doué de qualités nobles et généreuses. Ce n'est point par des airs dédaigneux et par des manières turbulentes, qu'un officier doit chercher à se faire distinguer; il doit au contraire se montrer modeste, humain et sensible. Il doit penser toujours que son sang ne lui appartient plus, mais qu'il appartient uniquement à sa patrie, qui en a reçu l'hommage. C'est une mère tendre qu'il faut respecter et chérir. Mais comment saura-t-il lui rendre ces devoirs sacrés, s'il les a méconnus envers les auteurs de sa vie?

ÉDOUARD, *se précipitant aux genoux de son père.*

O mon papa! je sens combien je mérite vos reproches. Ah! je vous en conjure, daignez me pardonner mes fautes passées. L'exemple de mon frère a touché mon cœur. Je vois que c'est à sa bonne conduite qu'il est redevable des distinctions flatteuses qu'il a reçues. Quoique plus âgé que lui, je ne rougis point d'avouer sa supériorité sur moi. Je m'efforcerai du moins de marcher sur ces traces. Vous et ma chère maman, vous nous aimez tous les deux : je sens néanmoins qu'il mérite d'être l'objet de vos préférences. Mais, à l'avenir, je veux, comme lui, me distinguer par mes sentimens et par ma conduite. Vous en viendrez alors à aimer Édouard autant que Charles. Oui, mon papa, croyez-en l'assurance que je vous donne. Laissez-moi rentrer dans vos bonnes grâces ; et vous ne recevrai de moi que des sujets de satisfaction.

M. GRANDISSON.

Relève-toi, mon fils ; ce jour est bienheureux pour mon cœur. Rien ne peut donner plus de joie à un père, que cette douce promesse d'un fils qu'il aime tendrement. Embrassez-vous, mes bien-aimés, et venez tous les deux que je vous presse contre mon sein ! vous ferez le bonheur de ma vie.

ÉDOUARD.

O mon papa, comment serais-je insensible à tant de bonté ! Quoi ! vous voulez bien me pardonner toutes les peines que je vous ai causées ?

M. GRANDISSON.

Oui, mon cher fils, et c'est du fond de mon cœur. Je me repose sur ta parole ; elle ne peut me tromper. Pour te donner la preuve la plus sûre de ma confiance, je vais te faire un cadeau, que je ne t'aurais jamais fait, si je n'eusse compté sur ta résolution. Voici le brevet d'une lieutenance dans le régiment du major Arthur, à qui ton frère a sauvé la vie. Je ne puis te le présenter dans un moment plus favorable. Tu dois ce premier grade à la vertu de ton frère ; mais songe que c'est à toi de mériter un plus grand avancement par tes propres vertus.

ÉDOUARD.

Oh! quelle joie, mon papa! Je pourrai donc, à mon tour, vous prouver que je ne suis peut-être pas indigne d'être votre fils. Donnez-moi votre bénédiction pour achever ma grâce. Je vais me jeter aux pieds de maman. J'implorerai aussi son pardon, et je commencerai une vie nouvelle, qui vous fasse oublier tous les sujets de plainte que vous avez reçus de moi.

M. Grandisson, ému jusqu'aux larmes, donna sa bénédiction à son fils, qui courut aussitôt chercher celle de sa maman. Charles resta seul avec son père. Leur entretien roula d'abord sur l'audience que mon ami avait eu de sa majesté, puis sur son séjour chez M. le comte. Charles répondit à tout avec sa sagesse ordinaire. M. Grandisson ne pouvait se lasser de l'entendre. Mais voyant qu'il était une circonstance dont son fils évitait de l'instruire : Tu ne me parles point, lui dit-il, de la querelle que tu as eu avec le jeune Stanley.

CHARLES, *avec surprise*.

Quoi! vous le savez, mon papa?

M. GRANDISSON.

Est-ce que tu voulais m'en faire un mystère!

CHARLES.

Oui, je l'avoue. Cette affaire n'est pas à la gloire de Stanley. Il m'avait fait promettre de la tenir secrète; et j'ai fait moi-même tout ce qui était en mon pouvoir pour l'oublier.

M. GRANDISSON.

Si cela est ainsi, je ne puis te savoir mauvais gré de ta réserve.

CHARLES.

Mais, mon cher papa, ne pourrais-je savoir comment cette aventure vous est parvenue?

M. GRANDISSON.

M. Bartlet, à ton insu, en avait été témoin. Je sais jusqu'au moindre détail ce qui s'est passé entre Stanley et toi. C'est lui qui t'a cherché querelle; et tu lui as répondu avec la force et la prudence que j'aurais désiré mettre moi-même dans une pareille affaire.

CHARLES.

O mon papa, que je suis heureux de vous voir approuver ma conduite.

M. GRANDISSON.

Mais avais-tu pensé, lorsque tu descendis avec lui dans le jardin, que son dessein était de te voir sous les armes?

CHARLES.

Oui, vraiment, mon papa. Il me regardait avec un air de menace et de fureur; et je lui avais vu porter la main sur la garde de son épée.

M. GRANDISSON.

Pourquoi donc avais-tu quitté la tienne avant de le suivre?

CHARLES.

Je voulais lui montrer que je ne m'effrayais pas de ses rodomontades, et que je me sentais assez de fermeté pour lui en imposer.

M. GRANDISSON.

Mais enfin, dans la fureur dont il était transporté, ne pouvait-il pas fondre sur toi, quoique tu fusses sans armes.

CHARLES.

Ce n'était pas à moi de craindre cette lâcheté d'un gentilhomme.

M. GRANDISSON.

Et s'il eût attendu une autre occasion où tu aurais eu ton épée?

CHARLES.

Alors, comme ma vie aurait été en danger, j'aurais usé du droit de la défendre. Je me serais tenu en garde, et j'aurais soutenu ses attaques avec tout le sang-froid dont j'étais capable. J'espère que ma modération m'aurait donné un grand avantage sur son emportement, et que, dans cet état, j'aurais trouvé le moyen, non-seulement de me garantir de ses atteintes, mais encore de le désarmer et de lui donner la vie.

M. GRANDISSON.

Embrasse-moi, mon fils. Que je me félicite de te voir ces nobles sentimens! Les transports d'une colère brutale nous rabaissent au-dessous des bêtes féroces; mais c'est presque s'élever au-dessus de l'humanité, que de garder toujours l'empire de son âme, et de ne lui permettre que des mouvemens généreux. Sois bien persuadé que la plupart de ceux qui vont ainsi cherchant des querelles, pour faire parade d'un vain courage, n'ont aucune véritable qualité qui puisse les distinguer aux yeux des hommes, et que c'est le plus souvent s'avilir que de descendre jusqu'à eux pour réprimer leurs vaines bravades.

CHARLES.

Mais, mon papa, il est bien fâcheux d'avoir à les souffrir.

M. GRANDISSON.

Il ne dépend que de toi de les éviter, par le choix des bonnes compagnies que tu fréquenteras. Te souviens-tu d'avoir jamais entendu dans ma maison quelque propos dont personne ait eu sujet de s'offenser ? Crois que les honnêtes gens ne reçoivent chez eux que des personnes sûres, avec qui leurs amis puissent s'entretenir avec confiance et sûreté. Cependant si tu avais le malheur de te trouver dans le monde en présence de quelques-uns de ces méchans esprits, qui croient ne pouvoir briller qu'en offensant les autres, conduis-toi à leur égard avec la plus grande réserve. Les plaisans de profession ne prennent jamais pour objet de leurs sarcasmes que des personnes qu'ils jugent aussi méprisables qu'eux-mêmes. Ainsi donc, si tu sais t'élever à leurs yeux par un maintien décent et des discours raisonnables, ne crains point qu'ils t'adressent leurs traits. C'est toi-même qui leur feras con-

8.

naître la crainte. Évite, autant que tu le pourras, d'entrer avec eux en aucune discussion. On peut combattre les idées d'un homme de sens, lorsqu'elles ne s'accordent pas pour cette fois avec les nôtres; mais chercher à faire revenir un sot de ses erreurs, c'est une entreprise aussi vaine que ridicule : on ne fait qu'importuner ceux qui nous écoutent, en leur donnant à supporter la déraison et l'opiniâtreté de son adversaire. Ne dis jamais rien dont tu n'aies bien pesé le sens et la valeur. Un mot échappé de nos lèvres ne se rappelle plus; et l'on se repent d'une indiscrétion sans pouvoir la réparer. Évite surtout de prendre un ton railleur et caustique : d'une plaisanterie innocente naît souvent une querelle sérieuse. Il faut beaucoup d'esprit et d'usage du monde pour savoir badiner avec une juste mesure. Celui qui plaisante toujours peut amuser quelquefois; mais il réussit rarement à se faire aimer. Ne cherche jamais à faire briller ton esprit et tes connaissances aux dépens des autres. Sans flatter bassement leur amour-propre, garde-toi bien de l'humilier. Surtout, que tes expressions soient toujours pures et décentes devant les femmes. Voilà, mon fils, les plus sûrs moyens d'éviter toutes sortes de désagrémens dans le monde, et de t'y faire estimer et chérir.

CHARLES.

O mon papa, que je vous remercie de ces sages instructions!

M. GRANDISSON.

Je te les donne avec d'autant plus de plaisir, que tu as toujours su profiter de celles que tu as reçues. Conserve dans tous les temps, mon cher fils, cette noble modération que tu as fait paraître dans ta conduite envers Stanley. Respecte tes semblables autant que toi-même. Songe que tu ne peux hasarder tes jours, ni ceux d'un autre, sans offenser l'Être tout-puissant, qui ne nous a donné la vie que pour la consacrer à son service.

CHARLES.

O mon papa, je le jure entre vos mains, mon épée ne sortira jamais du fourreau que dans la plus grande nécessité, soit pour me défendre moi-même, soit pour secourir mon semblable.

M. GRANDISSON.

Oui, mon cher fils, c'est alors que l'on peut montrer toute l'étendue de son courage. Voilà les seules occasions où nous soyons libres de mettre notre vie en danger, puisque nous ne la hasardons uniquement que pour nous sauver, nous, ou l'un de nos frères, d'un plus grand malheur.

O ma chère maman, quelles bonnes leçons ! et que je suis heureux de les avoir entendues ! J'espère qu'elles ne me seront pas moins utiles qu'à mon ami.

Cette lettre est devenue bien longue ; mais je ne crains point qu'elle vous ait ennuyée. Elle renferme les instructions les plus sages sur un point aussi délicat que celui du véritable honneur. Vous ne serez sûrement pas fâchée que votre fils vous ait fait part des principes qu'il vient de recueillir, pour les suivre toute sa vie. Oui, ma cher maman, je mettrai tous mes soins à ne m'en écarter jamais, et je vois d'ici que vous me savez bon gré de cette résolution.

Nous devons partir pour Londres vers la fin de la semaine. Mais je ne quitterai point ces lieux, où je me suis tant occupé de votre doux souvenir, sans vous offrir encore un nouvel hommage de mon respect et de ma tendresse. Quoique ce ne soit me rapprocher que bien peu de vous, je recevrai un jour plus tôt de vos nouvelles; vous recevrez un jour plus tôt les miennes. C'est toujours quelque chose lorsque l'on s'aime bien.

Adieu, ma chère maman; embrassez pour moi, je vous prie, ma petite sœur, et dites-lui sans cesse avec quelle tendresse je la chéris, afin de penser toujours à mon amour pour vous-même.

LETTRE L.

Guillaume D*** à sa mère.

Le 12 octobre.

Puisque vous avez été contente, ma chère maman, de la petite pièce que je vous envoyai dernièrement sur les avantages du travail, en voici une sur un sujet qui n'est pas moins instructif, et dont je désire bien que vous soyez aussi satisfaite. Nous parlions l'autre jour des dangers auxquels on est exposé, malgré les meilleures dispositions, par la seule faiblesse de caractère. M. Grandisson nous dit qu'il venait de paraître à Londres un petit livre où ces malheurs étaient présentés dans l'histoire d'un enfant de notre âge. Je lui demandai la permission de le lire ; et voici comment j'ai arrangé ce conte, pour vous l'offrir.

LES SUITES DANGEREUSES

DE LA FAIBLESSE DE CARACTÈRE.

WILLIAM SEDLEY se promenait un jour dans l'avenue du château de son père. Il vit venir de loin un petit garçon tout en guenilles, et dont le visage était couvert de suie. Que viens-tu faire ici? lui demanda-t-il, lorsqu'ils furent à portée de s'entendre. Hélas, mon cher monsieur, lui répondit le petit malheureux en s'approchant d'un air craintif, je viens voir s'il y a quelque cheminée à ramoner au château. Je voudrais bien qu'il y en eût, car l'ouvrage ne va guère ; et mon maître est de si mauvaise humeur qu'il n'y a pas moyen d'y tenir.

— Et comment t'appelles-tu?

— Tony Climbwel, à vous servir, si j'en suis capable.

— Viens-tu de loin?

— Non, monsieur, je ne viens que de ce village que vous voyez là-bas, un peu après la colline. C'est là que demeure mon maître. Oh! si vous saviez combien il est méchant!

— Il est méchant, dis-tu?

— Vous ne pourriez jamais le croire. Tenez, encore hier il me roua de coups.

— Et pourquoi donc, s'il te plaît?

— Je vais vous le dire. Il y a un de mes camarades qui vient d'entrer chez lui en apprentissage. Le pauvre petit n'a encore que sept ans; et le maître voudrait qu'il sût ramoner comme un habile homme. Hier, on le mit en besogne pour l'essayer; et parce qu'il ne savait pas bien grimper encore, parce qu'il pleurait au lieu de chanter, lorsqu'il fut sur le haut de la cheminée, le maître le battit rudement, en disant qu'il ne serait jamais qu'un vaurien; et, comme je voulais demander sa grâce, il me battit à mon tour, jusqu'à me rompre les côtes.

— D'où vient que tu ne le quittes pas pour retourner chez ton père?

— C'est que mon père est mort et ma mère aussi. Il n'y a personne dans le monde qui prenne soin de moi, si ce n'est ma pauvre maîtresse. Oh! voilà ce qui s'appelle une bonne femme. Il n'y en a pas de meilleure sur la terre; elle me donnerait plus souvent à manger, si elle le pouvait; mais elle ne l'ose pas. Son mari est si dur, qu'il la battrait sans miséricorde. Il nous fait travailler rudement, et nous laisse mourir de faim par dessus le marché.

— Mais ton maître est obligé de te nourrir comme il faut. Pourquoi ne le fait-il pas ? Si j'étais à ta place, j'irais me plaindre.

— Ah! mon cher monsieur, on voit bien que vous n'entendez rien à ces choses-là. A qui voulez-vous que j'aille me plaindre ? Mon maître ne ferais que me traiter plus durement, s'il le savait. Ah! je suis bien malheureux !

Comme ils disaient ces derniers mots, ils entendirent tout-à-coup un carosse qui venait de leur côté. William n'eut besoin que de jeter un coup d'œil dans la voiture pour y reconnaitre M. Greaves, son grand-père. Il poussa un cri de joie ; le cocher arrêta les chevaux ; un domestique descendit pour ouvrir la portière, et William, sans prendre congé du petit ramoneur, se précipita dans les bras de son grand-papa, qui alla descendre avec lui dans la cour du château.

M. Greaves était un de ces beaux vieillards, dont les traits, animés encore par la bienveillance et la gaîté, savent faire oublier leur âge, même aux yeux dédaigneux de la jeunesse. Quoiqu'il eût déjà passé quatre-vingts ans, on le voyait s'intéresser aux amusemens enfantins de ses petits-fils ; et, tandis que sa sagesse leur imposait le respect, sa douceur, son enjouement et sa complaisance lui conciliaient leurs plus tendres affections.

Son arrivé était une fête pour sa petite famille ; c'était à qui lui ferait le plus d'amitiés. William lui prenait les mains dans les siennes; Fanny appuyait la tête sur son épaule; et le petit Robert, après avoir dansé autour de lui, était venu s'asseoir sur ses genoux, et lui passait ses petites mains caressantes sur ses joues.

On se mit bientôt à table; et le repas fut égayé par les santés joyeuses qu'on portait au brave vieillard, et par les chansons du bon vieux temps, qu'il chantait encore d'une voix tremblotante.

Après le dîner, il alla faire sa méridienne dans un large fauteuil qu'on avait mis exprès dans un coin de la chambre. Puis, lorsqu'il eut reposé une demi-heure, il se réveilla, frotta ses yeux, secoua ses habits, rajusta sa perruque, enfonça son chapeau, et demanda à William s'il était disposé à faire avec lui un petit tour de promenade.

William ne demandait pas mieux. M. Greaves prit son bâton d'une main; et s'appuyant de l'autre sur l'épaule de son jeune compagnon, ils se mirent en marche vers les champs.

Après avoir parlé de plusieurs choses intéressantes pour son petit-fils, M. Greaves lui demanda ce qu'il avait eu à démêler avec le petit ramoneur qu'il avait vu lui parler si vivement, le matin, lorsqu'il passait dans l'avenue. William rapporta toute la suite de leur conversation. M. Greaves en fut attendri. Hélas, dit-il, qu'il y a de gens à plaindre dans le monde! En voilà un qui commence de bonne heure à souffrir. Je suis bien aise que tu aies quelquefois occasion de recevoir les plaintes des malheureux, pour t'accoutumer à ouvrir ton cœur à la misère. J'espère que tu n'auras pas laissé celui-ci sans soulager ses besoins.

Malgré sa dissipation et son étourderie, William avait un cœur naturellement généreux et sensible.

Le pauvre enfant! s'écria-t-il. Votre arrivée et le plaisir de vous voir me l'ont fait brusquement quitter. Patience! je saurai où il demeure, et je tâcherai de le dédommager de ce que mon oubli lui a fait perdre... Mais faisons une chose, mon grandpapa; nous voici à la vue de son village; nous n'avons pas beaucoup de chemin à faire pour y arriver: venez, venez, je vous en prie, avec moi. Non, mon ami, lui répondit M. Greaves. Ce n'est pas le tout de descendre cette côte, il faudrait la remonter; et la pente en est trop rude pour que je puisse la faire sans fatigue. Va tout seul; en attendant, je me reposerai sous cet arbre, et je jouirai de la perspective du beau paysage qui s'étend autour de cette colline.

William partit aussitôt avec une légèreté qui promettait un prompt retour. Au pied du coteau il rencontra un juif chargé d'une petite boutique de ciseaux, d'aiguilles, de boîtes, de chaînes de montres, d'étuis, et de toutes espèces de joujoux. Celui-ci s'empressa d'offrir ses marchandises à William, qui lui répondit qu'il n'en voulait point acheter. Cependant, comme le colporteur lui dit que la vue ne lui en coûterait rien, il consentit à les parcourir d'un coup d'œil. A force de promener ses regards sur divers objets, il fut tenté de demander le prix d'un bilboquet garni en ivoire, qu'on lui fit un schelling. En voulant le prendre, sa main se porta sur une lorgnette qui était tout à côté. Une lorgnette, vraiment! C'était un bijou dont il avait eu toujours envie. Comme elle était du même prix, il balança quelques minutes avant de pouvoir se décider sur la préférence. Tantôt il jouait avec le bilboquet, tantôt il regardait dans la lorgnette. Il les prenait et les posait tour-à-tour, jusqu'à ce que le marchand, qui s'aperçut que l'un et l'autre de ces joujoux captivaient également sa fantaisie, fit si bien par ses belles paroles, qu'il lui persuada de les acheter tous les deux.

Il s'en allait joyeux avec sa double emplette. Il vit bientôt venir à lui un jeune garçon, tenant dans sa main un nid de merles, dans lequel il y avait quatre petits qui commençaient à prendre leurs plumes. William les trouva si jolis, qu'il demanda au jeune garçon s'ils étaient à vendre. Non, vraiment, mon cher monsieur, lui répondit celui-ci; cependant, s'il vous font plaisir, je vous les donnerai pour un schelling. Je crains que ce ne soit trop cher pour mes finances, repartit William; mais attends un peu, je vais voir. Il tira sa bourse, et il vit qu'il n'avait plus que neuf à dix sous, avec une demi-guinée qu'on lui avait donnée pour emporter à l'école, et que pour cette raison il ne voulait pas changer. Tiens, dit-il au jeune garçon, en lui offrant sa petite monnaie, voilà tout ce que je puis te donner pour les oiseaux. Vois si tu veux me les céder à ce prix. Ce n'est pas trop payé, répondit l'autre; mais puisque vous le voulez, à la bonne heure. Le marché se trouva ainsi conclu, et la petite famille emplumée fut remise entre les mains de William.

Il reprit alors sa marche, et parvint au village où demeurait Tony. On lui indiqua de loin sa maison. Il le vit bientôt lui-même devant la porte, avec un petit enfant qu'il tenait par la lisière pour lui apprendre à marcher. Ils renouvelèrent connaissance; et William commençait à lui dire le dessein qui l'avait amené, lorsqu'il se rappela tout-à-coup, en rougissant, la situation de sa bourse, à laquelle il n'avait pas songé en faisant ses emplettes. Il ne voulait point avouer son embarras; et il ne savait quel moyen employer pour en sortir. Sa générosité le portait à donner quelque chose à Tony; mais il s'était rempli de l'idée d'avoir dans sa poche une demi-guinée qu'il pût appeler son or. Sa sensibilité lui représentait la misère du malheureux orphelin; mais l'orgueil d'avoir une pièce d'or entière en sa possession l'emporta sur tout sentiment de pitié. Tony, lui dit-il enfin, si tu veux venir l'un de ces jours à la maison, je te ferai donner du pain et de la viande, pour faire le meilleur repas de ta vie : mais adieu, je ne puis rester plus long-temps; et il le quitta avec la triste conscience de n'avoir pas fait ce qu'il aurait dû faire.

Comme il s'en retournait vers l'endroit où l'attendait son grand-papa, il rencontra, au détour d'un chemin, Jeffery Squander et sa jeune sœur. Ils étaient arrêtés pour acheter des gâteaux d'un vieil invalide à jambe de bois, qui gagnait sa vie à les vendre dans la campagne. Jeffery et William étaient voisins et compagnons d'école. Après les premiers complimens, Jeffery engagea son camarade à se régaler de ces gâteaux, dont il vanta l'excellence. William s'en excusa vaguement, sans vouloir faire connaître la cause de son refus. Cependant la jeune miss s'étant jointe aux sollicitations de son frère, il dit qu'il n'avait sur lui que de l'or, et qu'il supposait que le pauvre Jonathan ne serait pas en état de lui changer; qu'autrement il aurait été fort aise de manger de ces gâteaux qu'on lui disait si bons. Jonathan, à ces mots, plongea sa main dans une bourse de cuir qu'il portait à la ceinture, et qui était partagée en deux, moitié pour les schellings, et moitié pour les sous et les demi-sous. Il la retira toute pleine, et d'un ton goguenard : Oh! s'il ne tient qu'à cela, dit-il, voici votre affaire. J'ai assez de monnaie pour vous rendre le reste de votre or, quand vous en auriez encore davantage. William ne s'attendait pas à cette réponse. Comme il ne pouvait pas faire d'autres objections, il donna sa demi-guinée à changer avec regret, et mangea trois gâteaux, qu'il trouva les plus mauvais qu'il eût goûtés de sa vie.

Dans cet intervalle, M. Greaves était descendu au-devant de son petit-fils dont la longue absence commençait à lui donner de l'inquiétude. Il le trouva justement comme il achevait son dernier morceau.

Après l'avoir blâmé avec douceur de l'avoir fait si long-temps attendre, il invita ses compagnons à venir passer la soirée chez M. Sedley; ce qu'ils auraient bien voulu, s'ils n'eussent été engagés à aller prendre le thé chez un de leurs oncles.

Après qu'ils eurent pris congé les uns des autres, M. Greaves s'informa de William de ce qui s'était passé dans sa visite. Tu m'as fait un peu impatienter, lui dit-il; mais je te pardonne. Tu n'es sans doute resté si long-temps que pour faire plus de bien. Voyons, qu'as-tu fait pour Tony? Avais-tu tout l'argent qu'il te fallait pour soulager un peu sa misère? J'ai oublié de te le demander, car tu es parti si brusquement..... William, déconcerté par toutes ces questions, baissa la tête, ralentit sa marche, et resta derrière son grand-père dans un silence confus. M. Greaves se retourna, en prenant la main de son petit-fils : Qu'as-tu donc? lui dit-il. On te croirait coupable de quelque faute. Mais non, je te fais injure. Cet embarras ne vient que de ta modestie, qui souffre en entendant louer ta générosité. Tu fais déjà la consolation de mes vieux jours. Viens, mon cher enfant, que je te presse tendrement contre mon sein. Oh! non, non, mon cher grand-papa, répondit William, ne m'accablez point de vos caresses; je suis loin d'en être aussi digne que vous le croyez. Il est bien vrai que, lorsque je suis parti, j'étais plein du désir d'aller secourir le petit malheureux : mais j'ai rencontré sur le chemin un colporteur, et j'ai été assez faible pour dépenser deux schellings à acheter cette lorgnette et ce bilboquet. Il me restait encore quelques sous de monnaie; et cela aurait été quelque chose pour un pauvre ramoneur, si je n'avais eu fantaisie de ce nid de merles que j'ai acheté d'un jeune garçon, pour les élever.

Mais tu avais encore de l'argent? répliqua monsieur Greaves; n'as-tu pas payé les gâteaux que je t'ai vu manger?

— Oui, mon grand papa.

— Comment donc n'avais-tu rien pour donner à Tony?

— C'est que je ne voulais pas changer ma demi-guinée.

— Tu l'as pourtant changée pour les gâteaux?

— Il est vrai! mais je ne l'ai fait qu'à regret, parce que Squander avait l'air de se moquer de moi. Je craignais qu'il ne fît des railleries de mon avarice lorsque nous serions retournés à l'école.

— Écoute, William, je ne veux point te gronder. Mais, puisque tu ne voulais pas changer ta demi-guinée, n'aurait-il pas mieux valu garder les deux schellings et la petite monnaie pour Tony, que de les employer comme tu as fait?

—Oh! oui, je l'avoue, et j'en suis bien honteux.

— Ce n'est rien encore. Tu sentais qu'il était de ton devoir de faire quelque chose pour Tony; cependant, plutôt que de changer ta demi-guinée, tu l'as laissé sans secours, tandis que la crainte frivole de quelques mauvaises plaisanteries a eu plus d'effet sur toi que la pitié que tu devais à ton semblable, à un enfant pressé de mille besoins! Ah! mon cher William, que je crains pour toi cette faiblesse de caractère, qui te fait perdre le fruit de toutes tes bonnes résolutions!

William prit la main de son grand-père, l'arrosa de ses larmes, et lui promit de réparer sa faute dès le jour suivant.

Il se leva en effet le lendemain avec le projet de retourner au village de Tony. Aussitôt après le déjeûner, il se disposait à se mettre en marche, lorsqu'il reçut une invitation à dîner pour le même jour, de la part du capitaine Beaufort, qui voulait lui faire renouveler connaissance avec Henri, l'aîné de ses enfans, retiré depuis peu de l'école.

Cette invitation et le consentement de M. Sedley comblèrent de joie William. Oh! se disait-il à lui-même, quel plaisir de revoir mon ancien camarade! Comme nous allons nous divertir!... Mais cependant n'avais-je pas résolu d'aller aujourd'hui voir Tony? Il est bien vrai; mais je puis le faire tout aussi bien demain. La différence d'un jour n'est pas grand'chose; et le fils d'un capitaine doit avoir le pas sur un ramoneur. Allons, il s'achemina aussitôt vers la maison de M. Beaufort. Elle n'était qu'à la distance d'un mille; et il trouva à moitié chemin le jeune Henri qui venait à sa rencontre.

Comme ce jeune homme va jouer un rôle assez considérable dans les affaires de William, je ne puis me dispenser de vous en dire ici deux mots.

Henri avait une figure pleine de grâce et d'esprit. Ses manières étaient engageantes, son maintien décent. La douceur était peinte dans ses regards; et sa voix prenait un son tendre et affectueux qui portait jusqu'au fond des cœurs les sentimens dont il les voulait pénétrer. Quel dommage, hélas! que tous ces avantages ne fussent employés qu'à voiler une profonde hypocrisie!

Je passerai sur les circonstances de leur entrevue et de l'arrivée de quelques autres de leurs camarades, pour en venir tout de suite à l'issue de leur dîner.

Henri proposa à ses amis de faire un tour de promenade dans la campagne. Son père lui défendit d'aller à un village voisin, où se tenait une foire, parce qu'il ne voulait point que son fils se mêlât parmi la mauvaise compagnie qui se rend ordinairement en ces lieux. Henri promit d'observer cette défense; et, après avoir embrassé son père, il prit avec ses camarades le chemin opposé.

Ils étaient à peine sortis de l'avenue, lorsque Henri se retourna brusquement, et prenant William par la main : Allons, lui dit-il, on n'a plus les yeux sur nous : il n'y a qu'à traverser ce champ, et nous irons voir ce qui se passe là-bas. En disant ces mots, il lui montrait du doigt le village où son père lui avait défendu d'aller.

Tu n'entends pas sûrement aller à la foire? lui répondit William avec surprise. Tu as promis à ton père que tu n'irais pas.

Bon ! répliqua Henri ; qu'importe à mon papa que nous allions d'un côté ou d'un autre ? C'est à nous de voir où nous espérons le plus de plaisir. Pourquoi veux-tu que je souffre de ses fantaisies ? Je sens bien qu'il ne faut pas le contredire en face ; mais je n'en fais pas moins toujours comme il me plaît.

Le cœur honnête de William fut blessé de l'idée d'une si lâche tromperie ; il dégagea sa main de celle de Henri, et lui protesta qu'il ne le suivrait point.

A la bonne heure, lui répondit Henri. Puisque tu ne veux pas venir, tu en es bien le maître. Mais si je consens à prendre une faute aussi grave sur mon compte, et à courir le risque du châtiment, qu'est-ce que cela te fait ? C'est moi qui ai promis et non pas toi.

Il est bien vrai, répliqua William, que je n'ai rien promis ; mais je sens bien que mes parens seraient fâchés, si j'allais en quelque endroit sans leur permission, surtout lorsque ton père a exigé de toi positivement que tu n'y allasses pas.

Il n'y a que Henri qui doive en répondre, s'écria l'un des jeunes gens. Ce ne sont point nos affaires. Mais si ce poltron de William a peur d'être battu, c'est une autre chose.

Je n'ai point de semblable frayeur, répondit William avec indignation. Mes parens n'ont jamais employé de mauvais traitemens à mon égard ; mais je ne veux pas les tromper. Ils se reposent sur moi du soin de ma conduite ; ce serait une indignité d'abuser de leur confiance.

Henri et les autres jeunes gens levèrent les épaules à cette déclaration. Ce fut à qui lâcherait les plaisanteries les plus malignes sur ce qu'ils appelaient la pusillanimité du pauvre William. Sa conscience lui disait qu'il était mal de céder; mais bientôt l'exemple de ses camarades, leurs instances et leurs railleries l'emportèrent sur sa résolution; et, malgré les reproches de son cœur, il se laissa entraîner sur leurs pas.

Ils arrivèrent à la foire en marchant le long des boutiques; ils s'amusaient à regarder les jolies bagatelles qu'on y avait étalées. Peu à peu, séduits par les invitations des marchands, ils commencèrent à demander le prix de ce qui tentait le plus vivement leur fantaisie. William voulut d'abord acheter une trompette pour son petit frère. Il prit ensuite un joli porte-feuille, dont on lui demanda six schellings. Comme il le trouvait trop cher, il le remit sur la tablette; mais en se retournant pour aller plus loin, le pan de son habit fit tomber le porte-feuille à terre. Arnold, l'un de ses camarades, voyant que personne n'avait les yeux sur lui, le ramassa prestement, et le mit dans son sein. Le marchand ne tarda guère à s'apercevoir que le porte-feuille lui manquait. Il courut aussitôt à William, et l'accusa de le lui avoir dérobé. William répondit fièrement à ce reproche; mais le marchand persistant à haute voix dans son accusation, il se rassembla aussitôt une foule nombreuse autour de William; et il fut décidé qu'on le fouillerait, lui et ses camarades.

Arnold, qui n'avait pris le porte-feuille que pour badiner, imagina, dans la même intention, de le glisser, à la faveur du tumulte, dans la poche de William, qui, indigné de la menace que lui faisait le marchand, refusa absolument de se laisser fouiller. Cette résistance ne fit que fortifier les soupçons de la populace, qui se jeta de tous côtés sur lui. Il eut beau tenir les mains sur ses poches, et se laisser couler à terre pour mieux résister à leurs entreprises, toute sa défense fut inutile. Mais que l'on juge de son étonnement, lorsque, vaincu par la force, il vit tirer de sa poche droite le maudit porte-feuille! Ce fut en vain qu'il protesta de son innocence. Le moyen de l'en croire, lorsque le fait même parlait si hautement contre lui! Plus d'intérêt en sa faveur. On n'entendit plus tomber sur sa tête que les noms de filou, d'escroc et de voleur; ils partirent de toutes les bouches. Quelques-uns proposaient de le plonger dans la fontaine publique; d'autres, de l'attacher à la queue d'un âne, et de le fustiger; et tous prophétisaient à grands cris qu'il finirait ses jours au gibet.

Arnold, dont l'indigne badinage avait eu des suites si cruelles, commençait à s'en repentir; mais il n'eut pas la force d'en faire l'aveu, craignant d'attirer sur lui la condamnation qu'il voyait prête à tomber sur son camarade. Il laissa le pauvre William se tirer de cette aventure comme il pourrait, et resta muet spectateur de la scène. La colère du marchand s'était de plus en plus enflammée. Il déclara qu'il voulait traîner son voleur devant le juge de paix. Épouvanté de cette menace, et consterné d'aller en prison pour un crime dont il n'était pas coupable, William fut réduit à demander grâce à genoux, en offrant tout ce qu'il avait sur lui en dédommagement. Le marchand consentit à le relâcher moyennant une guinée. Il ne restait à William que neuf schellings; toutes les contributions offertes par ses camarades ne pouvaient compléter la somme, et l'inexorable marchand ne voulait rien rabattre de ce qu'il avait demandé.

Dans cette affreuse situation, William se souvint d'une médaille d'argent que son grand-père lui avait donnée le matin du même jour, en lui recommandant de la garder toute sa vie, pour se souvenir de lui. Il la tira lentement de sa poche; mais à peine y eut-il attaché ses regards : Non, non, s'écria-t-il, je ne te céderai pas, même pour me sauver de la prison! Comme il disait ces mots, on entendit une voix d'enfant enrouée, qui criait : Attendez, attendez, j'ai un schelling pour lui. Tout le monde tourna la tête. On vit un petit ramoneur qui, jetant à terre sa longue corde et son balai, se mit à fouiller précipitamment dans sa poche, et en tira un schelling crasseux, qui brillait encore dans ses mains noircies : c'était le brave Tony qui venait d'arriver à la foire. Voyant une foule rassemblée, il s'y était glissé à travers mille rebuffades; et reconnaissant aussitôt les traits de William, sans savoir encore pourquoi on lui demandait de l'argent : Tenez, monsieur, lui dit-il, je n'ai qu'un schelling ; encore appartient-il à mon maître ; mais, quoi qu'il m'en puisse arriver, je vous le donne pour vous tirer de peine. La conscience de William s'émut à ce trait. Ah ! se dit-il à lui-même, je ne voulais pas hier changer pour toi ma demi-guinée, Tony ; et toi, tu viens aujourd'hui...... Un torrent de larmes qu'il avait retenues jusqu'alors s'échappa de ses yeux.

Le marchand prit le schelling ; mais il n'en insista que plus vivement pour avoir la médaille, en déclarant qu'à ce prix il se désisterait de toute poursuite. William n'y pouvait consentir. Mais enfin, voyant que le peuple allait l'entraîner chez le juge, et ses compagnons protestant qu'ils ne pouvaient rester un moment de plus à cause des approches de la nuit, il racheta sa liberté au prix de sa médaille ; et, d'un pas triste et silencieux, il se mit en marche avec ses camarades vers la maison du capitaine Beaufort.

Comme ils ne voulaient pas avoir l'air de revenir directement du côté du village, ils furent obligés de prendre un grand détour, en sorte qu'il était nuit close lorsqu'ils y arrivèrent. Henri fit un conte plausible à son père pour excuser leur retard. William frémissait de crainte et de honte à chaque mot. Il prit bientôt congé du capitaine, et retourna vers ses parens.

Lorsqu'il fut arrivé près de la porte, le cœur lui battit avec violence. Au lieu du plaisir qu'il éprouvait ordinairement en rentrant dans la maison paternelle, au lieu de l'empressement qu'il avait de voler dans les bras de sa maman, il sentit de grosses larmes s'échapper de ses yeux; et il se glissa tristement à la dérobée le long des murs de la cour. Il resta quelque temps dans la première salle, livré tout entier à ses cruelles réflexions. Mais il en sortit bientôt avec effroi pour prêter l'oreille à la voix de son grand-père, qu'il entendait dans le salon. M. Greaves parlait au petit Robert : Oui, lui disait-il, j'ai donné à ton frère et ta sœur une médaille exactement pareille à la tienne. Je veux voir lequel de vous la conservera plus long-temps pour l'amour de moi. Il serait impossible d'exprimer ce que le pauvre William ressentit en entendant ces paroles. Il se hâta de monter dans sa chambre ; et, se jetant le visage contre son lit : O ciel! s'écria-t-il, que vais-je faire ? et que pourrais-je dire? Après avoir long-temps pleuré, comme il sentait réellement une violente douleur de tête, il résolut de s'en faire une excuse pour avoir la permission de s'aller coucher. Lorsqu'il eut composé son maintien, pour le mettre aussi bien d'accord qu'il était possible avec le personnage qu'il voulait jouer, il descendit dans le salon. Son petit frère courut au devant de lui, et lui présentant le cadeau qu'il avait reçu de son grand-papa : Tiens, lui dit-il, en sautant de joie, regarde; n'est-ce pas une jolie médaille ? Fais-moi voir la tienne, je t'en prie, pour voir si elles sont les mêmes. Le front de William se couvrit de rougeur; et, comme son frère lui faisait encore les mêmes instances : Laisse-moi tranquille, lui répondit-il un peu brusquement ; je ne l'ai pas sur moi. Il se plaignit ensuite du mal de tête qu'il ressentait ; et, après avoir souhaité le bon soir à tout le monde, il se retira pour aller se mettre au lit. Les tendres inquiétudes que ses parens avaient témoignées sur son indisposition ajoutaient encore à ses peines. Combien peu je mérite leur tendresse! s'écria-t-il. Ah! s'ils savaient de quelle manière je me suis conduit cet après-midi, comme ils me mépriseraient! Comment pourront-ils désormais se reposer sur moi, lorsque je ne puis y compter moi-même ? Je savais que je faisais mal d'aller avec Henri, et cependant j'y suis allé. Tout ce qui m'est arrivé de honteux, n'est que la suite de cette première faute. Oh! j'espère à l'avenir ne me laisser jamais persuader de faire ce que je ne croirai pas bien en toute rigueur. Telles étaient toujours ses résolutions généreuses ; mais, au moment de la tentation, il manquait de force pour les exécuter. Faiblesse fatale, qui peut nous entraîner dans tous les vices! Après une suite de réflexions plus amères les unes que les autres, il s'endormit enfin ; mais son sommeil fut triste et pénible, et les premiers mouvemens qu'il sentit à son réveil furent encore les agitations d'une conscience coupable.

Qui pourrait croire qu'après les humiliations qu'il avait endurées, et la violence de ses remords, il fût prêt à tomber aussitôt dans une autre faute plus grande? Il venait de sortir de sa chambre, le cœur serré de tristesse, et il traversait le salon pour aller faire un tour de jardin, lorsqu'il vit entrer par la porte opposée l'auteur de tous ses maux, le jeune Henri Beaufort. Comment donc, William! lui dit Henri, tu as une figure encore plus piteuse qu'hier au soir! Je suis venu savoir comment tu te trouves. Il faut que tes parens t'aient battu, je le vois. Battu? répondit William d'un air offensé. Mes parens ne m'ont battu de leur vie. Je ne reçus hier de leur part que des caresses trop tendres. Ils sont bien loin d'imaginer combien je suis coupable ; et voilà ce qui me donne le plus de chagrin. Oh! pour cela, reprit son compagnon, je ne t'aurais jamais cru si enfant. Mon père use familièrement avec moi son fouet à cheval ; et, lorsqu'il s'aperçoit que je lui ai désobéi, il me fait sentir jusqu'au sang ce qu'il appelle la discipline militaire ; mais je ne serais sûrement pas aussi abattu que tu parais l'être, si je n'avais à craindre que les sermons grondeurs d'un vieux grand-papa. Fi donc, Henri! répliqua William, qui aimait son grand-père avec une extrême tendresse ; parle avec plus de respect d'un homme vénérable. Si tu savais combien il me chérit! Mais, hélas! peut-être va-t-il me retirer son amour. Je l'aurais bien mérité! Cette médaille qu'il m'avait dit de conserver avec soin pour me souvenir toujours de lui, s'il vient jamais à savoir comment je l'ai perdue! Je ne puis supporter cette affreuse pensée.

Henri employa vainement toutes sortes de moyens pour raffermir le cœur de son camarade. La douleur de William devenait plus forte, à mesure que l'heure du déjeûner approchait. Comment oser paraître aux yeux de ses parens? comment oser recevoir leurs caresses, lorsqu'il se sentait si criminel? On vint enfin l'appeler. Déjà il marchait à pas lents pour se rendre au salon. Henri l'arrêta tout-à-coup, et lui montrant au bord d'une allée la médaille du petit Robert, que celui-ci avait sans doute laissée tomber étourdiment de sa poche en tirant son mouchoir : Tiens, lui dit-il, les yeux étincelans de plaisir, j'espère maintenant que tu vas sécher tes larmes, et que tu n'auras plus de crainte d'être découvert. William tendit la main avec un transport de joie. Mais au même instant se recueillant en lui-même : Ce n'est pas la mienne! s'écria-t-il. Oh! si c'était-elle! C'est sûrement mon petit frère qui l'aura perdue! Eh! qu'importe, lui répondit Henri étonné. Est-ce que tu ne la prendras pas? Quel étrange scrupule t'arrête! Si ton frère l'a perdue, c'est de son âge. On ne lui en fera pas de vifs reproches, et il ne sera taxé que d'un peu d'étourderie. Mais toi, songe de quelle importance il est de n'être pas découvert. Cette heureuse rencontre peut te mettre à l'abri de tout. Personne n'a besoin de savoir que nous avons trouvé cette médaille; et, comme elle est exactement semblable à la tienne, je défie qui que ce soit de pénétrer le mystère. William s'arrêta. Tous les reproches qu'il redoutait se présentèrent sous d'affreuses images à son esprit. Les paroles de Henri augmentaient d'un côté ses frayeurs, et de l'autre, lui présentaient le moyen de s'en délivrer. Le moment était critique:

9.

pour sa vertu. L'honneur lui défendait de commettre une action si basse ; mais la crainte d'aliéner de lui ses parens le portait à s'exposer aux reproches secrets de sa conscience, plutôt que d'encourir l'indignation déclarée de sa famille. Les combats de son cœur furent violens ; mais ils se terminèrent pour ce moment à sa gloire. Non, dit-il avec fermeté, je n'ai déjà que trop souffert d'une première faute ; je ne serai pas assez méchant pour faire de la peine à mon frère, et tromper mes parens. J'aime mieux m'abandonner à la bonté de mon grand-papa. Je veux lui dire honnêtement toute la vérité. Si j'en ai du chagrin, tant mieux ; il expiera du moins en partie le mal que j'ai commis. Par pitié, lui répondit Henri, ne sois pas si intraitable ! Si tu n'as point d'égards pour toi-même, aie du moins quelque considération pour moi. Tu es convenu hier d'être de notre partie, et maintenant tu veux me rendre victime de ta faiblesse. Si tu vas révéler la chose à ton grand-père, il en rejettera la faute sur moi seul. Il dira que je t'ai séduit, et il nous empêchera de nous voir davantage. Je sais combien il est rigide en fait de désobéissance. Il ne manquera point de faire savoir à mon père que j'ai contrevenu à ses ordres ; et mon père est si sévère dans ses châtimens, que la seule pensée m'en fait frémir. Cruel William ! je suis venu te donner des consolations ; et, pour seule récompense, tu veux me faire punir. Je puis t'avoir innocemment entraîné dans cette peine ; mais je suis bien sûr que, si j'étais à ta place, je ne voudrais pas en agir comme tu veux le faire envers moi.

Cet argument était habilement porté à la générosité naturelle de William. Henri savait trop bien qu'il était incapable de vouloir causer de la peine à un autre. Précipiter son ami dans l'embarras pour en sortir, ce procédé était, aux yeux de William, si lâche et si bas, que l'intérêt de la vérité même lui semblait devoir céder à cette puissante considération. Leçon frappante pour les jeunes gens les mieux nés, du danger qu'ils courent à fréquenter de mauvaises compagnies, puisque, par imprudence et par faiblesse, un cœur généreux peut-être induit à commettre le mal, en croyant faire le bien ! C'est ainsi que William, en considérant les choses sous un faux point de vue, crut prendre le parti le plus sage et et le plus honnête en cédant aux persuasions de Henri. Il mit enfin la médaille dans sa poche, en disant : Je veux la garder comme un souvenir de la faute que j'ai commise, en me laissant engager, contre les mouvemens de ma conscience, à te suivre à la foire, la première cause de l'embarras où je me suis plongé. Le mal n'a fait que s'accroître par des degrés rapides ; et qui sait où il s'arrêtera ? J'en suis déjà puni, quoiqu'il ne soit pas découvert. Je sens que la désobéissance porte avec elle son plus terrible châtiment.

Comme l'on vint encore les appeler pour le déjeûner, ils se hâtèrent de s'y rendre. Henri présenta ses civilités à la compagnie avec cette aisance naturelle qui distinguait ses manières, et il alla s'asseoir, sans la moindre apparence d'embarras, auprès de M. Sedley. Il n'en fut pas de même de William. Il se plaça tristement dans l'embrâsure d'une fenêtre, et à peine avait-il la force de répondre aux questions affectueuses qu'on lui faisait sur sa santé. Il avait perdu la sécurité d'une âme innocente, et son esprit était livré au trouble, à la honte et à la confusion. Le déjeûner ne fut pas plutôt fini, que Henri prit congé de la compagnie, et M. Greaves invita son petit-fils à faire avec lui une promenade dans les champs. William aurait bien voulu en être dispensé; mais, n'ayant aucun motif raisonnable pour s'en défendre, il se disposait à suivre son grand-papa, lorsque le petit Robert, qui était sorti avec sa sœur pendant le déjeûner, accourut du jardin, en criant avec tristesse qu'il avait perdu sa médaille, et qu'il ne savait plus où la trouver. A ces paroles, William sentit son front se couvrir d'une vive rougeur. Il se détourna promptement; et, sans pouvoir rien dire, il pencha la tête vers la terre, comme s'il eût voulu chercher la médaille égarée. O mon frère, lui dit Robert, tu as bien de la bonté de me la chercher; mais ce n'est pas ici que je crois l'avoir perdue. Tu ne l'as pas gardée long-temps pour l'amour de moi, lui dit son grand-père. Je suis bien sûr que William et Fanny ont été plus soigneux. Fanny tira aussitôt la sienne de sa poche; William allait en faire autant, mais sa conscience ne lui permit pas de retirer sa main. Il tenait la médaille entre ses doigts, sans oser la faire paraître au jour. Robert soupirait et versait des larmes. Ne pleure pas, mon ami, lui dit M. Greaves ; je t'excuse sans peine. Tu es un petit enfant, et tu n'es pas accoutumé à tenir de l'argent dans tes mains. Je te donnerai une autre médaille, et ton frère en prendra soin. Il m'aime si tendrement ! J'ose répondre qu'il conservera long-temps la sienne après m'avoir perdu. William ne put rien dire ; mais un torrent de larmes s'échappa de ses yeux. Son grand-père lui tendit les bras, et lui dit de ne pas se mettre en peine. Je suis bien vieux, mon cher fils, ajouta-t-il, mais ne t'afflige pas. Quoique la médaille que je t'ai donné soit peu de chose, qu'elle te rappelle sans cesse, lorsque tu la regarderas, combien je t'aimais, et combien je désirais ton bonheur. Souviens-toi bien, mon ami, que tu ne peux-être heureux sans une bonne conscience, et que chaque témoignage d'affection que tu recevras de tes parens, soit un nouvel encouragement pour affermir ton âme dans l'honneur, la droiture et la générosité.

Les sanglots de William redoublèrent à ces dernières paroles. Les caresses de son grand-papa le tourmentaient plus cruellement que ne l'auraient fait ses plus vifs reproches. Vingt fois il fut prêt à tout avouer ; mais la crainte d'entraîner Henri dans sa disgrâce lui imposa silence. Ils se trouvèrent en ce moment à la porte du jardin, où ils laissèrent Fanny et le petit Robert, pour s'avancer dans la campagne. William marchait d'un air rêveur, et d'un pas irrésolu. En vain M. Greaves, sans soupçonner la cause de son abattement, tâchait de l'égayer par ses propos : William sentait son cœur trop digne de blâme pour pouvoir s'entretenir avec sa liberté d'esprit ordinaire. Enfin, comme ils montaient sur une colline, d'où l'on découvrait une perspective très-étendue, M. Greaves, montrant du doigt à William le village où celui-ci était allé, il y avait deux jours, à la recherche de Tony, lui demanda s'il l'avait vu depuis, et s'il avait rempli l'intention qu'il avait de lui faire un petit présent. Cette question était trop importante pour recevoir de la part de William une réponse immédiate. S'il disait qu'il l'avait vu, on pouvait lui demander où il l'avait rencontré ; et le dire, cela entraînait l'aveu de tout ce qu'il avait pris tant de peine à cacher. Il hésita pendant quelque temps, jusqu'à ce que son grand-père, observant sa confusion, le prit par la main, et, avec un ton plus tendre encore que sérieux, lui adressa ainsi la parole : J'ai déjà vu avec peine, mon cher enfant, que tu as quelque secret qui pèse sur ton cœur. Cependant je ne désire point ta confidence, si tu ne veux la donner librement à mon affection. Dis-moi ce qui t'embarrasse : peut-être serai-je en état de te secourir de mes avis. Qu'une méfiance déplacée ne t'empêche pas de m'ouvrir ton âme, et de l'épancher dans mon sein. — O mon cher papa ! s'écria Sedley d'une voix tremblante, je ne mérite pas que vous me traitiez avec cette bonté. Je ne suis pas le maître de vous dire mon secret : un autre y est trop intéressé. Ah ! si ce n'était cela qui m'arrête, quelque coupable que je sois, je vous confesserais tout en ce moment.

— C'est à toi, mon ami, répliqua M. Greaves, de savoir si tu as fait quelque promesse que l'honneur t'oblige de garder. Mais prends garde aussi que tu peux être entraîné dans le vice par une mauvaise honte, et par un attachement trop opiniâtre à un faux point d'honneur. Sois sûr que ce n'est pas un véritable ami qui voudrait t'engager à cacher à tes parens une chose dont tu penses toi-même qu'ils devraient être informés. Vivement frappé de ces réflexions, William après s'être quelque temps débattu en silence avec son secret, allait enfin le laisser échapper, lorsqu'il vint à passer dans le même endroit deux personnes qu'ils reconnûrent aussitôt, l'une pour un gentilhomme de leur voisinage, et l'autre pour Jenny sa fille, qu'il avait fait sortir de sa pension, depuis deux jours, pour lui faire voir la foire du village. La petite miss était liée d'amitié avec la sœur de William, et son père la conduisait en ce moment chez son ami. William se rejouit beaucoup de cette rencontre, qui venait heureusement suspendre une conversation dont il était si fort embarrassé. Ils s'acheminèrent tous les quatre ensemble vers la maison. On devine aisément quelle fut la joie de Fanny lorsqu'elle revit sa compagne. Pour le pauvre petit Robert, il était assis tristement dans un coin, mordant le bout de son mouchoir, et rêvant à la perte qu'il avait faite. William sentit son cœur déchiré de la tristesse de son frère, et ne put en soutenir le spectacle. Il sortit précipitamment du salon pour aller faire un tour dans le jardin. Son cœur fut encore plus vivement ému, lorsqu'il passa dans l'endroit où il avait trouvé la médaille. Il la tira de sa poche, et la regardant avec un sentiment d'horreur : Non, tu n'es pas à moi, dit-il, et je vais te rendre à ton maître. Je ne veux pas que mon frère souffre plus long-temps de ma faute. Quoi qu'il puisse m'en arriver, je ne serai pas assez lâche pour agir toujours contre la conscience et l'honneur. Animé par cette noble résolution, il rentra dans la salle, et courant vers son frère : Tiens, lui dit-il, ne t'afflige plus; voici ta médaille, je l'ai retrouvée. Robert s'élança aussitôt pour la recevoir, et, jetant ses bras autour du cou de son frère, il fit éclater sa reconnaissance et sa joie par mille caresses naïves.

La satisfaction de William fut un peu affaiblie par la voix intérieure qui lui reprochait de mériter si peu ces tendres remercîmens. Une mauvaise conscience empoisonne les sources de la joie la plus pure, et ne laisse jouir d'aucun plaisir parfait. Il fut obligé de dire où il avait trouvé la médaille; mais il se garda bien de faire connaître le temps qu'elle avait passé dans sa poche, laissant imaginer à tout le monde qu'il ne faisait que de la trouver. Agité de mille mouvemens confus, qui se combattaient au fond de son cœur, il ne put supporter plus long-temps ce trouble aux yeux de tous ceux qui l'environnaient; et il monta dans sa chambre pour y calmer ses esprits dans le repos de la solitude. Pendant cet intervalle, le petit Robert, après avoir sauté et gambadé autour de la chambre avec l'aimable gaîté de l'enfance, vint enfin s'arrêter devant l'amie de sa sœur, et, lui montrant sa chère médaille, la pria de voir combien elle était belle, et protesta bien qu'il la garderait plus soigneusement à la venir. La petite miss la considéra quelque temps avec attention, et dit qu'elle en avait une exactement semblable, qu'un ami de son papa venait de lui donner.

M. Greaves demanda avec empressement à la voir, parce que celles qu'il avait données à ses petits-enfans étaient fort anciennes, quoique très-bien conservées, et qu'il les croyait extrêmement rares. Après l'avoir posée un moment sur la table pour chercher ses lunettes, il la reprit, s'avança vers la fenêtre, et, se tournant vers la petite miss, il la pria de lui dire si elle savait comment l'ami de son papa se l'était procurée. Elle lui répondit qu'il l'avait achetée la veille à la foire, et que le marchand lui avait appris qu'il la tenait en ce moment même d'un petit garçon qu'il avait surpris à dérober un porte-feuille dans sa boutique; et c'était tout ce qu'elle en savait. M. Greaves, l'ayant priée de la lui confier pour un moment, sortit aussitôt de la salle, et, montant à la chambre de son petit-fils, il le trouva qui écrivait à son bureau. Mon cher William, lui dit-il, je ne viens pas t'interrompre; mais prête-moi, je te prie ta médaille; j'ai besoin de la comparer avec celle-ci. A cette demande inopinée, les joues de William se couvrirent d'une rougeur de pourpre. Il était trop honnête pour se défendre par une fausseté; et la confusion tenait sa langue enchaînée. Je, je, je, ne l'ai pas, dit-il enfin en balbutiant; et tout-à-coup il fondit en larmes. Mon fils, lui repartit gravement son grand-père, avoue-moi la vérité. William ne put d'abord répondre que par ses sanglots; mais bientôt, pressé par une nouvelle injonction, il prit la main de M. Greaves, et avec le ton de la consternation la plus profonde : O mon grand-papa, s'écria-t-il, je ne veux pas vous tromper. Je suis bien digne de blâme; et une première faute m'en a fait commettre une longue suite de nouvelles. Mais si vous avez la bonté de me pardonner, j'ose vous promettre que je ne me rendrai plus coupable de ma vie. Alors il lui raconta ce qui s'était passé sur le chemin entre Beaufort, ses camarades et lui, puis enfin l'aventure de la foire, et protestant toujours qu'il n'avait point dérobé le porte-feuille, comme on l'en accusait.

M. Greaves, le voyant ainsi humilié par cet aveu, ne voulut point achever de le confondre. Cependant, lui dit-il, ce matin, lorsque vous avez cherché la médaille dans votre poche, vous saviez qu'elle n'y était pas, et qu'elle ne pouvait même pas y être. Pourquoi donc m'avez-vous laissé croire le contraire? Pourquoi avez-vous reçu mes éloges, tandis que vous laissiez recevoir mes reproches à votre petit frère?

— Vous m'avez dit souvent, mon cher grand-papa, qu'un aveu prompt et sincère est la première réparation d'une faute : aussi vous l'aurais-je fait dès ce matin, avant le déjeûner, si Beaufort ne m'eût persuadé de tenir la chose secrète, afin de lui épargner le châtiment qu'il aurait reçu de son père. Je ne cherche point à rejeter sur lui le blâme pour me faire paraître moins criminel; mais ses mauvais conseils m'ont fait prendre la médaille de mon frère, que nous avons trouvée dans le jardin. Je l'ai gardée jusqu'au moment où vous me l'avez vu rendre, n'ayant pu prendre sur moi de la retenir plus long-temps. Si vous daignez vous en reposer sur mes promesses pour l'avenir, soyez bien sûr que je ne me comporterai plus d'une manière si indigne de votre affection. Oh! que ne pouvez-vous savoir tout ce que j'ai souffert pour ma faute ! Cela vous engagerait sans doute à prendre pitié de moi et à me pardonner. Il finit à ces mots, et baissa la tête, sans avoir le courage de regarder son grand-papa.

Attendri par ces touchantes prières, M. Greaves prit son petit-fils par la main, et d'un ton plein de douceur, il lui dit : Mon cher ami, puisque je te vois si vivement pénétré, je crois pouvoir m'en fier à ton repentir. Si ton cœur est réellement généreux, un pardon absolu de ta faute te la fera plus détester que des reproches et des châtimens. Mais ce que je dois te dire, c'est que tu ne saurais veiller avec trop de soin sur toi-même. Tu vois qu'il ne suffit pas d'avoir des principes de droiture et d'honnêteté pour te préserver d'une erreur. Quant au caractère de Henri, tu peux juger toi-même s'il est digne de te servir de modèle, et s'il ne faut pas être bien corrompu pour se jouer des défenses de ses parens, et pour engager les autres à se mal conduire. Ses conseils n'étaient fondés que sur des motifs personnels, sur la bassesse et la tromperie. C'est ainsi, mon cher enfant, que d'une première faute tu as été conduit précipitamment, et sans pouvoir t'arrêter, dans une foule d'autres, jusqu'à ce que tu aies perdu cette douce paix qui n'appartient qu'à l'innocence, et que ton cœur ait été déchiré par mille sentimens douloureux. Si tu avais ajouté le mensonge à ta faute, je l'aurais eu bientôt découvert, parce que le marchand à qui tu as été forcé de céder ta médaille, l'a vendue à une personne qui en a fait présent à Jenny, en lui racontant de quelle manière elle était tombée entre ses mains. Elle est à présent dans les miennes. La voici, regarde-la; vois-tu ce W? J'y avais moi-même gravé cette lettre avant de te la donner, comme j'ai aussi gravé les lettres initiales du nom de ton frère et de ta sœur sur les médailles que je leur ai données, afin qu'elles ne fussent jamais confondues ensemble, et que si l'une d'elles venait à se perdre, je puisse savoir à qui elle appartenait. Il ne me reste plus qu'à te montrer l'instruction que tu peux tirer de cette aventure. Dans quelque profond secret qu'une mauvaise action semble avoir été commise, il y a toujours quelque circonstance imprévue qui sert à la faire découvrir. Tu ne croyais certainement pas ce matin rencontrer la petite miss qui est en bas. Tu croyais encore moins, lorsque nous l'avons rencontrée, et que tu te félicitais de ce qu'elle venait si à propos pour te tirer d'embarras, que ce serait elle-même qui servirait à te confondre en me rapportant ta médaille. Apprends par là, mon ami, que si tu fais le mal, tu cours sans cesse le risque d'être découvert par les moyens les plus inattendus, et par conséquent tu es continuellement exposé à la plus affreuse disgrâce. La sécurité fut toujours la douce compagne de la vertu. Un cœur honnête n'a jamais de secret honteux à cacher. Libre de ces cruelles inquiétudes, dont tu as été tourmenté ce matin, il n'a besoin d'aucun subterfuge : il frémirait de la seule pensée de descendre à un moyen si honteux. Cultive donc avec soin cette franchise de caractère si pure et si aimable, en évitant tout ce que ta conscience pourrait te reprocher. Cette voix intérieure sera toujours ton guide le plus sûr. Si tu sens ton cœur embarrassé, et que tu penses agir d'une manière qui serait condamnée par tes parens, rentre aussitôt en toi-même, et n'en sois pas détourné par la crainte du ridicule. Tu peux éprouver, pendant quelques instans, qu'il est désagréable d'être en butte aux railleries de gens corrompus ; mais ces traits seront bientôt émoussés par ta fermeté ; tu jouiras ensuite de l'approbation de tes amis, ainsi que de la satisfaction de ton cœur ; et voilà, mon enfant, une noble récompense. Quant à la crainte du châtiment, ou à l'espérance de l'éviter, que nul de ces indignes motifs n'influe jamais sur ta conduite. Un enfant qui n'est effrayé d'une mauvaise action que par la seule idée d'en être puni, doit avoir déjà perdu tout principe d'honneur. Si tes parens n'ont jamais employé envers toi de corrections violentes, c'est que jusqu'à ce jour tu as été sage et soumis. Ne crois point qu'ils voulussent laisser tes fautes dans l'impunité, si tu venais à changer de conduite. Ne te vante donc point de n'avoir pas de châtimens à craindre, mais forme la noble résolution de ne les pas encourir. Cet objet ne doit te causer aucune terreur, que par l'assurance où tu peux être de ne jamais rien faire qui puisse l'armer contre toi. Je sais que ton cœur est généreux; mais il est facile à surprendre. C'est de sa faiblesse que tu dois travailler à le guérir, si tu ne veux errer pendant ta vie entière au milieu des précipices. La fermeté des principes, mon cher enfant, est absolument nécessaire pour former un honnête homme. Tu aimes tendrement ton frère; cependant, égaré par de lâches séductions, tu as consenti à le tromper, à le dépouiller, à le plonger dans le chagrin. Que ne devais-tu pas souffrir, lorsque, dans sa crédule innocence, il t'a prié de chercher sa médaille, et t'a remercié de la peine que tu feignais de prendre pour lui? Tu as cependant étouffé dans ce moment tout sentiment d'honneur et de tendresse. C'est ainsi qu'une mauvaise action, de quelque genre qu'elle soit, endurcit le cœur et l'avilit. Je me flatte que cet exemple, pris en toi-même, te servira d'éternelle leçon. Veuille en croire ma longue expérience; il est impossible de fixer des bornes au mal, et de dire : J'irai jusque-là dans mon égarement, et je m'arrêterai. Si tu consens une fois à descendre d'un seul degré de ton innocence, tes yeux seront bientôt obscurcis; et tu ne sauras plus à quelle profondeur tu t'enforceras dans le crime.

Ce discours fit une impression profonde sur William. Il promit, les larmes aux yeux, de se défier à l'avenir de sa faiblesse. M. Greaves, touché de son repentir, lui accorda le pardon qu'il implorait; et, après avoir scellé sa grâce par les embrassemens les plus tendres, il le quitta pour lui donner le temps de se remettre de son agitation. William, un peu soulagé du pesant fardeau qui avait oppressé son cœur, reprit bientôt assez de calme pour être en état de descendre auprès de ses parens, quoique le sentiment pénible qu'il avait conservé de ses fautes eût abattu sa vivacité, et le rendît distrait et silencieux.

Toutes ses pensées et tous ses sentimens avaient été concentrés sur lui-même pendant la matinée. Mais après le dîner il se rappela qu'il devait à Tony le schelling que celui-ci lui avait si généreusement prêté dans sa détresse. Cependant il n'avait plus d'argent; et, en demander à son grand-père, c'était lui rappeler des souvenirs qu'il aurait voulut effacer de sa propre mémoire. Dans cet embarras, il résolut de s'adresser à sa sœur, qu'il savait être toujours disposée à l'obliger, et qui se trouva par bonheur avoir trois schellings à son service.

C'est avec cette petite somme qu'il partit à grands pas pour se rendre au village de Tony. Il était près d'y entrer, lorsqu'il entendit des cris perçans, qui partaient du milieu d'une épaisse bruyère à la droite du chemin. Il courut aussitôt de ce côté pour secourir le malheureux qui poussait ces plaintes. Mais, à mesure qu'il approchait, elles devenaient plus faibles et plus étouffées; et avant qu'il fût arrivé, elles avaient déjà cessé de se faire entendre. Un homme, qui se releva tout-à-coup du milieu de la bruyère, et qui s'enfuit en le voyant, lui fit connaître l'endroit où il devait chercher le triste objet de sa pitié. C'était un enfant couvert de haillons, et couché par terre sans mouvement. Il s'avança pour le secourir. Quelle fut sa surprise, lorsqu'il crut reconnaître Tony! C'était lui en effet, que son maître cruel avait attaché par une corde à une souche d'arbre, et qu'il venait de déchirer en le frappant d'une sangle de cuir.

Il avait fini par lui donner sur la tête un rude coup de bâton qui l'avait étourdi, et privé de l'usage de ses sens. Peut-être même aurait-il poussé plus loin la barbarie, si l'approche d'un témoin qui aurait pu déposer contre lui, ne l'eût obligé de prendre la fuite.

William se précipita sur le corps de Tony. Il rompit ses liens, et s'efforça de le faire revenir à lui-même. Hélas! le petit malheureux ne pouvait encore sortir de son évanouissement. William tourna les yeux de tous côtés, pour voir s'il ne découvrirait personne qui pût le seconder. Il aperçut à travers la bruyère un jeune enfant, qui lui rappela tout-à-coup l'idée du petit apprenti dont Tony lui avait parlé à la première entrevue. Après l'avoir inutilement appelé, il courut vers lui, et lui demanda pourquoi il ne venait pas au secours de son camarade. O mon cher monsieur, lui répondit le petit garçon

Et pourquoi donc Tony a-t-il été si cruellement traité ?

tout en tremblant, j'ai peur que le maître ne revienne, et qu'il ne me batte aussi.

— Et pourquoi donc Tony a-t-il été si cruellement traité ?

— C'est qu'il n'a pas porté à la maison le schelling qu'il eut hier du chevalier Digby, pour avoir ramoné ses cheminées. Il dit, en rentrant, au maître qu'il lui donnerait le schelling aujourd'hui. Le maître a bien voulu attendre toute la matinée ; mais voyant que le schelling ne venait pas, il s'est mis si fort en colère, qu'il a pris Tony, l'a mené dans cette bruyère, et lui a dit qu'il allait le tuer. Hélas ! je crains bien que la chose ne soit faite, car je ne vois point remuer Tony, et sûrement s'il n'était pas mort, il ne manquerait pas de se relever et de s'enfuir, pour n'être pas encore roué de coups.

O ciel ! s'écria William, quoi ! c'est donc moi, mon pauvre Tony, qui suis la cause des mauvais traitemens que tu viens d'essuyer ! Oh ! comment pourras-tu me le pardonner ! Comment pourrais-je me le pardonner moi-même ! Que pourrais-je faire pour te dédommager de tes souffrances ? En achevant ces mots, il retourna vers lui, et se mit à lui prodiguer les soins les plus tendres. Ils ne furent pas long-temps inutiles. Après un profond soupir, Tony entr'ouvrit un peu les yeux. Juste ciel ! il respire encore ! s'écria William. Regarde, mon cher enfant, regarde : c'est moi qui viens te secourir. La voix de la pitié était si étrangère à Tony, qu'il pouvait à peine en distinguer les accens. Il considerait William sans le reconnaître, et se croyait encore plongé dans son évanouissement. Peu à peu cependant il revint entièrement à lui-même. Oh! c'est vous, mon petit monsieur! dit-il à William, en le fixant d'un air ébahi. Je viens d'être rudement battu pour votre compte; mais ne vous en affligez pas. Dieu merci, je suis fait à souffrir. Le mal est passé, et je n'y ai point de regret.

William, sans pouvoir lui répondre, l'aida tristement à se relever. Il le conduisit à la barrière d'un champ voisin, que Tony eut beaucoup de peine à franchir; et là, ils s'assirent à l'ombre d'une haie, qui les dérobait à tous les regards. William garda quelque temps le silence; puis, essuyant des larmes qui baignaient ses yeux, il pria Tony de lui pardonner d'avoir été la cause de ses tourmens, faute d'avoir plus tôt acquitté une dette aussi sacrée que la sienne. Mais, ajouta-t-il, pourquoi n'es-tu pas venu me trouver? Tu pouvais être bien sûr que je t'aurais payé tout de suite. Oh! mon cher monsieur, répondit Tony, je pensais bien que c'était votre envie. Aussi ai-je couru ce matin chez vous, là-bas à ce château, vous savez bien? par cette avenue où je vous vis la première fois, lorsque vous me quittâtes pour monter dans un beau carrosse qui passait au grand trop. J'ai demandé le petit monsieur, car je ne savais pas autrement votre nom; et le cocher, j'imagine au moins que c'était lui, m'a dit que j'étais vraiment un joli garçon pour avoir des affaires avec son jeune maître, et que d'ailleurs vous n'étiez pas en ce moment au château. Alors, comme j'étais pressé, je lui ai dit que vous me deviez un schelling, et je l'ai prié de me le payer pour vous, en l'assurant que vous n'auriez pas de plus grand plaisir que de le lui rendre. Là-dessus, il m'a dit que tout petit que je paraissais, j'étais un grand coquin. Il m'a envoyé, je n'ose pas trop vous dire où, mais c'était à tous les diables; et, après m'avoir donné deux ou trois coups d'un fouet à cheval qu'il avait à la main, il m'a chassé sans pitié de la cour. O mon pauvre ami, que j'en suis fâché! s'écria William. Il faut que tu sois venu lorsque j'étais à la promenade avec mon grand-papa. Je puis te payer tout de suite, ajouta-t-il, en lui donnant les trois schellings qu'il avait apportés. Je n'en ai pas davantage pour le moment; mais le premier argent qui me viendra, je le réserverai pour toi, je te le promets. Je ne vous ai prêté qu'un schelling, lui répondit Tony; ainsi vous m'en donnez deux de trop. Oh! garde-les tous, répliqua William; je voudrais seulement en avoir dix fois plus à te donner.

En ce moment, le petit apprenti, que la peur de son maître avait empêché de suivre William auprès de son camarade, accourut à toutes jambes vers Tony, pour lui dire qu'il pouvait retourner à la maison, parce que le maître venait d'aller au cabaret, où il passerait sûrement, suivant sa coutume, le reste de la journée. Tony se leva aussitôt, et dit à William qu'il voulait profiter de l'absence de son persécuteur pour s'en retourner chez lui, parce que sa maîtresse, qui était la meilleure femme du monde, était sûrement en peine sur son compte, et qu'il brûlait de la tirer d'inquiétude. William lui répondit qu'il ne le quitterait pas, et ils s'acheminèrent tous les trois vers la chaumière. Ils ne tardèrent pas à y arriver, quoique Tony ne se traînât qu'avec peine; mais William et son petit camarade le soutenaient sous les bras, pour lui rendre la marche moins douloureuse. William, en entrant vit la pauvre femme qui tenait une main sur l'un de ses yeux, de l'autre main elle soutenait un enfant à qui elle donnait à têter. L'innocente créature quittait de temps en temps la mamelle, et regardait sa mère avec un sourire, tandis qu'en se penchant pour lui sourire à son tour, elle laissait tomber des larmes sur ses petites joues vermeilles. Une petite fille, d'environ deux ans, était debout auprès des genoux de sa mère, et pleurait pour qu'elle la prît sur son sein, et qu'elle lui donnât à manger. Une autre enfant, auprès d'une table éclopée, tâchait d'atteindre à un morceau de pain bis, plus noir encore de suie que sa propre couleur. Telle était la scène qui frappa les regards du jeune Sedley à son entrée dans la chaumière, et qui lui présenta un contraste bien frappant avec la richesse à laquelle il était accoutumé. Tony le suivait; et, oubliant ses meurtrissures, il se précipita dans la chaumière en s'écriant: Me voici, maîtresse; ne pleurez pas davantage, me voici. Elle ne s'était pas aperçue de l'arrivée de William. Au son de la voix de Tony, elle releva soudain la tête en essuyant ses yeux, qui étaient si enflés qu'elle pouvait à peine le voir. Quoi! c'est toi, mon pauvre enfant? lui répondit-elle. Comment te trouves-tu? Je craignais que tu n'eusses été assommé, tant mon mari était en fureur! C'est pour avoir voulu lui demander ta grâce, qu'il m'a donné ce coup terrible à la tête. Hélas! en le recevant j'ai bien cru qu'il finirait à la fois toutes mes peines. Mais n'est-ce pas là ce petit monsieur dont tu m'as parlé? Oh! oui, c'est moi, répondit William. C'est à moi que Tony a prêté le schelling qui vous a causé à tous tant de souffrances, tandis que je devais être seul à souffrir.

Les enfans, qui avaient suspendu pour un moment leurs criailleries, les recommencèrent alors avec plus de force. La mère leur dit de prendre patience, qu'il ne lui restait pas un sou pour leur donner du pain. Tony aussitôt s'empressa de lui montrer l'argent qu'il avait reçu; et il promit aux petits enfans que s'ils étaient sages, il leur donnerait de quoi manger. En effet, il dépêcha tout de suite le petit apprenti pour aller acheter une galette, dont l'arrivée fit naître la joie dans la maison. L'avidité avec laquelle les enfans dévoraient ce pain lourd et à demi cuit, causa à Sedley le plus grand étonnement. Toute la petite famille le remercia de sa générosité, lorsqu'elle apprit que c'était à lui qu'elle avait l'obligation de ce bon repas. William jouissait avec transport de la reconnaissance universelle; mais, comme la nuit s'approchait, il se vit obligé de quitter la chaumière pour retourner au château. En marchant, il fit de profondes réflexions sur tous les événemens qui avaient rempli cette journée et la précédente. Il vit combien la faiblesse qu'il avait eue de céder, contre sa conscience, aux mauvais conseils de Beaufort, lui avait attiré d'humiliations et de chagrins. C'était peu des affronts qu'il avait reçus à la foire, des angoisses qu'il avait senties au retour, enfin de la honteuse découverte de sa dissimulation et de ses mensonges ; il avait encore tenu plongé dans la douleur son petit frère qu'il chérissait tendrement ; il était cause que son généreux bienfaiteur avait été déchiré de coups, et qu'une malheureuse femme avait failli perdre la vie. Tous ces tableaux, retracés vivement à son esprit, le firent frémir d'horreur. Il sentit combien il était nécessaire de vaincre sa faiblesse, et de ne suivre que les inspirations de l'honneur et de la vertu. Ces principes se fortifièrent de plus en plus dans son âme. Il les suivit fidèlement depuis ce jour ; et ceux que cette petite histoire a pu intéresser en faveur du brave Tony, seront bien aises d'apprendre que William eut la joie de lui procurer bientôt un sort plus doux.

LETTRE LI.

Guillaume D*** à sa mère.

Londres, le 24 octobre.

Nous voici revenus depuis hier dans cette grande ville, ma chère maman. Mais, hélas! ce voyage a été marqué par un événement bien fâcheux.

M. Bartlet, Charles et moi, nous allions devant dans une berline légère; M. et madame Grandisson nous suivaient avec Émilie et Édouard. Nous étions convenus de les attendre à une grande auberge pour dîner ensemble, et laisser reposer nos chevaux. Lorsque nous arrêtâmes, le brave Henri, en voulant descendre précipitamment pour nous ouvrir la portière, eut le malheur de tomber, et de se casser la jambe. Vous devez penser quel fut notre chagrin à cet accident. Nous fîmes aussitôt transporter le pauvre malheureux dans la meilleure chambre de l'auberge, et Charles envoya chercher le chirurgien du village. Malgré sa profonde douleur, il eut le courage d'assister à l'opération, et de prêter tous les secours qui furent en son pouvoir. La seconde voiture étant arrivée, mon ami supplia son père, après le dîner, de nous laisser dans l'auberge auprès du malheureux jusqu'au lendemain. M. Grandisson y consentit et continua sa route. Que ne puis-je vous peindre les soins tendres et empressés que Charles rendit au pauvre Henri pendant toute la journée! Il ne voulut point quitter le chevet de son lit; et il lui donnait les plus douces consolations. Vers les dix heures du soir il fit monter le cocher, à qui il ordonna de passer la nuit auprès de Henri, et de venir nous appeler si notre présence était nécessaire.

Nous nous levâmes le lendemain de bonne heure, et nous eûmes le plaisir de voir que notre malade se trouvait assez bien pour son état. Cependant Charles ne voulut point se mettre en route avant l'arrivée d'une femme que M. Grandisson nous avait promis d'envoyer de Londres pour rester auprès de Henri. Ce ne fut donc que le soir que nous reprîmes notre voyage, après que mon ami eut recommandé le malade et la garde aux soins du maître de l'auberge, avec la promesse d'une bonne récompense.

Voyez, ma chère maman, s'il est possible d'avoir plus de prudence et d'humanité que mon ami. On a beau le croire doué de toutes les perfections, chaque jour on en découvre en lui de nouvelles. Il en est de même de mon amitié. Je crois ne pouvoir pas l'aimer davantage, et cependant je l'aime tous les jours de plus en plus. Oh! ce n'est pas pour lui seul que mes sentimens prennent une plus vive tendresse. O ma chère maman, ma chère petite sœur! c'est vous qui aurez toujours la meilleure part dans mes affections.

P. S. J'oubliais de vous dire qu'Édouard vient de partir pour aller se faire recevoir à son régiment.

LETTRE LII.

Guillaume D*** à sa mère.

Londres, le 23 novembre.

La santé du brave Henri est entièrement rétablie, ma chère maman; mais il ne marche encore que sur des béquilles. Sa jambe cassée est beaucoup plus courte que l'autre : ainsi, le voilà sans retour estropié pour le reste de sa vie. Son malheur affecte vivement M. et madame Grandisson, parce que c'était un domestique intelligent, fidèle et rempli d'attachement pour ses maîtres. Charles et sa sœur ont eu ce matin à son sujet un entretien, avec leurs parens, que je m'empresse de vous rapporter.

CHARLES.

Que je suis affligé, mon papa, de l'accident du pauvre Henri! Il était si leste et si bien fait!

M. GRANDISSON.

Je n'y suis pas moins sensible que toi, mon cher fils. Tu vois comme l'on n'est jamais sûr un instant de soi-même. On se lève frais et dispos; et un seul malheur, que toute la prévoyance imaginable ne peut nous laisser entrevoir, nous prive, en un moment, ou de notre santé, ou de l'un de nos membres les plus utiles, et souvent même de la vie. La semaine dernière, un homme de ma connaissance invite toute sa famille pour célébrer sa fête, et lui donne un grand repas. Il se voit au milieu de ses enfans et de ses neveux. Il reçoit leurs tendres caresses, et se réjouit de vivre pour être aimé. Après le dîner, il veut descendre; son pied porte à faux sur une marche de l'escalier, il tombe, sa tête se brise, et le voilà mort. De pareils accidens arrivent tous les jours.

CHARLES.

L'infortune du pauvre Henri ne lui est arrivée que pour avoir mis trop d'ardeur à remplir nos ordres. Que fera-t-il maintenant? Il n'est plus en état de servir.

ÉMILIE.

Hélas! non. Qui voudrait prendre un domestique boiteux? Par bonheur mon papa et maman sont si bons! Oui, j'ose le croire, je ne crains pas que jamais.....

Mme GRANDISSON.

Eh bien, Émilie, poursuis; que voulais-tu dire?

ÉMILIE.

Ah! ma chère maman, que vous dirai-je? Vous savez bien mieux que moi ce que vous pouvez faire pour lui.

M. GRANDISSON.

Parle librement, ma chère fille; quel parti penses-tu que nous devions prendre en cette occasion?

ÉMILIE.

Puisque vous me l'ordonnez, mon papa, je vais vous obéir. Vous avez la bonté de faire une pension à votre ancien jardinier, parce que vous avez toujours été content de son service ?

M. GRANDISSON.

Il est vrai; mais c'est un homme infirme, qui a servi dans la maison pendant plus de quarante ans. Il a éprouvé des malheurs considérables; et il ne peut rien faire aujourd'hui pour gagner son pain, au lieu que Henri peut encore travailler.

ÉMILIE.

Oh! il ne sera jamais en état de faire ce qu'il faisait auparavant. Daignez écouter ma prière, mon cher papa. Tenez, je serai plus ménagère à l'avenir pour mes habits et pour tous mes autres besoins; et, si vous voulez me le permettre, le pauvre Henri profitera de ces économies.

M. GRANDISSON.

J'approuve, ma chère fille, cette manière de penser. Elle te fait plus d'honneur que ne le ferait la plus riche parure. Mais je veux aussi avoir le sentiment de Charles sur cette affaire.

CHARLES.

O mon papa! que me dites-vous? Ce n'est pas à moi de vous donner des conseils.

Mme GRANDISSON.

C'est fort bien, mon fils; mais, puisque ton père demande ta pensée, tu peux nous la dire.

CHARLES.

Eh bien, je l'avouerai, j'aime beaucoup Henri, et je voudrais qu'il fût heureux.

M. GRANDISSON.

Sais-tu quelque moyen de faire son bonheur?

CHARLES.

Oui, mon papa, je crois en avoir trouvé un.

Mme GRANDISSON.

C'est sans doute le même que celui de ta sœur?

CHARLES.

Non, pas tout-à-fait. Il y a quelque légère différence.

M. GRANDISSON.

Voyons donc, je te prie.

CHARLES.

Son père était un fort honnête tisserand, qui aurait pu vivre à son aise de son travail, s'il n'avait eu un si grand nombre d'enfans à nourrir. Henri, dans sa jeunesse, a commencé par apprendre le même métier. Il ne l'a quitté que par le penchant qu'il avait à s'attacher à votre service. Son père est mort, il y a plus de six ans, et tout ce qu'il possédait a été vendu pour payer ses dettes. Je suis sûr que Henri reprendrait volontiers son ancienne profession, s'il en avait les moyens. Mais, comme il s'est chargé du soin d'entretenir sa mère, il n'a pu rien épargner de ses gages. C'est une chose que vous savez.

M. GRANDISSON.

Il est vrai.

CHARLES.

Eh bien, mon papa, si vous aviez la bonté de lui avancer l'argent dont il a besoin pour acheter un métier, pour se procurer des outils, du fil, de la laine, et monter un peu son ménage, je le connais, il est honnête et laborieux, il saurait aisément se tirer d'affaire. Il pourrait prendre sa pauvre mère avec lui pour en avoir soin : il se mettrait en état d'amasser quelque chose pour ses vieux jours ; et bientôt, peut-être, il vous rendrait l'argent que vous auriez eu la bonté de lui prêter.

Mme GRANDISSON.

Oui, mais les intérêts qu'il nous devrait de cette somme le gênerait sans doute.

CHARLES, *se jetant au cou de sa mère.*

O ma chère maman, permettez que je vous embrasse. Je vois que vous voulez faire pour lui plus que je n'osais désirer.

M. GRANDISSON.

Oui, mon cher fils, et je suis ravi que tes pensées s'accordent si bien avec les nôtres. Émilie ne pouvait pas tout prévoir ; une pension que nous aurions fait au pauvre Henri n'aurait servi peut-être qu'à lui donner le goût de l'oisiveté, et à lui en faire contracter les vices ; au lieu qu'en reprenant son premier état, il ne dépendra que de lui de se voir dans l'aisance par son industrie et son activité.

ÉMILIE.

Oh ! oui, mon papa, vous avez raison, je le sens à merveille.

M. GRANDISSON.

Puisque nous voilà tous d'accord, il ne te reste plus, Charles, que d'aller en instruire Henri, et de voir avec lui de quelle somme il peut avoir besoin.

Tu peux lui dire que nous la lui donnerons avec une joie extrême, pour récompense de sa fidélité, et pour consolation de son malheur.

Mme GRANDISSON.

Oui, mon ami, et nous te laissons le plaisir d'aranger toi-même cette affaire.

CHARLES.

O mon digne papa, ma chère maman, que je vous remercie au nom du pauvre malheureux! Permettez que j'aille tout de suite lui en porter la nouvelle.

ÉMILIE.

Attends, mon frère; je veux être avec toi. J'aime tant à voir les braves gens se réjouir.

O ma chère maman, quel bonheur d'avoir le moyen d'exercer sa bienfaisance! Je voulus aussi assister à cette scène. Le brave Henri versa d'abord des larmes de joie, lorsque Charles lui dit ce que ses parens voulaient faire en sa faveur. Ses larmes devinrent ensuite de tristesse, lorsqu'il songea qu'il allait quitter de si bons maîtres. Mais non, s'écria-t-il, je ne les quitterai point. Je les aurai toujours devant les yeux au bout de mon métier.

Je ne puis aller plus loin. Mes larmes m'empêchent de voir ce que j'écris. Adieu, ma chère maman. Je serai donc dans deux mois auprès de vous et de ma petite sœur! Nous pourrons nous voir à toutes les heures du jour. Toutes nos promenades, tous nos repas se feront ensemble! Je vous verrai sourire à mes soins, et m'en payer par vos caresses! Je pourrai vous ouvrir mon cœur, vous exposer tous mes sentimens et toutes mes pensées ! Je pourrai recevoir vos tendres avis, et vous en faire aussitôt recueillir le fruit dans ma conduite ! Je vous entendrai peut-être remercier le ciel de nous avoir donné le jour ! Oh, avec quelle joie je vous embrasse dans cette espérance !

LETTRE LIII.

Guillaume D*** à sa mère.

Londres, le 26 novembre.

Édouard est revenu cette après-midi à la maison, ma chère maman. Son habit d'officier lui sied à merveille. Il est aussi bien de taille et de figure que Charles. Ne serait-ce pas dommage que son cœur ne fût pas aussi bon ? Il paraît, par les lettres qu'il a apportées du major Arthur et du comte de ***, qu'il s'est fort bien conduit à son régiment. Il a été chargé par le major de présenter une superbe tabatière à mon ami Charles. Elle est ornée de son portrait entouré de diamans. Le major a pris une tournure bien noble pour la lui faire accepter. Il lui dit que, ne pouvant le remercier assez souvent de lui avoir sauvé la vie, il a chargé son portait de lui en témoigner tous les jours sa reconnaissance.

Il vient d'arriver dans ce pays une funeste aventure, qui montre de quelle imprudence il est toujours de parler mal des autres. Voici, ma chère maman, un entretien que nous avons eu à ce sujet, et dans lequel vous pourrez mieux en apprendre toute l'histoire

ÉDOUARD.

Avez-vous entendu parler, mon papa, de la scène qui vient de se passer à Tunbridge ?

M. GRANDISSON.

Non, mon fils; qu'est-ce donc ?

ÉDOUARD.

Vous connaissez le colonel Brown, ce brave officier.

M. GRANDISSON.

Oui, sans doute.

ÉDOUARD.

Eh bien, ce digne homme a été tué la semaine dernière par le capitaine Fierly.

M. GRANDISSON.

Tué, dis-tu ? Et comment ?

ÉDOUARD.

D'un coup d'épée, en duel.

M. GRANDISSON.

Sais-tu le sujet de leur querelle ?

ÉDOUARD.

C'est que le fils du colonel, au milieu d'une grande compagnie, avait mal parlé du capitaine, et que celui-ci s'en est tenu offensé.

ÉMILIE.

O ciel! est-il possible ?

ÉDOUARD.

On dit que ce capitaine est un mauvais sujet, qui n'est estimé de personne.

M. GRANDISSON.

Cela peut être ; mais il n'appartient pas à un jeune homme d'en dire du mal, surtout dans une grande assemblée.

GUILLAUME.

Et comment cela est-il revenu aux oreilles du capitaine Fierly?

ÉDOUARD.

Quelqu'un de la compagnie s'est empressé de l'en aller instruire.

ÉMILIE.

C'était une grande imprudence, n'est-il pas vrai, mon papa ?

M. GRANDISSON.

Sans doute, ma fille.

CHARLES.

Il me semble qu'il fallait se borner à prendre son parti, s'il y avait quelque moyen de le justifier des reproches qu'on lui faisait ; mais les lui rapporter, c'est une chose tout-à-fait indigne.

M. GRANDISSON.

Tu as raison, mon fils ; et cela nous montre, par un double exemple, combien il est imprudent de s'abandonner à l'indiscrétion de sa langue.

GUILLAUME.

Mais le colonel, comment avait-il à répondre des mauvais propos de son fils ? Est-ce qu'il les a soutenus?

ÉDOUARD.

Non, au contraire, il les a désavoués.

GUILLAUME.

Eh bien donc, mon ami, d'où vient qu'il se trouve dans la querelle?

ÉDOUARD.

Le capitaine est l'homme de la terre le plus brutal. Il voulait avoir satisfaction; et, comme il ne pouvait la demander à un jeune homme de quatorze ans, il a cru pouvoir s'adresser à son père. Le colonel s'est engagé à punir lui-même son fils; mais le capitaine a répondu que ce n'était pas assez pour sa vengeance, et qu'un père devait expier les fautes de ses enfans. Le colonel, poussé à bout s'est vu dans la nécessité de se défendre. Il a perdu la vie; et le capitaine a pris la fuite.

M. GRANDISSON.

Le barbare! Quel fruit a-t-il retiré de sa férocité? Il a teint ses mains d'un sang innocent, et il faut qu'il abandonne sa patrie, poursuivi par la honte et par les remords.

ÉMILIE.

Et le jeune Brown, combien il est à plaindre!

CHARLES.

Comment vivra-t-il avec le reproche horrible d'avoir coûté la vie à son père?

ÉDOUARD.

Le malheureux est au désespoir. Il passe la nuit et le jour à déplorer sa funeste imprudence. On veille sur lui, pour l'empêcher d'attenter sur lui-même.

On l'a surpris hier prêt à se précipiter de la plus haute fenêtre de la maison.

CHARLES.

La mort serait certainement préférable pour lui à l'existence. Il ne doit plus avoir un jour de repos.

M. GRANDISSON.

O mes enfans! vous voyez quels malheurs affreux la médisance peut entraîner à sa suite.

ÉDOUARD.

Il y a des personnes qui excusent un peu sa faute. On prétend qu'il n'a dit que la vérité sur le compte d'un homme justement dévoué au plus profond mépris.

M. GRANDISSON.

Qu'importe, mon cher fils! Il n'est permis de dire la vérité que quand elle n'offense personne. On est libre de garder le silence. Il est toujours plus beau de voiler les mauvaises actions de ses frères que de les découvrir au grand jour. Quel est l'homme sur la terre absolument exempt de défauts? Nous trouverions certainement fort mauvais que l'on publiât les moindres fautes que nous commettons. Pourquoi donc nous permettre envers les autres ce que nous ne voudrions pas que l'on nous fît à nous-mêmes? Et qu'y a-t-il de plus dangereux que la médisance? Celui qui se permet une fois de mal parler de ses semblables, en prend bientôt l'habitude, au point de publier sur leur compte le mensonge comme la vérité. Et alors de quel attentat on devient coupable! Un calomniateur est mille fois plus à craindre qu'un voleur; car le bien dont il nous dépouille, nous pouvons le regagner par notre industrie ; mais, lorsque l'honneur est une fois perdue, c'est le plus souvent pour toujours.

ÉMILIE.

Mais, mon papa, quel plaisir peut-on avoir à dire le mal, faux ou vrai, de qui que ce soit au monde.

M. GRANDISSON.

Ces indiscrétions viennent toujours d'une fausse vanité. On croit paraître plus instruit, ou faire penser que l'on est soi-même à l'abri des reproches que l'on adresse aux autres ; mais on ne fait que s'attirer le mépris et la haine. Ceux même qui s'amusent un moment des traits de la médisance, craignent d'en être, à leur tour, les victimes, et détestent celui qui fonde sa satisfaction sur la jouissance du mal qu'il fait à ses semblables. Mais si l'on est insensible au plaisir de n'inspirer jamais contre soi de si tristes sentimens, comment ne pas frémir des maux qui peuvent résulter d'une parole indiscrète ? Combien de ruptures, de vengeances et de meurtres un seul mot peut produire ! Et quel repos attendre de sa conscience, lorsqu'on y trouve le reproche d'avoir causé des malheurs que l'on ne peut réparer ?

ÉDOUARD.

Mais, mon papa, quel parti dois-je prendre s'il est question devant moi d'un malhonnête homme ?

M. GRANDISSON.

Garder le silence sur son compte, comme sur une personne indigne de toute attention. Ce n'est pas à toi de redresser sa conduite, puisque tu n'as aucun droit sur lui. Et si tu parles toujours avec transport d'un homme de bien, ton silence condamne assez le méchant.

CHARLES.

Oui, mon papa, je ne dois que le plaindre, et désirer pour lui qu'il apprenne à connaître la vertu.

O ma chère maman, que ce sentiment est noble et généreux! Si le jeune Brown avait eu la manière de penser de mon ami, il n'aurait pas enfoncé l'épée d'un furieux dans le sein de son père. Hélas! à la fleur de la jeunesse, que le monde doit être horrible pour lui! Donner la mort à celui de qui l'on tient la vie! cette seule pensée me glace d'horreur. C'est une leçon qui ne s'effacera jamais de mon esprit; et l'on ne m'entendra parler d'aucun de mes semblables, que lorsque j'aurai du bien à dire de sa conduite et de ses sentimens.

LETTRE LIV.

Guillaume D*** à sa mère.

Le 6 décembre.

J'ai vu par votre lettre, ma chère maman, que mon dernier conte a fait quelque plaisir à ma sœur. Cela me faisait penser à vous en envoyer un autre, lorsque Émilie me dit qu'elle voulait s'en charger. Elle monta aussitôt dans sa chambre, et après avoir travaillé toute la journée, voici le conte qu'elle m'a remis ce matin. Elle vous prie, vous et ma petite sœur, de le lire avec beaucoup d'indulgence, parce que c'est son premier ouvrage, et qu'elle ne l'a entrepris que par le désir de vous plaire. J'espère que cet essai donnera de l'émulation à ma petite sœur; et je m'attends bientôt à trouver dans vos lettres quelque jolie histoire de sa façon.

LE NID DE MERLES.

Marcel et Cyprien étaient les deux plus jolis enfans du monde. Ils avaient pris l'un pour l'autre une si grande amitié, que, si Marcel avait des fruits ou des gâteaux, il courait en offrir à Cyprien; et, lorsque Cyprien en avait à son tour, il n'y touchait point qu'il n'eût partagé avec Marcel. Tous leurs joujoux semblaient appartenir également à chacun. En un mot, on les eût pris pour deux frères, bien plus que pour deux simples camarades.

Leurs parens étaient fort satisfaits de voir s'élever entre leurs enfans cette douce union, parce qu'ils étaient eux-mêmes étroitement liés ensemble. Cyprien ne manquait jamais, en allant à l'école, d'aller prendre Marcel; et Marcel n'en revenait jamais sans attendre que Cyprien eût fini de jouer pour s'en retourner avec lui. Ils apprenaient ensemble leurs leçons ; et toutes leurs disputes étaient à qui se montrerait le meilleur écolier.

Les jours de congé, ils allaient faire tous deux un tour de promenade dans les champs. Ils s'amusaient à cueillir des fleurs sauvages, et à faire des bouquets pour leurs sœurs. Quelquefois ils s'asseyaient sur l'herbe, et se racontaient de petites histoires, ou répétaient quelque jolie chanson qu'ils avaient apprise de leurs mamans.

Marcel étant un jour allé rendre une visite avec son père, Cyprien, se voyant privé de la compagnie de son ami, alla, pour se désennuyer, se promener dans la campagne. En marchant le long d'une haie, il découvrit, dans l'épaisseur du buisson, un nid de merles. Il n'était pas de ces enfans qui se font une maligne joie de ravir à un pauvre oiseau ses chers petits. Il résolut d'attendre qu'ils n'eussent plus besoin des secours de leur mère, et que leur mère n'eût plus besoin de les aimer. Il ne manqua pas cependant, le lendemain, de faire part de sa bonne fortune à Marcel. Il lui dit qu'il voulait lui montrer le nid; qu'ils iraient chaque jour faire une visite aux oiseaux jusqu'à ce que leurs ailes fussent venues, et qu'alors ils partageraient ensemble la nichée.

Marcel attendit avec impatience que l'école fût finie. Alors Cyprien l'amena devant le nid; et ils y allèrent ensemble plusieurs jours de suite pour voir comment se portait la petite famille.

Le premier moment que Marcel avait vu le nid, il avait conçu le projet de s'en emparer. Il est difficile de concevoir ce qui avait pu lui inspirer cette vilaine pensée, puisque son ami lui avait offert volontairement de partager avec lui. Le mal se glisse avec tant de facilité dans le cœur des hommes, que l'on devrait bien se tenir toujours sur ses gardes pour l'empêcher d'y pénétrer. Les enfans devraient encore y veiller avec plus de soin, puisque leur cœur est plus faible. Cette vigilance leur est d'autant plus facile, qu'ils ont toujours leurs parens ou leurs instituteurs pour les aider de leurs sages conseils. Ils ne savent pas assez qu'une faute légère peut bientôt faire naître un vice odieux, qui ne tarde pas à corrompre leur âme, et quelquefois pour le reste de leur vie.

Marcel, étant sorti un jour avant l'heure où Cyprien venait ordinairement le chercher, il se rendit seul à l'endroit où était le nid. Il trouva les petits bons à prendre ; et, oubliant tout à la fois les deux nœuds qui l'unissaient à son camarade, et la générosité qu'il lui avait montrée, il saisit sa proie, et l'emporta le cœur tout palpitant.

Lorsqu'il eut fait la moitié du chemin, il s'assit sous un arbre pour regarder les petits oiseaux et pour les entendre gazouiller. Ce fut alors, pour la première fois, qu'il sentit des remords de l'indigne action qu'il venait de commettre. Son esprit était dans un grand embarras. S'il portait en cachette le nid à sa maison, il ne pouvait manquer d'être bientôt découvert ; et son père le punirait sévèrement pour avoir trompé son camarade, qui ne manquerait pas aussi de lui retirer son amitié; s'il rapportait le nid pour le remettre à sa place, il craignait de rencontrer Cyprien en y allant. Il lui vint ensuite la pensée d'aller jeter le nid dans un étang voisin, et de le faire couler à fond en le chargeant de pierres. Pendant qu'il flottait entre ces divers partis, il vint à passer un enfant d'un autre village, qui, ayant vu le nid entre ses mains, lui offrit en échange une douzaine de boules de marbre renfermées dans un sac. Cette proposition venait fort à propos, à ce qui lui sembla, pour le tirer de peine ; il se hâta d'y souscrire, et se rendit à l'école, où il affecta de prendre un air plus tranquille que s'il n'avait eu aucun reproche à se faire.

Il fallut trouver une mauvaise excuse auprès de son ami, pour ne pas l'avoir attendu le matin comme à l'ordinaire. Cyprien, qui n'avait aucun soupçon, se contenta de tout ce que Marcel voulut lui dire. Il lui dit à son tour que l'on avait congé l'après-midi, et qu'ils pourraient en profiter pour aller chercher les oiseaux, et s'en amuser le reste de la journée.

Ils partirent en effet immédiatement après leur dîner. Cyprien faisait déjà ses arrangemens au sujet de la petite famille. Quel fut son chagrin, lorsqu'en arrivant dans le buisson, il la trouva dénichée! Marcel fit semblant d'en être aussi surpris et aussi affligé que lui. Après s'être livrés quelque temps à de vaines lamentations, ils s'en retournèrent d'un air confus. Quoi qu'il en soit, Marcel, pour détourner Cyprien de penser plus long-temps à sa mésaventure, lui montra ses boules de marbres, en lui disant qu'il les avait trouvées le matin dans un sac, en allant à l'école, et qu'ils n'avaient qu'à jouer ensemble.

Je vous prie, mes chers amis, de considérer un moment avec moi combien les crimes de Marcel s'étaient multipliés dans le cours d'une journée. Le matin, il avait volé son ami, en prenant seul le nid que celui-ci lui avait montré pour le partager ensemble. Ensuite, il avait eu la pensée de faire périr d'une mort cruelle les pauvres petites créatures. Puis il avait fait l'hypocrite pour détourner les soupçons. Enfin, il venait de faire un mensonge, en disant qu'il avait trouvé les boules de marbre, tandis qu'il les avait reçues en échange des oiseaux. Telle est la rapidité des progrès du vice. Et ne vous y trompez pas : vous aurez beau les couvrir pendant quelque temps, la justice du Ciel saura bien à la fin les dévoiler. Il y aura toujours quelque accident qui mettra vos fautes en lumière. Vous-mêmes, vous servirez les premiers à les faire éclatter; car votre imagination n'enfantera pas autant de mensonges, que vous seriez obligés d'en dire pour les couvrir les uns les autres. Le premier défaut de mémoire vous jettera dans une confusion qui doit conduire nécessairement à la découverte. Alors viendront la disgrâce et la honte, avec les châtimens que vous méritez.

Mais revenons à notre histoire. Cyprien, qui ne s'était fait une si grande joie de sa découverte que parce qu'il en devait partager le fruit avec son ami, ne le vit pas plutôt se consoler, qu'il se consola lui-même; et ils se mirent à jouer ensemble avec leurs boules. La partie alla fort bien pendant quelque temps; mais d'autres enfans qui passaient, s'étant arrêtés pour les voir jouer, l'un d'eux, après avoir attentivement examiné les boules, les réclama, comme lui appartenant, et dit qu'il les avait perdues le matin même, avec un sac où elles étaient renfermées. Marcel se moqua de sa prétention, et soutint effrontément qu'il avait acheté les boules. Mais Cyprien, qui venait de lui entendre dire qu'il les avait trouvées, lui dit que c'était mal de mentir, et qu'il fallait les rendre à leur maître. Marcel refusa de le faire, en disant que, s'il les avait trouvées, elles étaient à lui, et qu'il les garderait. Il fut cependant trompé dans son attente; car l'autre petit garçon se jeta brusquement sur lui, lui donna un coup de poing dans le nez, lui prit les boules, et s'en alla, le laissant réfléchir tristement sur les premières suites de sa vilaine action.

Il est maintenant nécessaire de vous apprendre que le petit garçon qui réclamait les boules, les avait effectivement perdues, comme il le disait, et que celui qui les avait données à Marcel pour les oiseaux, les avait trouvées. Mais comme il pensait pouvoir tirer un plus grand parti des oiseaux que des boules, il avait fait le troc dont nous avons parlé ci-dessus.

Ce petit garçon était né de parens honnêtes, mais fort pauvres. On l'appelait Lubin ; et il était bien connu à plusieurs milles à la ronde, parce qu'il allait vendre dans tout le pays des fagots qu'il faisait lui-même, du bois mort qu'on lui laissait prendre dans la forêt. Il en portait aussitôt l'argent à sa mère, pour l'aider à faire vivre toute sa famille. Comme ses parens n'étaient pas en état de l'envoyer à l'école, il avait du temps de reste pour son petit commerce, qu'il faisait avec beaucoup d'industrie et d'activité.

Ce petit Lubin, étant devenu maître du nid, examina les oiseaux, et les trouvant déjà forts, il courut vers le village où demeuraient Marcel et Cyprien, pour tâcher d'y vendre la nichée dans la maison de quelque gentilhomme. Le hasard voulut que la première personne à laquelle il s'adressa, fût le père même de Marcel, qui le connaissait de réputation, et qui, sachant qu'il était pauvre et honnête, lui donna un petit écu pour le nid. Lubin, qui ne s'était jamais vu tant d'argent à la fois, se hâta de le porter à sa mère, qui le reçut comme un présent du Ciel.

Marcel ne tarda guère à rentrer chez lui, tenant dans son mouchoir son nez encore tout ensanglanté. Lorsqu'on l'interrogea sur sa meurtrissure, il répondit que c'était un grand garçon qui lui avait jeté une pierre, pour avoir voulu l'empêcher de battre un enfant ; ce qui était, comme vous le voyez, un nouveau mensonge. Son père, pour le consoler de son malheur, se hâta de lui montrer le nid de merles qu'il venait d'acheter. Jamais étonnement ne fut égal à celui de Marcel, lorsqu'il vit que c'était le même nid qu'il avait si vilainement dérobé à son ami Cyprien, et qu'il avait donné pour les boules qu'on venait de lui ravir, en le battant encore par-dessus le marché. On conviendra sans peine que la justice de la Providence se déclare bien évidemment dans la suite de cette aventure, et qu'elle choisit la voie la plus directe pour punir le coupable. Marcel sentit alors que c'était son premier manque de foi envers son ami qui avait amené toutes les circonstances fâcheuses où il allait se trouver embarrassé. La vue du nid lui fit verser plus de larmes que n'avait fait son mal. Son père ne savait comment s'y prendre pour le calmer. Allons, mon cher fils, lui dit-il, ce n'est rien qu'un nez poché. Tu n'es pas blessé autrement ; et je vais te dire une chose qui te fera sûrement plaisir. Tu m'as dit que ton ami Cyprien t'avait promis de partager avec toi le nid qu'il a découvert? Tu ne seras pas en reste avec lui. Demain, avant d'aller à l'école, tu lui porteras ces deux oiseaux que je viens d'acheter d'un pauvre enfant, et il sera bien aise de te voir aussi généreux envers lui qu'il voulait l'être envers toi.

Ce discours fut un nouveau coup de foudre pour Marcel. Il voyait que c'était le plus sûr moyen de faire éclater son indignité. Son esprit était douloureusement accablé de cette pensée. Il se livrait au désespoir ; il ne pouvait parler, et, à chaque instant, il était prêt à s'évanouir. Son père, le voyant dans cet état, s'imagina qu'il était blessé plus grièvement qu'il ne paraissait l'être. Il le fit mettre au lit, et lui fit prendre des potions restaurantes. Marcel était malade en effet; il ne put dormir de toute la nuit. Une fièvre brûlante consumait son sang. Son père et sa mère commencèrent à craindre pour lui. Ils l'interrogeaient à chaque instant sur son mal; mais il était opiniâtrement résolu de n'en jamais découvrir la véritable cause, quand il eût dû lui en coûter la vie.

Le lendemain, Cyprien étant venu, selon sa coutume, chercher Marcel pour aller ensemble à l'école, on lui dit que son ami était retenu au lit par une grosse fièvre. Cette nouvelle remplit son petit cœur de tristesse. Il demanda la permission de monter auprès du malade, ce qui lui fut accordé. Marcel, en le voyant, fut saisi d'un cruel serrement de cœur, parce qu'il imaginait que Cyprien avait déjà vu le nid, et qu'il venait l'accabler de reproches. Voyez ce que c'est qu'une conscience criminelle. Qui oserait hasarder un mensonge, en voyant que tôt ou tard la vérité se découvre pour accabler l'imposteur? Je ne vous demande que de réfléchir un moment sur la honte et le désespoir de Marcel; et on peut croire que vous ne ferez jamais rien dont vous ayez à rougir.

Cyprien, après avoir passé quelque temps à consoler son ami, le quitta pour aller à l'école. En descendant, il trouva dans le salon le père de Marcel, qui lui montra les oiseaux, et lui dit qu'il se faisait un grand plaisir de lui en donner deux, les plus jolis, à son choix. Cyprien reconnut le nid d'un seul coup d'œil; et son premier mouvement fut de s'écrier : Oh! que c'est indigne à Marcel d'avoir enlevé mon nid, et de m'avoir soutenu si vilainement qu'il ne savait pas ce qu'il était devenu ! Fi donc, Cyprien ! répondit le père de Marcel; comment oses-tu accuser mon fils d'une si mauvaise action? Il n'en est pas capable, je t'assure. J'achetai hier moi-même ce nid d'un petit garçon nommé Lubin. Ce fut une grande joie pour Cyprien de s'entendre dire que Marcel était innocent. C'était bien son nid à la vérité : il n'était pas difficile à reconnaître; mais un autre avait bien pu le prendre. Il s'excusa de sa précipitation, et dit qu'il avait tort d'avoir jugé si légèrement son ami. Le père de Marcel lui demanda alors s'il s'était trouvé avec son fils, lorsqu'il avait reçu un coup si violent dans le nez.

— Oui, monsieur, nous étions ensemble.

— Et qu'avait-il fait pour s'attirer ce traitement ? Cyprien garda le silence. Il ne voulait pas dire un mensonge; mais il craignait aussi, par un récit fidèle, de compromettre son ami, qu'il savait certainement être coupable sur ce point.

Le père de Marcel, surpris de l'embarras de Cyprien, n'en insista que plus vivemement pour avoir une réponse précise à sa question.

Cyprien, voyant qu'il ne pouvait plus reculer, prit le parti de raconter tout ce qu'il savait au sujet des boules de marbre, et des coups de poing dans le nez que le petit garçon avait donné à Marcel.

Comment, s'écria le père à ce récit, mon fils a été capable de me tromper! Il m'a dit que c'était un grand garçon qui lui avait jeté une pierre, pour avoir voulu l'empêcher de battre un enfant. Viens avec moi, Cyprien, je veux...

Comme il disait ces mots, il entendit frapper à la porte; c'était Lubin, qui, pour lui témoigner sa reconnaissance du petit écu qu'il lui avait donné la veille, venait lui présenter un joli bouquet de fleurs des champs. Ah! c'est toi, mon ami, s'écria le père de Marcel; je suis bien aise que tu sois venu si à propos. Tiens, dit-il à Cyprien, voilà le petit garçon à qui j'ai acheté hier le nid.

Oui, c'est moi, sans doute, dit Lubin.

Quand est-ce donc que tu es allé le prendre? lui demanda Cyprien.

Je ne l'ai pas pris, répondit l'autre. Je l'ai eu en troc d'un petit monsieur, en habit rouge, pour une douzaine de boules de marbre que j'avais trouvées dans un sac. Cette réponse fut un coup de lumière pour Cyprien. Elle servit aussi à convaincre le père de Marcel de l'indignité de son fils. Il pria les deux enfans de monter avec lui dans la chambre du malade.

Marcel ne les vit pas plutôt entrer tous les trois ensemble, qu'il comprit que tout le mystère de sa conduite était découvert. Il s'élança précipitamment de son lit, se mit à genoux devant son père, lui raconta toute l'histoire, et lui demanda grâce en sanglottant. Il protesta que sa maladie n'était venue que de la violence des remords qu'il sentait de ses fautes, et qu'il n'y avait qu'un généreux pardon qui pût le guérir.

Son père, indigné, gardait le silence. Cyprien, vivement ému de la douleur de celui qu'il avait tant chéri, se jeta dans ses bras et lui dit : Va, mon ami, je te le pardonne. Je vois que tu es assez puni par tous les chagrins que tu as soufferts. Ah! s'écria Marcel, je ne voudrais pas les souffrir une seconde fois pour l'univers entier. Cyprien se joignit aussitôt à lui pour obtenir sa grâce de son père, qui ne put la refuser à leurs vives instances. Il se contenta de donner à son fils de sages instructions pour réparer ses fautes, et pour se garantir d'en commettre de pareilles dans la suite. Elles eurent tout l'effet qu'il s'en était promis. Marcel, après cette mémorable leçon, ne se distingua plus que par des sentimens nobles et généreux, dignes de l'amitié que Cyprien eut pour lui toute sa vie.

LETTRE LV.

Guillaume D*** à sa mère.

Le 16 décembre.

PARDONNEZ-MOI, ma chère maman, d'avoir été si long-temps sans vous écrire. Hélas! qu'aurais-je pu vous apprendre? Je n'avais que des nouvelles bien fâcheuses à vous donner. Il règne ici la plus profonde tristesse. Mon cher bienfaiteur, le digne M. Grandisson est dangereusement malade. Tous les plaisirs, tous les amusemens sont bannis de cette maison. On n'y entend que des pleurs et des soupirs. La crainte règne dans tous les cœurs; et les médecins même ont perdu l'espérance. On n'attend plus à chaque instant que le coup fatal. Ah! faut-il que je sois ici pour voir les derniers jours d'un homme que j'aime tant, et à qui j'ai de si grandes obligations! Je ne puis m'accoutumer à cette affreuse pensée. Non, non, j'espère que le ciel détournera ce malheur de dessus nos têtes. Madame Grandisson est inconsolable. La tendre Émilie ne fait que pleurer, et prier à genoux, au pied du lit de son père. Oh! je le crains, elle ne pourra pas résister plus long-temps à sa douleur. Edouard est abîmé dans le désespoir. Mais que vous dirais-je de Charles? Je ne sais ce que je dois le plus admirer en lui, de son amour filial, ou de sa patience et de sa fermeté dans le malheur. Il ne quitte presque pas le chevet du lit de son père. Il demeure nuit et jour dans son appartement pour le servir. C'est de sa main que M. Grandisson reçoit toutes les potions et tous les rafraîchissemens. Lorsqu'il commence à s'assoupir, Charles semble retenir son haleine dans la crainte de le réveiller. Il croise ses bras, et reste immobile. Il a la force de cacher ses larmes, et d'étouffer ses soupirs, surtout devant sa maman qu'il sait consoler et soutenir un peu par de tendres caresses. Quelle force d'esprit et de caractère! Ah! je le sens ; il ne me serait pas possible de surmonter ainsi mon chagrin. Depuis six jours, il n'a pas dormi une heure de suite, et il n'en paraît point abattu. Son courage supplée à ses forces. O ma chère maman, que je suis loin de tant de vertus ! Mais je ne puis y tenir plus long-temps. Je vais voir si ma présence est nécessaire à mon ami ; je vous écrirai encore demain.

LETTRE LVI.

Guillaume D*** à sa mère.

Le 17 décembre.

O MA chère maman, quelles vives émotions je ressentis hier au soir ! Au moment où je finis si brusquement ma lettre, j'allais, comme je vous le disais, dans la chambre du malade, pour tenir compagnie à mon ami. J'ouvris doucement la porte ; mais, au lieu de Charles, je ne vis que madame Grandisson et sa fille, assises en silence au pied du lit. Je sortis, et j'allais voir si Charles pouvait avoir besoin de moi. Je ne le trouvai dans aucun endroit de la maison. Personne ne savait où il était allé. M. Bartlet, Édouard, et quelques autres personnes, se promenaient dans le salon ; mais je n'osai pas leur demander des nouvelles de mon ami. Je courus le chercher dans le jardin. C'est là que je l'aperçus de loin sous le berceau. Je m'approchai doucement de lui, sans qu'il m'entendît. O ma chère maman, combien je fus attendri! Il était à genoux. Son chapeau était à terre à son côté. Les larmes roulaient dans ses yeux. Ses mains étaient élevées et son visage tourné vers le ciel. Il priait. Ah! si j'avais pu entendre toute sa prière! Mais j'arrivai trop tard; je n'entendis que la fin, que je me rappellerai toute ma vie. Voici quelles étaient ses paroles :

« O mon Dieu, je t'en supplie, daigne sauver mon père, et prends mes jours pour les siens. Il fait le bonheur de maman, de ma sœur et de mon frère : sa vie est essentielle pour eux tous, et la mienne ne l'est pas. Pardonne-moi, ô mon Dieu, ces vœux de mon amour, et daigne les exaucer! Mais, si tu en ordonnes autrement, donne-moi la force de me soumettre à tes saintes volontés. »

Il se leva aussitôt, et laissa échapper un torrent de larmes. Je ne pus rester plus long-temps en silence. Je volai vers lui en lui tendant les bras. Il fut étonné de me voir. O mon ami, lui dis-je d'une voix étouffée, le ciel te conservera ton père. La prière d'un fils tel que toi ne peut manquer d'attirer la bénédiction céleste. J'espère dans le Dieu de bonté, me répondit-il. Mais faisons un tour dans le jardin pour sécher mes larmes. Je ne veux pas que maman voie que j'ai pleuré; elle en serait trop affligée.

Notre promenade, comme vous le sentez bien, fut triste et silencieuse. Je lui faisais plus d'amitiés que je ne pouvais lui dire de paroles. Je voulais l'entraîner un moment dans la campagne, pour lui faire respirer un air pur. Non, me dit-il, je n'ai déjà été que trop long-temps séparé de mon papa. Permets que je retourne auprès de lui. Il faut que je lui rende tous les secours qui sont en mon pouvoir, pour adoucir ses souffrances. J'ai besoin de consoler maman, mon frère et ma sœur.

Nous rentrâmes aussitôt dans la maison. Quoique M. Grandisson n'eût dormi qu'une heure, il se trouvait beaucoup mieux. Dès qu'il entendit entrer Charles, il l'appela d'une voix faible et touchante. Mon ami s'approcha de son lit, et se jeta à genoux. Il prit la main de son père, qu'il baisa plusieurs fois. Les larmes coulaient le long de ses joues, et il sanglottait à me fendre le cœur. Je ne saurais vous peindre, ma chère maman, l'expression qui animait sa physionomie. Il semblait être un habitant des cieux descendu sur la terre. Que voulez-vous de moi, mon cher papa? lui dit-il. Ce que je veux, mon fils? lui répondit M. Grandisson; je veux t'exprimer ma satisfaction sur les soins que tu me donnes, et sur le témoignage que ta mère m'a rendu de ta conduite depuis ma maladie. Quelle consolation j'emporterai au tombeau, s'il faut que je meure, en laissant à mon épouse chérie un fils tel que toi! Tu seras, à ma place, l'ami de ton frère et le protecteur de ta sœur. Ton amour, ton obéissance, ton exactitude à remplir tes devoirs, tout ce qui m'a rendu le plus heureux des pères, me sert de consolation et d'espérance pour le temps où je ne serai plus. Conserve toujours la paix avec Édouard. Il commençait à se rendre digne de toute ma tendresse; il méritera la tienne. Tu as une mère vertueuse; suis ses conseils, et tu seras heureux. Tu ne manqueras jamais d'encouragemens pour le bien, si tu choisis la société des honnêtes gens. Je me fie aux sentimens de ton cœur, pour te conduire dans le chemin de l'honneur et de la vertu. D'ailleurs, mon fils, il te reste encore un père dans le Ciel qui ne t'abandonnera jamais, tant que tu resteras fidèle à son service. S'il veut m'appeler à lui, supporte notre séparation avec constance. Je ne te précède que de quelques pas. Attache-toi sans cesse à ton Créateur; remplis tes devoirs envers tes semblables; et tu attendras sans crainte ce dernier moment qui doit nous réunir pour toujours. Mais la faiblesse où je suis m'empêche de poursuivre. Elle me présage peut-être ma fin. Quoi qu'il en arrive, mon fils, soumets-toi sans murmure à l'Être - Suprême, qui dispose à son gré de la vie et de la mort.

Charles se leva. Son cœur semblait être déchiré. Il tomba sur un fauteuil, et joignit ses mains sans pouvoir proférer une parole.

Le médecin, qui, depuis six jours, ne s'est guère éloigné de la maison, entra dans ce moment avec M. Bartlet. Il trouva son malade beaucoup mieux, et nous donna des espérances. Le bon M. Bartlet, transporté de joie, courut aussitôt prendre Charles par la main, et lui conseilla d'aller goûter quelque repos, d'autant que, depuis trois nuits entières, il n'avait pas seulement quitté ses habits. Mais mon ami le pria de l'excuser : non, monsieur, lui dit-il, je ne saurais dormir, tandis que mon papa est dans les souffrances. Je sommeille auprès de son lit lorsqu'il repose; et c'est assez pour moi. Un père ne saurait avoir de meilleure garde que son fils. Qui doit l'aimer autant que moi? et qui peut lui avoir autant d'obligation? C'est à mon bras de le servir, c'est à mes yeux de veiller sur ses besoins. C'est moi qui dois le consoler et ranimer ses forces par mes secours. Il faut que je réchauffe ses mains dans les miennes, lorsqu'elles se refroidissent. C'est mon devoir, enfin, de sacrifier mes jours pour conserver sa vie.

Le médecin l'assura que pour le moment il n'y avait aucun danger; qu'il pouvait aller reposer pendant deux ou trois heures, et qu'on le ferait appeler aussitôt que sa présence deviendrait nécessaire; mais toutes ces instances furent inutiles. Charles persista toujours à dire que le peu d'instant où il lui serait peut-être permis de servir encore son papa, étaient trop précieux pour en faire un mauvais usage, et qu'il ne s'éloignerait point tant qu'une vie aussi chère serait dans le moindre danger.

Quel digne fils, ma chère maman! Et qu'est-ce qu'Édouard en comparaison? Il se livre à la tristesse, et abandonne le lit de son père. Qu'est-ce que la tendre Émilie? Elle pleure, elle soupire, et ne fait que désoler davantage sa maman. Tous les trois montrent une grande tendresse pour l'auteur de leurs jours : mais la sensibilité de Charles ne se borne point à de vaines larmes ; elle est mêlée de force, de courage et de raison. Oh! que le Ciel daigne leur rendre ce bon père, et me conserver aussi toujours ma chère maman !

LETTRE LVII.

Guillaume D*** à sa mère.

Le 22 décembre.

RÉJOUISSEZ-VOUS avec nous, ma chère maman, M. Grandisson est absolument hors de péril : il commence même à se lever. Je ne vous ai pas écrit depuis quelques jours, dans l'espérance de vous donner de meilleures nouvelles. Je puis enfin goûter ce plaisir. Les plaintes et les larmes sont maintenant changées en transports de joie. Que de grâces nous devons au Ciel d'avoir rendu ce bon père à ses enfans! C'est une bénédiction de la Providence, que les honnêtes gens jouissent d'une longue vie, puisqu'ils servent à répandre le bonheur sur tout ce qui les entoure. Hélas! que serait-il arrivé, si nous avions eu le malheur de perdre M. Grandisson? Voici le temps de mon départ qui approche ; mais aurais-je pu abandonner mon ami à sa profonde tristesse ? Oh! non, je le sens, cet effort m'aurait été impossible. Je me serais mis à la place de Charles. N'est-ce pas lorsqu'on a du chagrin que l'on doit le plus désirer d'avoir auprès de soi son ami? et ne lui devient-on pas plus cher dans la peine? Oh! cela est bien vrai, du moins pour moi, ma chère maman. Oui, je peux le dire, je crois que j'aimais plus tendrement que jamais mon ami Charles, dans le temps où il était si triste. J'aurais voulu être de moitié dans ses peines pour le consoler ; j'aurais voulu partager ses larmes, pour qu'il en eût moins à répandre. Je vous aurais suppliée, ma chère maman, de me laisser ici quelque temps de plus; mais les choses ont tourné plus heureusement, Dieu merci ; et je n'aurai rien qui trouble le plaisir de vous embrasser, vous et ma petite sœur, après un an d'absence. Que cette année a été longue et courte à la fois! Elle me paraissait éternelle lorsque je songeais au plaisir de vous aller rejoindre; et puis, quand je pensais à tout ce qu'il me fallait faire pour que vous fussiez plus contente de moi, je m'effrayais de sa brièveté. Comment peut-on se plaindre de la longueur du temps, en considérant avec quelle vitesse il s'écoule! Il n'est si lent que pour ceux qui ne savent pas en faire usage. C'est bien autre chose dans cette maison de bénédiction. Des occupations utiles, des exercices salutaires et d'innocens plaisirs, tout cela fait paraître une journée bien courte. J'ai appris de Charles à donner une destination marquée à toutes les heures ; et sous votre bon plaisir, ma chère maman, je continuerai d'en faire de même auprès de vous. Je ne serai plus triste, comme je l'étais autrefois, de me trouver seul dans mes heures de recréation. Je saurai bien me les rendre agréables en faisant avec vous quelque lecture intéressante, en écoutant vos sages leçons, et surtout en vous entretenant sans cesse de mon amour, du désir que j'aurai de vous plaire, et de mes projets pour vous rendre heureuse. Adieu, ma chère maman. Je fais déjà mon bonheur de cette douce espérance, en attendant le moment de la réaliser.

LETTRE LVIII.

Guillaume D***, à sa mère.

Le 28 décembre.

JEUDI prochain, ma chère maman, est le jour marqué pour mon départ. Ainsi, cette lettre sera la dernière que vous recevrez de moi. Je croyais me trouver encore ici pour célébrer la fête d'Émilie qui arrive dans huit jours; mais comme un ami de la maison part, après-demain, pour la Hollande, M. et madame Grandisson veulent que je profite de cette occasion pour faire mon voyage avec plus d'agrément et de sûreté.

Mais comment se fait-il donc, ma chère maman, que je sois si triste? Il semble que je m'éloigne de cette maison avec regret, lorsque je ne la quitte que pour retourner auprès de vous, qui m'êtes plus chère que tout le reste de la terre. J'aime M. et madame Grandisson comme mes tendres bienfaiteurs : j'aime mon ami Charles autant que moi-même; mais vous, je vous aime comme ma mère, c'est-à-dire au-dessus de tout. Je ne sais ce qui se passe au fond de mon cœur. Je brûle de partir, et je voudrais rester. Lorsque je suis avec Charles, je ne fais que verser des larmes. Je lui prends la main, je la serre dans les miennes, je la presse contre mon cœur, et je m'écrie : O mon cher ami! si je pouvais être toujours avec toi! Alors ses yeux se remplissent de pleurs, et il cherche à me consoler, en me disant qu'il viendra bientôt me faire une visite, et qu'en attendant, nous nous écrirons l'un à l'autre. Ces douces promesses calment pour un instant ma douleur; mais bientôt elle se réveille avec plus de force. Il est certain que c'est à moi que notre séparation doit le plus coûter. O ma chère maman, j'étais lié si étroitement avec Charles! Nos exercices, nos études et nos plaisirs, tout était commun entre nous; tout réunissait nos pensées et nos sentimens. Et il faut rompre des nœuds si doux! il faut se séparer peut-être pour toujours! Je ne puis y songer sans frémir. Mais je l'entends qui monte dans ma chambre. Permettez-moi de quitter un moment la plume pour le recevoir.

Une heure après.

Savez-vous, ma chère maman, pourquoi l'aimable Charles est monté auprès de moi? Je vais vous le dire. Il est entré d'un air riant, il a fait comme s'il était bien joyeux : mais il m'a semblé qu'il avait encore des larmes mal essuyées à sa paupière. Tu écris, Guillaume? m'a-t-il dit; je reviendrai; je serais fâché te t'interrompre. Oh! ne t'en va pas, mon ami, ai-je répondu : je puis reprendre ma lettre quand nous aurons passé quelques momens ensemble. Hélas! j'ai si peu de temps encore à jouir de ce plaisir. Nous avons fait plusieurs tours dans la chambre, sans pouvoir nous parler. Enfin, il m'a pris tout-à-coup la main, et il m'a demandé si je serais toujours son ami, si je lui écrirais souvent, et si je serais bien aise qu'il vînt nous faire une visite en Hollande. Vous jugez bien ce que j'ai répondu à ces tendres questions. Alors il m'a sauté au cou; et me pressant étroitement dans ses bras : Sois toujours heureux, m'a-t-il dit, et Chéris ton ami Charles. Tu ne trouveras jamais personne qui t'aime autant que moi. Continue à présent ta lettre, et ne descends que lorsque tu l'auras achevée. J'ai voulu lui répondre. Il ne m'en a pas donné le temps, et il s'est retiré avec une précipitation qui m'a surpris. Mais combien mon étonnement a redoublé, lorsque j'ai aperçu sur la table une bonbonnière montée en or, avec son portrait! Il lui ressemble si parfaitement, que j'en ai été saisi. Je vais descendre tout de suite pour le remercier. Mais, hélas! qui sait si je le reverrai encore? Je me souviens qu'en sortant, il a tiré son mouchoir pour essuyer ses yeux. O ciel!

si je ne devais plus le voir avant de partir! Je ne puis être un moment dans cette incertitude. Il faut que je descende pour m'emparer de lui. Je veux le tenir serré si étroitement sur mon cœur, qu'il ne puisse m'échapper.

Une heure après.

Hélas! je ne l'avais que trop bien deviné, ma chère maman; c'était le dernier embrassement que je devais recevoir de mon ami Charles. Je suis descendu dans le salon. J'y ai trouvé M. et madame Grandisson, Édouard et Émilie; mais Charles n'y était pas. Je suis devenu pâle et tremblant, et je ne pouvais avancer. Madame Grandisson s'en est aperçu; elle est venue à moi, m'a fait asseoir auprès d'elle, et m'a demandé comment je trouvais le portrait de son fils. Je lui ai baisé la main sans lui répondre. Elle m'a fait encore la même question. Je lui ai dit, d'une voix étouffée, que je le trouvais d'une grande ressemblance, et que c'était le plus doux présent que je puisse recevoir. Ainsi donc, a-t-elle repris, tu emmènes Charles avec toi dans ta patrie? J'espère qu'il pourra servir à te consoler. O mon aimable bienfaitrice, lui ai-je répondu, ce Charles que j'emmène ne parlera pas! et il m'est échappé un torrent de larmes. Je suis touchée, m'a-t-elle dit, des sentimens que tu montres pour mon fils. Je sens ce qu'il en doit coûter à ton cœur de le quitter; mais sois tranquille; tu le reverras en Hollande plus tôt que tu ne penses; et lorsqu'il aura passé quelque temps auprès de toi, je prierai ta mère de le laisser revenir ici avec lui. Votre union est trop belle pour n'être pas cultivée; et je suis charmée que mon fils ait fait choix d'un si bon ami. Cet arrangement doit te satisfaire, m'a dit M. Grandisson en me prenant par la main; pourquoi ne sert-il qu'à augmenter ta douleur? Un jeune homme aussi raisonnable que toi doit savoir se soumettre sans murmurer aux lois de la nécessité. Tiens, voici un billet de mon fils. Il a voulu te faire voir, par son exemple, que l'on peut exprimer ses sentimens dans une lettre aussi bien que par des paroles. J'ai pris le billet d'une main tremblante. Est-ce que je ne verrai plus mon ami! me suis-je écrié. Il vient de partir tout à l'heure, m'a répondu M. Grandisson, pour aller passer quelques jours chez son oncle Campley. Il craignait que la vue de ton départ ne vous causât trop d'affliction à l'un et à l'autre. A ces mots terribles, j'ai été frappé comme d'un coup de foudre. Édouard, Émilie, M. et madame Grandissont ont employé à l'envi les consolations les plus tendres pour adoucir ma tristesse; mais je n'en étais que plus affligé. M. Grandisson, pour me distraire de ma peine, s'est fait apporter une cassette. Il l'a ouverte. Mon cher Guillaume, m'a-t-il dit, j'ai vu avec plaisir que tu étais fort attaché à l'étude des mathématiques; voici quelques instrumens qui pourront te servir à les cultiver. Cette science, en occupant ton esprit, adoucira le regret d'une séparation momentanée d'avec ton ami, jusqu'à ce qu'il puisse aller te rejoindre, et se fortifier avec toi dans les mêmes études. Combien j'ai été touché de tant de bonté, ma chère maman! J'ai trouvé dans la cassette non-seulement un assortiment complet d'instrumens de grand prix, mais encore une collection des meilleurs livres sur la géométrie élémentaire, et sur les principes de l'astronomie. Que je vais étudier pour vous plaire! Oh! si je pouvais avoir Charles avec moi! ma mère et mon ami, l'un près de l'autre! les voir à la fois! les caresser tour-à-tour! Oh! je le sens, ce serait être trop heureux sur la terre.

Aussitôt que j'ai pu me retirer, j'ai couru lire la lettre de Charles. Je vous en envoie une copie. Je garde celle qui est de son écriture, pour la lire, la relire sans cesse dans mon voyage, pour avoir du moins, à chaque instant que je m'éloignerai de lui, de quoi me pénétrer davantage de son amitié.

Adieu, adieu, ma chère maman. Me pardonnerez-vous d'être si triste, lorsque je ne pars que pour aller presser dans mes bras une mère que j'aime tant? Oh! oui, vous me pardonnerez, j'en suis sûr. Vous, maman, vous, dont le cœur est sensible, vous vous mettrez sans peine à la place de votre fils, dans la situation touchante où il se trouve. Ne plus voir M. et madame Grandisson, qui ont eu des bontés si excessives pour moi! ne plus entendre la douce voix d'Émilie, cette aimable compagne de mes travaux et de mes plaisirs! Quitter Edouard au moment où je le voyais mériter de plus en plus l'amour de ses tendres parens! M'être déjà arraché des bras de mon ami Charles, qui remplit la moitié de mon cœur, à qui je dois tout ce qui pourra me rendre moins indigne de votre tendresse! Oh! combien il faudra que je vous aime pour me consoler de tant de pertes cruelles!

Cette lettre doit partir avant moi; mais je serai déjà sur la route lorsqu'elle parviendra dans vos mains. Ainsi, à chaque mot, à chaque ligne que vous en lirez, je me rapprocherai de plus en plus de vous. Ah! si je pouvais arriver à la fin pour achever de vous peindre moi-même tout ce qu'elle ne peut vous exprimer! Adieu pour la dernière fois, ma chère maman; avant huit jours je serai dans vos bras, je recevrai vos caresses et celles de ma petite sœur. Je vous dirai à l'une et à l'autre, et vous le sentirez encore mieux à mes transports, que je ne veux respirer que pour vous aimer, pour consacrer à votre bonheur tous mes sentimens, toutes mes pensées et tous les instans de ma vie.

Copie de la lettre de Charles Grandisson à Guillaume D***.

Tu seras peut-être étonné, mon cher Guillaume, de ce que je n'ai pas profité jusqu'au dernier instant du peu de temps que nous avions encore à passer ensemble; mais si tu savais quelle triste idée je me suis faite du moment de notre séparation, tu ne serais plus surpris du parti que je viens de prendre avec l'agrément de mon papa. Soutenir à la fois ma douleur et celle de mon ami, l'effort eût été trop déchirant pour mon cœur, et, j'ose le croire, aussi pour le tien. J'aurais eu encore à partager les regrets de toutes les personnes de la maison, qui ne te verront partir qu'avec des larmes. Depuis quelques jours tu as dû remarquer une tristesse générale aux approches de ton départ. Tu en étais toi-même attendri; et je ne savais plus te consoler. Notre absence était, en quelque sorte, commencée, puisque c'était la seule pensée de notre séparation qui nous occupait. C'est pourquoi j'ai prié mon papa de me permettre de partir brusquement pour aller passer quelques jours chez mon oncle. Ne vas pas croire cependant que cette résolution ne m'ait coûté aucun effort! Si tu savais quelle violence il a fallu me faire pour la suivre! Mais pourquoi nous entretenir de nos chagrins, quand nous pouvons saisir quelque sujet de consolation? Mon papa doit t'avoir déjà dit qu'il me permettrait, l'année prochaine, d'aller passer quelque temps avec toi, pour te ramener ensuite auprès de nous. D'ici à ce temps nous pourrons nous écrire toutes les semaines, et répandre ainsi dans le cœur de l'un et de l'autre les tendres sentimens dont nous sommes animés. Qui nous empêche de donner à cette correspondance le même temps que nous donnions à nos entretiens? De cette manière nous nous imaginerons encore être ensemble; et, crois-moi, cette illusion a bien aussi ses charmes. J'ai souvent éprouvé que, lorsque nous avions été séparés pendant quelques heures, il me semblait que je t'aimais davantage, et que j'allais avoir plus de plaisir à te voir et à t'entendre que je n'en avais jamais goûté. Il est vrai que rien n'altérait cette douceur, parce que la jouissance en était prochaine; mais si nous devons être plus long-temps cette fois sans nous réunir, au moins ne sommes-nous pas séparés pour toujours, ni même pour un intervalle de temps considérable. Pense au malheur de ceux qui sont obligés de quitter un bon ami et de tendres parens pour aller errer en des contrées inconnues, où ils ne peuvent espérer d'apprendre de leurs nouvelles. Grâce au ciel, notre séparation ne sera pas aussi fâcheuse. Si tu me quittes, c'est pour voler dans les bras d'une mère qui t'aime, et d'une sœur que tu chéris; tu as la consolation de savoir que je reste avec des personnes qui me parleront sans cesse de toi; tu emportes dans ton cœur mon estime et mon amitié, et tu es bien sûr d'avoir laissé les mêmes sentimens dans le mien.

Adieu donc, mon cher Guillaume; aime-moi toujours. Rappelle de temps en temps mon nom dans tes entretiens avec ta petite sœur et ta maman. Faites ensemble quelques amitiés à certain portrait que je te prie d'agréer. Je l'ai chargé de les recevoir pour moi, jusqu'à ce que je puisse vous les aller rendre moi-même.

Adieu encore une fois; je t'embrasse avec tous les sentimens de la plus tendre amitié, et suis à toi pour la vie.

CHARLES GRANDISSON.

~~~~~~~~~~~~~~~~~~~~~~~~~~~~~~~~~~

Le jeune Guillaume D*** partit au jour marqué pour la Hollande. Ce ne fut pas sans verser bien des larmes qu'il se sépara de M. et de madame Grandisson, d'Édouard et d'Émilie. Il les chargea tous ensemble des caresses les plus tendres pour son ami.

Son voyage fut heureux. Il fut reçu de sa mère avec des transports inexprimables de joie et d'amour. Pour sa jeune sœur, elle fut long-temps comme une petite folle du plaisir qu'elle ressentait de revoir son frère auprès d'elle.

Il s'établit entre Charles et Guillaume une correspondance charmante, qui servit non-seulement à entretenir leur tendre amitié, mais encore à cultiver leur esprit, et à leur donner une manière d'écrire aisée et naturelle.

Charles n'alla point en Hollande, comme il l'avait promis à son ami, parce que dès l'année suivante, il eut le plaisir de le voir revenir en Angleterre avec sa mère, qui, étant Anglaise de naissance, prit le parti de retourner dans sa patrie pour y fixer son séjour.

Peu de temps après le départ de Guillaume, Charles fut installé auprès des jeunes princes. Il sut se rendre digne de leur estime et de leur amitié, ainsi que de la bienveillance de tous les gens de la cour.

Au bout de quelques années, il épousa une demoiselle d'une grande naissance, et d'une fortune considérable. Quoique les charmes de sa personne la rendissent extrêmement intéressante, elle l'était encore plus par ses qualités naturelles et par ses talens. Charles trouva bientôt, dans cette union, le bonheur le plus parfait qu'un cœur tendre et généreux puisse goûter en ce monde.

Édouard, encouragé par l'exemple de son frère, se comporta d'une manière très-louable, et s'avança rapidement dans le service, en signalant dans plusieurs circonstances une prudence et une intrépidité à toute épreuve.

La douce et sensible Émilie, ornée de toutes les grâces qui parent une jeune demoiselle, fut recherchée en mariage par une foule de jeunes seigneurs; mais ni le rang, ni la richesse, ni les agrémens de la figure, ne furent capables de la séduire; elle désirait pour époux un jeune homme d'une conduite sage, et distingué par des sentimens nobles et par de belles qualités. Elle eût le bonheur de le trouver dans l'ami de son frère; ce fut Guillaume D*** qui parvint à gagner son cœur, et qui, par son intelligence, son application et sa droiture, réussit à se procurer un poste assez brillant pour remplir son ambition, et rendre son épouse parfaitement heureuse.

Sa jeune sœur n'est pas encore mariée; mais elle

vit dans la plus douce liaison avec Émilie, qui emploie tous ses soins à lui chercher un parti digne d'elle.

Puisse l'exemple de cette aimable jeunesse exciter une généreuse émulation dans mes jeunes lecteurs, et leur inspirer l'amour de l'honneur et de la vertu, en leur persuadant que ce sont les seuls biens qui peuvent fonder le bonheur sur la terre !

FIN DU PETIT GRANDISSON.

LYDIE DE GERSIN

ou

HISTOIRE

D'UNE JEUNE ANGLAISE DE HUIT ANS;

POUR SERVIR A L'INSTRUCTION ET A L'AMUSEMENT DES JEUNES FRANÇAISES DU MÊME AGE.

LIDYE DE GERSIN.

CHAPITRE PREMIER.

La petite Lydie était un jour assise dans un coin du salon, et s'amusait à lire des historiettes pour les enfans, lorsqu'elle vit entrer sa mère, qui était sortie depuis une heure pour des affaires. La petite fille courut vers sa maman avec des transports de joie, et lui dit que sa tante était venue la voir, et qu'elle lui avait fait présent de quelques livres fort jolis.

O ma chère maman! s'écria-t-elle, il s'agit dans ces livres de petits garçons et de petites filles de mon âge. On y voit tout ce qu'ils ont fait, et s'ils ont été sages ou méchans. Oh! que je voudrais bien avoir d'autres livres comme ceux-là!

Mme DE GERSIN.

Tu aimerais donc beaucoup à lire des histoires sur de jeunes demoiselles bien élevées?

LYDIE.

Oui, maman; et toi?

Mme DE GERSIN.

Et moi aussi, sans doute. Lire leurs aventures, c'est comme si on les voyait agir; et je pense qu'il n'est rien de plus agréable que de voir de braves enfans, jaloux de remplir leurs devoirs, et qui savent ensuite s'amuser sans être bruyans ou importuns dans leurs plaisirs.

LYDIE.

Oh! comme je m'amuserais à lire de ces jolies histoires!

Mme DE GERSIN.

Et serais-tu bien aise d'en avoir une écrite sur toi-même? Penses-tu qu'elle serait jolie?

LYDIE.

J'ai bien peur de n'être pas assez sage pour cela.

Mme DE GERSIN.

Je pense, en effet, qu'il y aurait par-ci par-là des traits qui ne seraient pas à ton avantage, comme, par exemple, d'avoir un peu de gourmandise, d'impatience, d'entêtement, d'étourderie, d'être quelquefois brusque et pleine d'humeur envers ton petit frère Paulin, lorsqu'il veut toucher à quelqu'un de tes joujoux.

LYDIE.

Il est vrai, maman; mais quelquefois aussi je suis bonne. Il me semble que je voudrais bien l'être toujours, et j'ai du chagrin lorsque je ne le suis pas. Je ne sais comment cela se fait; mais je pense que je ne suis pas quelquefois maîtresse de n'être pas méchante.

Mme DE GERSIN.

N'imagine pas cela, je te prie, ma chère enfant; tu pourras certainement t'en empêcher lorsque tu le voudras. Je vais te dire ce qui se passe en toi. Tu suis toujours ta fantaisie du moment, au lieu d'être constamment décidée à ne faire que ce qui est bien. Par exemple, tu te mets quelquefois à l'étude avec l'intention de bien apprendre ta leçon ; tant que cette intention se soutient, les choses vont à merveille ; mais s'il t'arrive de rencontrer quelque légère difficulté qui t'embarrasse, alors tes belles intentions s'évanouissent, tu jettes ton livre de côté, et tu te plains d'être fatiguée. Une autre fois, tu entres dans la chambre d'un air joyeux, on te prendrait pour la plus aimable petite personne du monde ; lorsque tu viens à t'apercevoir que quelqu'un a pris ta place, ou que tu ne peux avoir dans le moment ce que tu voudrais, là-dessus ta figure s'allonge, tu prends un air triste, et je t'entends murmurer entre tes dents. Je suis fâchée, Lydie, que tu t'abandonnes à d'aussi mauvaises habitudes.

LYDIE.

Et que dois-je donc faire, maman ?

Mme DE GERSIN.

Je vais te le dire : il faut d'abord désirer de tout ton cœur d'être bonne, et je me flatte que c'est là ta disposition : ensuite, au lieu de ne songer qu'à faire ce qui te vient dans la fantaisie, tu dois prendre la ferme résolution de ne rien faire de ce que tu crois être mal, ou que je t'aie défendu.

LYDIE.

Et penses-tu, maman, que, par ce moyen, je puisse parvenir à être toujours bonne ?

Mme DE GERSIN.

Sûrement, ma chère fille, car il ne tient qu'à toi d'éviter de faire de vilaines choses. Par exemple, à déjeûner, je vois souvent dans tes yeux l'impatience que tu as de recevoir ta tasse et ta rôtie. Si tu réfléchissais alors un seul moment combien cette impatience tient à la gourmandise, penses-tu que tu ne pourrais pas t'empêcher de demander à être servie avant les autres, et de trépigner de dépit de ce que je te fais attendre?

LYDIE.

Oui, maman, tu as raison; cela ne dépendrait que de moi.

Mme DE GERSIN.

Oui, sans doute, ma fille, et il en est de même dans toutes les autres occasions. Lorsque tu ne te sens pas disposée à apprendre tes leçons, ou à faire ton ouvrage, tu n'as qu'à penser un peu combien il est nécessaire que tu sois instruite de tout ce que doit savoir une jeune demoiselle, et combien l'oisiveté est blâmable. Avec le secours de cette réflexion, tu seras en état de continuer à travailler de ton mieux, sans pousser de vaines plaintes.

LYDIE.

Mais, maman, tu dois en convenir, je ne suis guère indocile pour ma lecture.

Mme DE GERSIN.

Il est vrai; mais c'est parce que la lecture t'intéresse. Or, je voudrais que tu remplisses chacun de tes devoirs par la seule pensée que tu es obligée de t'en acquitter. Alors tu ferais les choses où tu ne trouves pas beaucoup de plaisir, aussi bien que celles qui t'amusent. Surtout je désirerais ardemment de te voir mieux disposée à obliger tout le monde, plus attentive à veiller sur ton humeur, et à mettre une douce égalité dans ton caractère.

LYDIE.

Mais je suis souvent contrariée dans ce que je voudrais; et alors n'est-il pas tout naturel que j'en aie du dépit?

Mme DE GERSIN.

Non, ma fille, il est plus naturel encore de prendre patience, en se persuadant bien que les choses ne peuvent toujours aller au gré de nos caprices. Lorsque ton frère Paulin entre dans le salon, et qu'il prend ton livre ou ta poupée, je crois que tu aimerais mieux qu'il n'y touchât pas. Mais faut-il pour cela faire un grand bruit, lui dire des injures, courir après lui, et arracher tes joujoux de ses mains, Ne vaudrait-il pas mieux lui dire avec douceur: Mon cher Paulin, rends-moi, je te prie, mon livre ou ma poupée? Et s'il ne te les rendait pas tout de suite, comme ce n'est qu'un petit enfant, ne faudrait-il pas attendre un peu qu'il les quittât de lui-même, quoique tu eusses peut-être désiré de les avoir sur-le-champ? Je puis t'assurer que cela te coûterait beaucoup moins de peine que de te mettre en colère, de grogner, de frapper du pied, et de te rendre importune à tous ceux qui sont autour de toi; ne le penses-tu pas aussi?

LYDIE.

Oui, maman, je commence à le croire. Je ne suis point heureuse quand j'ai de l'humeur et que je te vois fâchée. Je veux essayer sérieusement de me corriger.

En disant ces mots, Lydie jeta ses bras autour du cou de sa mère, qui l'embrassa avec une vive tendresse, et lui dit : Je suis contente de ta résolution, et j'imagine un moyen pour la soutenir.

LYDIE.

Oh! voyons, voyons, je te prie.

Mme. DE GERSIN.

Nous écrirons ensemble chaque soir une petite relation de ce que tu auras fait dans la journée. Le lendemain, lorsque nous serons tous réunis dans le salon pour le déjeûner, je la lirai tout haut; et je pense que tu seras bien plus satisfaite de ma lecture lorsque tu auras été bonne enfant, que lorsque tu auras été méchante.

LYDIE.

Oh! ma chère maman, si je n'ai pas été sage la veille, je ne me soucierai guère de voir mon histoire récitée devant tout le monde.

Mme DE GERSIN.

Ce sera un petit désagrément, je l'avoue; mais il ne tiendra qu'à toi de l'éviter par une bonne conduite. Souviens-toi bien que je commencerai ton histoire dès demain au soir.

CHAPITRE II.

L'HEUREUX ESSAI.

Le lendemain, Lydie, en se réveillant se rappela la conversation qu'elle avait eue la veille avec sa mère, et elle résolut de se bien comporter pendant toute la journée. En conséquence, elle se hâta de se lever aussitôt que sa bonne fut entrée dans sa chambre. Elle se laissa tranquillement habiller, et remercia poliment Justine de ses soins. Après avoir fait sa prière avec beaucoup d'attention, elle descendit dans le salon, embrassa tendrement son papa, sa maman, ses frères et ses sœurs, et s'assit au bout de la table pour déjeûner. Elle attendit, sans impatience, que sa mère eût servi tout le monde; elle ne se jeta point sur les rôties, comme à l'ordinaire, pour choisir la plus grande; elle mangea de fort bonne grâce, sans trop remplir sa bouche et sans faire de malpropreté.

Après le déjeûner, elle suivit sa mère dans son appartement. On lui avait fait cadeau d'une fort jolie encoignure pour y serrer son ouvrage et ses livres; elle en tira un volume, alla s'asseoir dans un coin, et se mit à lire d'un ton aisé et naturel, s'arrêtant à la fin de chaque phrase avant de commencer la suivante, et donnant la plus grande attention à sa lecture, afin d'en saisir tous le sens.

Elle s'occupa ensuite de sa leçon de grammaire; elle y trouva des difficultés qui étaient prêtes à la rebuter et la mettre de mauvaise humeur; mais elle se souvint aussitôt que sa mère devait écrire l'histoire de sa journée. Cette réflexion lui rendit son courage; elle redoubla d'ardeur, et vint à bout d'apprendre un verbe entier qu'elle récita sans faute à sa maman.

Pour se délasser de son application, elle prit un canevas où elle s'exerçait à broder des fleurs. Elle y travailla pendant une heure, jusqu'à ce que sa mère lui permît d'aller se récréer dans le jardin. Son frère Charles s'y amusait à cultiver un petit coin de terre qu'on lui avait donné; elle lui offrit ses services, et elle eut même le bonheur de lui donner de fort bons conseils.

A dîner, elle se conduisit aussi bien que pendant le déjeûner. Dans l'après-midi, elle pria sa mère de lui permettre de jouer avec ses cartons de géographie. Elle venait d'ajuster ensemble tous les états de l'Europe, et se préparait à dire à sa maman le nom des villes capitales de chaque pays, lorsque son petit frère entra étourdiment dans la chambre, et jeta son chapeau sur la table, brouilla tous les royaumes et toutes les républiques. Lydie était sur le point de s'emporter; mais la crainte de ce que sa mère aurait pu écrire sur ce chapitre vint s'offrir à son esprit.

Elle se contenta de prendre doucement le chapeau de Paulin, et de lui dire : Je te prie, mon frère, de n'y plus revenir; regarde tout le désordre que tu as causé, il faut que je recommence. Mais le petit garçon, qui trouvait quelque chose de divertissant à voir ces cartons voltiger, ne les eut pas vu plutôt remis en place, qu'il jeta de nouveau son chapeau sur la table. Trois fois la sœur eut la patience de rétablir l'ordre dans la géographie de l'Europe, et trois fois le frère eut la malice de le troubler. Lydie enfin, sans se fâcher, ramassa les cartons et les remit dans leur boîte, en disant à sa mère : Paulin est aujourd'hui si brouillon, que je ferai mieux de suspendre mes amusemens jusqu'à ce qu'il s'en soit allé. Non, ma chère fille, lui répondit sa mère, il ne te dérangera plus; j'ai voulu voir jusqu'à quel point tu porterais la modération, et je suis contente de cette épreuve. Elle prit alors le petit garçon par la main, et lui dit d'un ton sévère, que, s'il s'avisait encore de troubler sa sœur, elle le mettrait hors de la chambre; et en même temps elle lui donna des estampes pour s'amuser.

Lydie ne se démentit point de toute la journée. Il vint du monde; elle n'importuna personne, ni par son babil, ni par des jeux bruyans. Elle s'amusa très-innocemment avec sa poupée jusqu'à l'heure du souper; et, lorsqu'elle se retira pour aller se mettre au lit, elle eut le plaisir de recevoir mille caresses de ses parens.

CHAPITRE III.

LA RECHUTE.

Le lendemain, Lydie, à déjeûner, entendit avec beaucoup de joie le compte que sa maman rendit publiquement de sa conduite de la veille. Il en fut de même les jours suivans. On n'avait à lui reprocher ni gourmandise, ni paresse, ni mauvaise humeur; et sa maman commençait à concevoir l'espérance de la voir bientôt se corriger de tous ses défauts. Je suis cependant obligé de vous dire que cette bonne espérance ne fut pas long-temps soutenue.

Lydie avait une leçon un peu difficile. Ce qu'elle ne pouvait comprendre la première fois lui serait devenu plus intelligible à la seconde étude; mais le courage vint à lui manquer, et il lui échappa des murmures. Ma fille, lui dit sa maman, je crains bien que ceci ne figure pas trop bien dans notre histoire; et, prenant le livre, elle voulut lui expliquer ce qui l'embarrassait. Mais Lydie détourna la tête et se mit à trépigner. Alors madame de Gersin posa le livre sur la table, et sans dire un seul mot, elle sortit de la chambre. Elle resta quelque temps dehors; et, lorsqu'elle rentra, elle vit sa fille tristement assise dans un coin. Lydie n'osait lever les yeux sur sa mère, ni lui adresser la parole. L'idée de la faute qu'elle venait de commettre après la bonne conduite qu'elle avait tenue pendant une semaine presque entière, et l'honneur qu'elle s'était fait dans tous les esprits ; cette idée, dis-je, l'accablait de douleur. Elle aurait donné tout au monde pour que la dernière demi-heure qu'elle venait de passer pût revenir ; mais, hélas ! tous ses regrets étaient vains.

Après un long intervalle de silence, sa mère lui dit : A quoi penses-tu donc, Lydie ?

LYDIE.

Ah ! ma chère maman, je pense à la honte que j'aurai demain, lorsque vous lirez l'histoire de ma vilaine conduite de tout à l'heure.

Mme DE GERSIN.

Je t'avoue, ma fille, que je n'aurai guère moins de confusion que toi. Après t'avoir vu goûter la satisfaction que tu devais avoir de toi-même, je m'étais flattée que tu ne retomberais plus dans tes fautes.

LYDIE.

Ah ! maman, il n'y a pas une heure que je m'en croyais bien loin.

Mme DE GERSIN.

J'espère que la honte que tu auras d'entendre le récit de ta folie, t'en préservera pour l'avenir. Ce qu'il te reste de mieux à faire, c'est de tâcher de réparer ta faute en recommençant ta leçon. Je suis encore prête à te l'expliquer.

Lydie suivit le conseil de sa mère, et profita de ses offres grâcieuses. Elle se comporta très-bien le reste de la journée ; mais elle ne fut pas aussi gaie dans ses jeux qu'elle l'avait été les jours précédens; car le repentir de sa faute et la crainte de l'humiliation qui l'attendait le lendemain, tourmentaient cruellement son esprit.

CHAPITRE IV.

L'AVEU GÉNÉREUX.

Le déjeûner du jour suivant ne fut pas, comme on l'imagine, bien agréable pour Lydie. Cependant, après avoir fait l'histoire de sa faute, madame de Gersin ajouta qu'elle en avait témoigné de la honte et du repentir; que d'ailleurs elle avait fort bien appris sa leçon. Ensuite elle l'embrassa, et dit qu'elle pouvait repondre pour elle qu'elle ne se mettrait plus dans le cas d'avoir à rougir.

Lydie commença sa journée avec la résolution de ne donner contre elle aucun sujet de plainte. Mais elle n'avait pas ce contentement intérieur dont son cœur était plein avant sa rechute. Dans le cours des trois ou quatre semaines suivantes, elle fut plusieurs fois sur le point de retomber dans ses premiers défauts. Cependant elle eut la force de se retenir; et souvent, lorsqu'elle était tout près de se livrer à l'oisiveté, ou de répondre avec aigreur, on la voyait rentrer tout-à-coup en elle-même, courir se jeter dans le sein de sa mère, et lui dire les larmes aux yeux : Embrasse-moi, ma chère maman, pour m'empêcher de devenir coupable.

Un jour cependant qu'elle était dans le jardin avec son petit frère, il se saisit d'un bouquet qu'elle venait de cueillir dans l'intention de le présenter à sa maman, et se mit à fuir de toutes ses jambes. Lydie courut à lui pour ravoir son bouquet; mais le petit garçon ne voulant pas le lui rendre, elle se mit en colère, et dans un premier mouvement, elle empoigna les fleurs que son frère tenait par la tige, et les mit toutes en pièces. Le petit Paulin, ébranlé par la secousse, alla tomber rudement à quelques pas, en poussant de grands cris. Lydie aimait tendrement son petit frère : sa colère fut aussitôt oubliée; elle courut le relever, et lui demanda pardon. De tendres caresses et une autre fleur qu'elle lui donna, les remirent fort bien ensemble. Personne n'avait été témoin de cette querelle; et Lydie même ne s'en souvint qu'au moment où elle était prête à se mettre au lit.

Quoiqu'elle ne fût pas absolument exempte de défauts, Lydie était pleine de sentimens d'honneur, et ne pouvait supporter la pensée de tromper personne. Comment laisser dire à sa maman qu'elle avait été sans reproche toute la journée, lorsqu'elle savait si bien le contraire! Cette réflexion l'occupa durant la nuit; et le lendemain au matin, aussitôt qu'elle fut habillée, elle résolut d'aller dire à sa mère ce qui lui était arrivé. Comme elle passait devant une croisée du corridor, elle vit entrer dans la cour une dame qui venait déjeûner à la maison. Ce fut une cruelle mortification pour elle. Cependant elle continua sa marche et se rendit dans la chambre de sa maman, à qui elle annonça la visite de sa respectable amie. Elle aurait bien voulu lui confier tout de suite le secret qui pesait sur son cœur; mais elle ne savait comment elle devait commencer. Sa mère, lui voyant un air d'embarras, lui dit : Qu'as-tu donc, ma fille? Tu penses apparemment à ce que j'ai à dire ce matin sur ton compte. Va, ne sois pas alarmée; je n'ai qu'une faute légère à te reprocher, et madame de Sercy sera charmée d'apprendre la satisfaction que j'ai de ta conduite. Oh! maman, s'écria Lydie, je ne puis vous tromper, ni recevoir des louanges que je ne mérite pas. Elle lui fit alors le récit de tout ce qui s'était passé la veille dans le jardin.

J'aurai bien de la honte, ajouta-t-elle, de vous entendre rendre compte de mon emportement, mais je serais plus honteuse encore de recevoir vos éloges et vos caresses, tandis que je penserais que, si vous aviez su tout ce que je savais, vous m'auriez traitée d'une manière bien différente. Sa maman la prit entre ses bras dans un transport d'affection, et lui dit : Que le Ciel continue de répandre sur toi sa bénédiction, ma chère enfant, et qu'il te conserve cette candeur et cette sincérité qui lui sont si agréables! Embrasse-moi, ma chère Lydie; je dirai ta faute; mais le libre aveu que tu viens de m'en faire, te fera plus d'honneur que si tu n'avais pas été coupable. Il n'est rien que je ne doive espérer de toi avec des sentimens si nobles. Allons, viens, descendons.

Quelques jours après cette scène touchante, madame de Gersin reçut une lettre qui lui annonçait l'arrivée de plusieurs personnes de sa connaissance, que sa fille n'avait jamais vues, et qui devaient passer quelques jours au château.

Le jour où elles devaient arriver, Lydie alla trouver sa maman qui se promenait dans le jardin, et après avoir un peu balancé, elle lui dit qu'elle avait à lui demander une grâce; c'était de ne pas lire son histoire à déjeûner pendant tout le temps que la compagnie resterait auprès d'elles.

Mme DE GERSIN.

Et pourquoi donc, ma fille?

LYDIE.

S'il m'arrivait d'être méchante, je ne voudrais pas l'entendre dire devant des étrangers; j'aurais trop à rougir.

Mme DE GERSIN.

Voilà une raison de plus pour être attentive à ta conduite. Ce serait une folie de négliger un moyen si propre à te corriger de tes défauts.

LYDIE.

Mais, maman, les aller publier devant tout le monde!

M.me DE GERSIN.

Tu ne fais jamais de mal sans être observée par des yeux que tu ne peux tromper.

LYDIE.

Oui, maman! je sais que Dieu les a toujours ouverts sur moi.

M.me DE GERSIN.

Eh bien! ce témoin seul n'est-il pas plus redoutable que tout l'univers ensemble?

Elles furent interrompues en cet endroit par l'arrivée de leurs nouveaux hôtes. Les paroles de madame de Gersin avaient fait une profonde impression sur l'esprit de Lydie; et depuis ce moment elle veilla sur elle avec plus de soin. Pendant les quinze jours que la compagnie passa au château, elle n'eut point sujet d'avoir à craindre la lecture de son journal, où il ne paraissait tout au plus que des fautes légères. Il lui arriva cependant peu après une petite aventure qui mérite un chapitre particulier.

CHAPITRE V.

LES FRAISES ET LES ESTAMPES.

LYDIE était allée passer l'après-midi chez une de ses amies dans le voisinage; elle rentra par la porte du jardin, et, comme il faisait encore un reste de jour, il lui vint dans l'idée de cueillir un panier de fraises avec ses plus jeunes sœurs. Le panier fut bientôt rempli; et la petite bande joyeuse se rendit en triomphe dans le salon. Lydie présenta le panier à sa mère, et lui demanda si elle pourrait manger les fraises à son souper, avec ses sœurs et son frère Paulin. Madame de Gersin y consentit avec plaisir. Elle s'offrit même de lui aider à les éplucher. Lorsqu'elles furent prêtes et qu'il ne manqua plus que du sucre, Lydie courut à la sonnette pour en demander; mais tandis qu'elle portait la main au cordon, la porte s'ouvrit, et un domestique entra tenant une assiette pleine de tartines de confitures qu'on avait préparées pour le souper des enfans.

Je suis bien fâchée, dit madame de Gersin, que l'on vous ait fait ces tartines; mais puisque les voilà faites, vous ne voudrez pas sans doute les laisser perdre. Les fraises peuvent très-bien se garder pendant vingt-quatre heures; et vous les mangerez demain au soir à votre souper.

Cet arrêt ayant été prononcé d'un ton ferme, les enfans virent bien qu'il fallait s'y soumettre sans murmurer. Il n'y eut que Lydie qui, après avoir donné l'idée de ce régal, ne put supporter le chagrin d'en être privée. Elle se retira d'un air boudeur dans un coin de la chambre. Ce fut en vain que son petit frère et ses sœurs l'appelèrent pour venir souper avec eux, elle répondit qu'elle ne voulait rien manger.

Comment donc, ma fille, lui dit sa maman, n'aurais-tu pas mangé des fraises si on les avait servies? Voilà des confitures à la place ; il me semble que tu n'es pas fort à plaindre.

Lydie sentait bien en elle-même qu'il valait mieux obéir à sa maman que de s'obstiner à bouder. Elle prit cependant ce dernier parti, et répondit qu'elle n'avait plus de faim.

Puisque tu as perdu si vite l'envie de souper, reprit madame de Gersin, il faut croire que tu es malade ; et, dans ce cas, je te conseille d'aller tout de suite te mettre au lit.

Lydie pouvait encore revenir de son entêtement ; mais une mauvaise honte l'en empêcha : elle sortit brusquement sans embrasser ses sœurs ni sa mère, ce qui ne lui était jamais arrivé.

Avant de se coucher, il fallait aller prendre sa coiffe de nuit dans un cabinet de toilette qu'on lui avait donné. Lydie, en y entrant, fut surprise de voir de tous côtés un grand nombre de jolies estampes, dont les bordures dorées rayonnaient dans tout leur éclat sur le papier fond bleu qui formait la tenture. Elle resta quelques momens dans une extase muette, les yeux fixes et la bouche ouverte. Son humeur s'était dissipée dans cet intervalle, et son cœur n'était plus ouvert qu'à des sentimens de joie. Elle descendit précipitamment dans le salon pour savoir qui lui avait fait ce cadeau. C'est moi, Lydie, lui répondit froidement sa mère ; tu avais souvent désiré avoir des estampes dans ton cabinet, et comme j'avais été fort contente de toi ces derniers jours, je me suis empressée de remplir tes vœux; j'ai profité, cette après-midi, de ton absence, pour décorer ton petit appartement, dans la vue de te causer une surprise agréable lorsque tu irais te coucher.

Partagée entre la honte et la reconnaissance, Lydie ne savait auquel de ces sentimens elle devait obéir. Enfin, elle jeta ses bras autour du cou de sa mère, et répandit sur son sein un torrent de larmes. O ma chère maman! lui dit-elle, aussitôt que ses sanglots lui permirent de s'exprimer, quoi! j'ai pu me rendre digne de ta colère dans l'instant même où tu venais de t'occuper de mes plaisirs! je ne puis me le pardonner à moi-même. Comment espérer que tu me le pardonnes?

Tu ne m'as point donné de colère, Lydie, lui répondit madame de Gersin; tu ne m'as inspiré que de la pitié. Je savais combien tu allais souffrir de ta faute. Calme-toi, ma chère fille, et sois bien persuadée qu'il te serait difficile de choisir, pour m'offenser, un moment où je ne serais pas occupée de ton bonheur.

LYDIE.

Oh! maman, combien tu me fais détester ma mauvaise conduite!

Mme DE GERSIN.

C'en est assez, ma chère fille; tes larmes t'ont épuisée, tu dois avoir besoin de souper.

Lydie ne fut pas insensible à ce nouveau trait de bonté de sa maman, qui la rappelait si doucement à son devoir. Elle fut se mettre à table auprès de son frère Paulin, et prit une tartine de confitures qu'on lui avait réservée. Elle se mit à manger sans regretter ses fraises; mais son cœur était encore si si plein, qu'elle avait de la peine à avaler ses morceaux.

La scène qu'elle venait d'avoir l'avait trop vivement émue pour lui permettre de fermer l'œil pendant les premières heures de la nuit. Elle les passa à chercher les moyens de réparer ses torts envers sa mère en se corrigeant de ses défauts. La vue des estampes qu'elle s'empressa d'aller examiner à son réveil, renouvella dans son cœur cette bonne résolution. Elle sentit plus vivement que jamais la nécessité de se vaincre elle-même et d'y employer toutes ses forces. Ses efforts eurent un succès très-heureux. Après avoir peu à peu déraciné quelques mauvaises habitudes qu'elle avait contractées, on la vit bientôt acquérir chaque jour de nouvelles qualités et de nouveaux talens. La docilité qu'elle avait pour les instructions de sa mère, et l'ardeur qu'elle apportait à ses travaux, lui firent faire des progrès rapides dans l'étude, tandis que sa douceur et l'égalité de son caractère la faisaient chérir de tous ceux qui la voyaient. Chacun s'empressait de lui témoigner son amitié par mille petits services; et il n'y avait point de jeune demoiselle dans la contrée dont on désirât plus vivement le bonheur.

CHAPITRE VI.

LA BIENFAISANCE ENCOURAGÉE.

Un ou deux mois après que madame de Gersin eut entrepris d'écrire le journal de la conduite de sa fille, Lydie était à jouer avec quelques-unes de ses compagnes devant la porte du jardin. Son papa lui avait fait présent d'une petite corbeille de cerises cueillies dans sa serre chaude; et les jeunes demoiselles s'amusaient à les lier, en forme de bouquet, à des baguettes, ainsi que le pratiquent les fruitières pour les premières cerises qu'elles portent au marché.

Au milieu de ces amusemens, elles virent passer une petite fille assez proprement habillée, qui conduisait par la main son frère âgé d'environ trois à quatre ans. La petite fille s'arrêta pour regarder le fruit nouveau dont il n'avait pas encore paru dans le pays. Cette curiosité n'avait certainement rien d'offensant; cependant l'une des jeunes demoiselles, dont l'orgueil était excessif, lui demanda d'une voix insolente ce qu'elle voulait, et lui dit de passer son chemin, sans avoir l'impertinence de les regarder. La petite fille voulut aussitôt s'éloigner sans répondre; mais son frère, à qui la vue des cerises avait fait venir l'eau à la bouche, se mit à crier en pleurant :

J'en veux manger; ce qui lui attira à son tour une rebufade de la part de la jeune demoiselle, qui l'appela petit singe, et se mit en devoir de le chasser. La petite fille le prit alors dans ses bras et l'emporta.

Lydie était indignée de la dureté de sa compagne. Comment as-tu pu, lui dit-elle, traiter si cruellement ces petits malheureux ? Pourquoi n'aimeraient-ils pas les cerises aussi bien que nous, surtout dans un temps où elles sont si rares ? Elle courut aussitôt après les enfans, et mit dans la main du petit garçon le bouquet de cerises qu'elle venait de lier. Tiens, lui dit-elle, mon petit ami; lorsque tu auras fini de jouer avec elles, tu pourra les manger; mais il faudra en donner à ta sœur. Oh! oui, répondit-il, toujours à ma sœur la moitié. Tiens, tiens, regarde, Louison.

Mais il faudrait dire : Je vous remercie, mamselle, dit Louison, en faisant une jolie révérence. Merci, mamselle, répéta le petit garçon avec un joyeux sourir.

Lydie se trouva fort contente d'elle-même en s'en retournant, et ne put s'empêcher de penser que sa maman l'aurait approuvée si elle l'avait vue; mais elle était trop modeste pour aller lui dire ce qu'elle avait fait; et quoique rien ne lui causât autant de plaisir que les louanges de sa mère, elle savait qu'une bonne action perd tout son prix lorsqu'on la fait en vue de quelque récompense. Cependant ce trait ne demeura pas ignoré : sa bonne, qui se promenait alors dans le jardin avec un enfant sur ses bras, avait vu tout ce qui s'était passé ; elle fut si enchantée de la conduite de Lydie, qu'elle courut en rendre compte à sa maîtresse. Madame de Gersin n'en dit pas un mot à sa fille de toute la journée ; mais imaginez quelle fut la surprise de Lydie, lorsque, le lendemain à déjeûner, elle entendit toute l'histoire dans le journal de sa maman ! Il serait difficile de peindre le plaisir qu'elle ressentit en recevant des éloges aussi doux que ceux dont elle fut comblée. Sa mère lui demanda si elle savait comment s'appelaient les parens de la petite fille, et où ils demeuraient. Non, maman, répondit Lydie, tout ce que je sais, c'est qu'elle s'appelle Louison. Ses habits sont assez propres ; mais je ne la crois pas riche, et les doigts de pied de son frère passaient à travers ses souliers. Si tu veux me le permettre, maman, je lui donnerai le fourreau que je viens de quitter. Je pense aussi que les souliers rouges qui sont devenus trop courts pour Paulin iraient à merveille au petit garçon. Fort bien, repartit sa maman, je veux te donner le plaisir de faire ces cadeaux. Tu peux les demander de ma part à ta bonne ; et puis, j'ai dans mon armoire un coupon de grosse toile ; j'en taillerai un tablier que tu feras pour la petite fille.

Lydie n'oublia point la permission qu'elle avait obtenue ; elle courut aussitôt chercher le fourreau et les souliers dont elle fit un paquet. Ce n'est pas tout ; aussitôt que sa maman lui eut taillé le tablier, elle se mit à le coudre avec autant d'adresse que de propreté. La jeune Duparc vint la voir tandis qu'elle y était occupée, et ne put s'empêcher de lui témoigner la surprise où elle était de la voir travailler à un ouvrage si grossier. J'admire, lui dit-elle, comment ta mère te laisse user tes jolis doigts sur cette toile dure. C'est un travail qui convient mieux à ta femme de chambre qu'à toi. Voilà une jolie occupation pour une jeune demoiselle, de faire des tabliers à des petites paysannes.

Lorsque mademoiselle Duparc se fut retirée, Lydie fit part à sa mère des discours de son amie. Je suis bien fâchée, répondit madame de Gersin, que l'on s'avise de t'inspirer de pareilles idées. Est-ce qu'il serait au-dessous de toi de te rendre utile à tes semblables? Tes jolis petits doigts, pour me servir de son expression, ne t'ont pas été donnés en vain; et quoique mademoiselle Duparc ne fasse usage des siens que pour pincer les cordes de sa harpe, je pense qu'on peut les employer encore mieux à des ouvrages utiles.

LYDIE.

J'aime bien aussi à m'en occuper maman.

Mme DE GERSIN.

C'est un de tes devoirs, ma chère fille; mais surtout ne crois jamais qu'il soit messéant de travailler pour les pauvres et de leur rendre tous les services qui sont en ton pouvoir. Les petites filles n'ont pas beaucoup d'argent, leurs habits ne leur appartiennent pas; l'unique chose dont elles puissent disposer, c'est leur temps. Si elles consacrent quelques heures de leur récréation à travailler pour leurs pauvres voisins, elles nourrissent et fortifient en elles-mêmes des sentimens propres à les honorer, et font le seul acte de charité, peut-être qui soit à leur portée. Tu n'avais pas de tablier à donner à la petite fille, c'est pourquoi je te fais travailler à celui-ci, afin que tu puisses avoir le plaisir de faire un cadeau qui vienne proprement de toi. J'espère que, dans tout le reste de ta vie, tu regarderas comme l'un des plus grands plaisirs, celui de faire de bonnes œuvres. Mademoiselle Duparc serait, je crois, bien honteuse de ce qu'elle t'a dit, si elle était mieux instruite de ce que la religion et l'humanité nous prescrivent à ce sujet.

LYDIE.

Sa maman ne la laisse pas manquer d'argent; et je pense qu'elle en sait faire des charités.

Mme DE GERSIN.

Je ne la crois pas non plus d'un mauvais naturel; mais elle n'a pas un grand mérite de donner quelque chose de son argent, lorsqu'elle en reçoit de sa mère pour ses moindres fantaisies. Elle montrerait un bien meilleur esprit de charité, si elle portait de moins beaux habits, ou si elle donnait moins de temps à ses plaisirs, afin de se rendre plus secourable aux pauvres. La charité, ma fille, veut dire l'amour de notre prochain ; et nous sommes bien plus sûres que cet amour est sincère, lorsqu'il nous porte à nous priver d'une chose qui nous serait agréable, en faveur des autres, ou à prendre quelque peine pour les obliger.

LYDIE.

Eh bien! maman, au lieu d'aller jouer cette après-midi dans le jardin, je finirai mon tablier. Mais à présent je suis très-fatiguée, et je vais prendre un peu l'air.

Mme DE GERSIN.

Oui, ma chère Lydie, j'allais t'y engager.

CHAPITRE VII.

LA GUIRLANDE.

LYDIE eut beau faire exactement le guet, il se passa quelques jours avant qu'elle pût revoir la petite fille et le petit garçon. Un jour cependant, comme elle était assise auprès de la fenêtre, elle les vit venir: elle descendit aussitôt avec légèreté, et les joignit au moment où ils passaient devant la porte. Dans sa précipitation, elle avait oublié de prendre les cadeaux qu'elle leur destinait; elle les pria de vouloir bien attendre une minute, courut à sa chambre, et revint bientôt avec le tablier, les souliers et le fourreau qu'elle leur donna. Les enfans firent éclater la joie la plus vive en recevant ces présens, et surtout le petit garçon, qui ne cessait de s'écrier : O mes jolis souliers! mes jolis souliers!

Lydie le fit asseoir sur un banc, tandis que sa sœur le chaussait. Elle voulut ensuite essayer elle-même le tablier à Louison; et, après les avoir bien caressés l'un et l'autre, elle prit congé d'eux. Elle avait été si occupée de leur parure, qu'elle avait oublié de leur demander le nom de leurs parens, et où ils demeuraient. Il s'était passé plusieurs jours, et Lydie ne se souvenait presque plus de ses petits favoris. Un matin qu'elle s'était levée de bonne heure, et qu'elle se promenait dans le jardin avant le déjeûner, elle aperçut quelque mouvement auprès de la porte : elle courut de ce côté pour voir ce que c'était; elle reconnut bientôt Louison et son petit frère : ils tenaient à la main une guirlande faite des plus jolies fleurs, avec des nœuds de ruban. Qu'avez-vous là, mes bons amis, leur dit Lydie, et qu'en voulez-vous faire? C'est un petit présent, répondit Louison, que je vous prie, mamselle, de vouloir bien accepter. Aujourd'hui, c'est le premier dimanche de mai, la fête des fleurs. Ma Mère et moi, nous nous sommes levées de bonne heure pour vous faire cette guirlande, dans la pensée qu'elle pourrait vous faire plaisir.

Lydie, transportée de joie, remercia tendrement Louison, et courut dans la chambre de sa maman pour lui montrer sa guirlande. Elle est fort jolie, lui dit madame de Gersin; et la mère de la petite fille nous montre bien de l'attention et de la reconnaissance : mais tu devrais faire quelques dons à ces enfans; car, quoique je pense bien que ce n'étaient pas les vues de leur mère en nous envoyant la guirlande, c'est un usage établi dans ce jour. Va leur porter cet écu de six francs.

Lydie courait de toute sa vitesse; mais il était trop tard : Louison avait reçu ordre de sa mère de ne pas s'arrêter, de peur d'avoir l'air d'attendre quelque chose. Il lui avait été prescrit de ne pas prendre d'argent, malgré les offres les plus pressantes, mais de le refuser poliment, et de dire que sa mère serait fâchée contre elle si elle en recevait.

Dans le transport de sa joie, Lydie avait encore oublié de demander à Louison le nom et la demeure de ses parens. Mais madame de Gersin fut si touchée de l'attention délicate de la mère de la petite fille, qu'elle fit faire des perquisitions pour la découvrir. Elle apprit qu'elle se nommait Dutemps, que c'était une femme très-honnête et très-industrieuse, qui tenait une petite école, et travaillait à des ouvrages de couture.

Lydie, après avoir montré sa guirlande à tous les gens de la maison, l'avait suspendue dans sa chambre; et, lorsqu'elle avait un moment de loisir, elle courait l'admirer et jouer avec elle.

Le lendemain, à son réveil, elle ne manqua pas de l'aller visiter. Mais elle vit avec chagrin que toute sa beauté s'était évanouie. Les tulipes avaient la tête abattue, les autres fleurs étaient flétries, et toutes leurs couleurs fanées. Lydie porta tristement la guirlande à sa mère, pour lui montrer combien elle était changée. Ma chère enfant, lui dit madame de Gersin, avais-tu oublié que toutes les fleurs sont sujettes à se flétrir? Elles tirent leur nourriture de la terre; il faut donc bien qu'elles meurent lorsqu'elles en sont séparées.

LYDIE.

Mais comment la terre peut-elle les nourrir, maman?

Mme DE GERSIN.

Comme les sucs de la viande que tu manges te nourrissent, de même la fleur attire le suc de la terre. Ce suc circule dans toutes les parties de la fleur et les alimente. Suivant les différens canaux où il passe, il prend différentes couleurs, quelquefois seulement un beau vert : il est même des fleurs, comme les lis, où il ne prend aucune couleur, et la fleur reste blanche. La terre est appelée la mère des plantes, et les nourrit comme une mère nourrit son enfant. Si la fleur est arrachée de son sein, elle se flétrit, comme ton frère, que je nourris, périrait bientôt, si je cessais de l'allaiter.

LYDIE.

Tu m'as dit, maman, que c'était Dieu qui prenait soin de moi.

Mme DE GERSIN.

Certainement, ma fille; et, sans le secours de Dieu, la terre ne pourrait nourrir ses plantes, ni la mère son enfant. Mais en général Dieu se plaît à soutenir les enfans par le moyen de leurs parens. Et comme les parens se font un devoir d'être les instrumens de la bonté de Dieu envers les enfans, de même les enfans doivent se faire un devoir de respecter et de chérir leurs parens, suivant le commandement qu'ils en ont reçu de Dieu même.

LYDIE.

Aussi, maman, ai-je beaucoup de respect et d'amour pour toi.

Mme DE GERSIN.

Tu sais aussi que je t'aime avec une bien vive tendresse. Je me fais un plaisir de te dire que je fus hier fort contente de toi. Lorsque je t'appelai pour ta leçon, quoique tu fusses occupée à jouer avec la guirlande, tu la quittas tout de suite, et tu vins me trouver. Pour te récompenser de ton obéissance, je veux, cette après-midi, lorsque tu auras rempli tous tes devoirs, te mener chez la mère de Louison, pour lui rendre visite.

Cette partie de plaisir promettait beaucoup de joie à Lydie; mais elle n'en fut que plus attentive à bien apprendre ses leçons.

CHAPITRE VIII.

L'ÉCOLE DE VILLAGE.

Le temps fut aussi beau dans l'après-midi qu'on aurait pu le désirer. Madame de Gersin partit avec

Lydie, accompagnée d'un domestique, qui portait
dans ses bras le Petit Paulin. Ils arrivèrent au bout
d'une demi-heure chez madame Dutemps. Ils la
trouvèrent dans une grande salle fort propre, autour de laquelle on voyait assis, sur des bancs ados-
sés à la muraille, une vingtaine d'enfans. Louison
et son frère étaient du nombre. La petite fille était
occupée à marquer des mouchoirs, et le petit garçon
s'amusait à regarder les images de son alphabet.
Tous les enfans se levèrent à l'arrivée de madame
de Gersin; et, comme l'heure de l'école était près
de finir, leur maîtresse allait les congédier; mais
Lydie et sa mère prièrent madame Dutemps de ne
pas les interrompre. On les fit rasseoir. Madame de
Gersin examina les livres des uns et les ouvrages
des autres, et fit une foule de questions à madame
Dutemps, sur sa famille et sur ses élèves, tandis que
Lydie regardait avec amitié Louison, et admirait
son adresse et la propreté de son travail. Pour le
Petit Paulin, il écoutait de toutes ses oreilles un
perroquet perché sur un pupitre, qui répétait B-A,
B-A; C-A, C-A; D-A, D-A, etc., ce qu'il avait
appris en l'entendant répéter aux enfans; et j'a-
vouerai même qu'il y en avait plusieurs d'entre
eux qui ne le savaient pas aussi bien.

Madame de Gersin avait apporté de petits cadeaux
pour madame Dutemps et pour sa famille. Ils furent reçus avec beaucoup de reconnaissance. Les
écoliers s'étant bientôt retirés, madame Dutemps invita ses hôtes à passer dans le jardin, où elle leur

fit servir à goûter. Le repas fut très-joyeux, et madame de Gersin se retira fort satisfaite de sa visite, ainsi que Lydie et Paulin.

CHAPITRE IX.

LE PETIT AGNEAU.

Quelques jours après cette visite, Lydie vit de sa fenêtre la petite Louison, qui tenait sous son bras quelque chose qu'elle paraissait avoir beaucoup de peine à porter. Lorsque la pauvre enfant fut arrivée devant la porte du château, elle s'arrêta et regarda à travers le trou de la serrure, n'osant prendre la liberté de tirer la sonnette. Lydie était déjà descendue, pour savoir ce qu'elle demandait. Quelle fut sa surprise de voir, dans les bras de Louison, un petit agneau âgé tout au plus d'une quinzaine de jours! Il avait été donné à Louison par un fermier dont les enfans allaient à l'école chez sa mère. Louison lui avait mis autour du cou une guirlande de fleurs des champs. Elle venait le présenter à Lydie, et l'obligea, par ses prières, de vouloir bien l'accepter. Au milieu de sa joie, Lydie se souvint fort à propos que sa mère avait eu l'intention de donner quelque chose à Louison pour sa guirlande de fleurs. Elle pria la petite fille d'attendre qu'elle eût été montrer l'agneau à sa maman. Elle revint bientôt avec un écu de six francs qu'elle voulut mettre dans la main de Louison; mais celle-ci ne consentit jamais à le prendre, disant que l'agneau ne lui avait rien coûté, non plus que les fleurs de la guirlande, et que sa mère lui avait absolument défendu de rien recevoir.

Mais au moins, reprit Lydie, tu ne refuseras pas de déjeûner avec moi. Elle la prit aussitôt par la main, la fit asseoir sur un banc, et courut, avec la permission de sa mère, chercher dans l'office un gâteau, et cueillir dans le jardin des fraises et des cerises. Elles mangèrent ensemble de fort bon appétit, et virent arriver avec regret le moment de se séparer. Lydie fit alors à Louison une petite provision de fruits et de friandises pour son frère; et, Louison ayant donné un tendre baiser à l'agneau, prit congé de Lydie, en lui recommandant de bien soigner le petit animal, de lui donner deux ou trois fois par jour du lait chaud, et de le retirer la nuit dans sa chambre.

On croira sans peine que Lydie destina dès ce jour une partie des heures de sa récréation aux soins qu'exigeait son élève. Il était à la vérité d'une tournure charmante; et ses tendres bêlemens auraient fait naître un vif intérêt dans un cœur encore moins sensible que celui de Lydie.

Le plaisir que lui donnait cette innocente créature la conduisait naturellement à penser à la bonne Louison, et à s'entretenir sur son compte avec sa maman. Elle lui faisait observer que Louison, quoiqu'elle fût pauvre et qu'elle ne fût jamais allée dans la bonne compagnie, se conduisait toujours d'une manière décente, et parlait avec beaucoup de douceur et de politesse.

Ma chère enfant, lui répondit madame de Gersin, lorsqu'on a une modeste opinion de soi-même, et que l'on veille avec soin sur toutes ses paroles et toutes ses actions, il arrive rarement que l'on dise ou que l'on fasse quelque chose dont on ait à rougir.

La crainte d'offenser les autres nous rend polis et réservés; et, si nous nous attachons à parler toujours d'une manière obligeante, nous ne serons pas en peine de trouver les expressions. C'est l'étourderie et la vanité qui gâtent nos actions et nos manières; et ces défauts sont insupportables dans un enfant, soit qu'il doive la naissance à des parens riches ou à de pauvres gens. Les enfans ne peuvent se rendre agréables que par la soumission et la douceur, par des manières respectueuses envers tout le monde. Comme ils n'ont point encore de connaissances, et qu'ils ne disent ou qu'ils ne font rien qui puisse mériter l'attention, ils doivent regarder les autres comme au-dessus d'eux, quelle que soit leur naissance, et se croire obligés envers toutes les personnes qui daignent s'occuper de leurs plaisirs ou de leurs besoins. Les amis de notre maison, ainsi que les domestiques, te montrent de la bienveillance, et ne perdront point ce sentiment, tant que tu continueras de te bien comporter envers eux. Mais lorsque les enfans s'avisent de vouloir disputer avec les grandes personnes, de leur parler insolemment, ou de prétendent savoir mieux qu'elles ce qu'il faut faire, ils se rendent aussi ridicules que désagréables. Ce qui te plaît dans Louison, c'est qu'elle semble n'avoir d'autre désir que de se trouver avec toi, de faire ce qui pourra te donner du plaisir, et de te montrer sa reconnaissance. C'est aussi ce qui te fera aimer de tous ceux qui t'environnent, s'ils trouvent en toi les mêmes dispositions.

CHAPITRE X.

LES SACS A OUVRAGE.

Pendant le cours de l'été, une tante de Lydie, qui demeurait dans les environs, fut obligée d'entreprendre un grand voyage. Comme elle ne pouvait emmener avec elle sa fille Henriette, elle pria madame de Gersin de vouloir s'en charger jusqu'à son retour.

Henriette était à peu près de l'âge de Lydie; et, quoique les filles aînées de madame de Gersin eussent pour elle beaucoup de soins et de complaisances, Lydie était sa compagne favorite, et elle se plaisait extrêmement dans sa société.

Un jour, une dame liée d'une étroite amitié avec la famille, vint lui rendre visite, et fit présent à chacune des deux petites demoiselles, d'un sac à ouvrage de satin, enrichi d'une broderie en or. Il y avait dans chaque sac une ménagère, avec des aiguilles et de la soie, un dé d'argent, une paire de ciseaux d'acier fin, et de plus, une belle bande de mousseline, faufilée sur un joli dessin, pour en faire un tour de gorge.

Henriette, quoique d'un excellent caractère, était extrêmement étourdie, et encore plus négligente. Elle avait l'habitude de laisser ses livres, ses joujoux, ses poupées dans tous les coins de la maison ; en sorte qu'elle avait souvent le chagrin de les perdre, ou de ne les retrouver que dans le plus mauvais état. La dame qui venait de lui faire ce présent, ayant appris qu'elle avait un si triste défaut, lui recommanda particulièrement d'avoir bien soin de son sac à ouvrage ; et elle exigea des deux petites amies, que chacune d'elles portât son sac lorsqu'elles iraient la voir.

Pendant les premiers jours, Henriette oublia rarement de remettre toutes ses petites affaires en leur place, et d'en prendre soin. Un matin, elle était allée, avec Lydie, travailler au frais dans un pavillon du jardin. Lydie, lorsqu'elle eut fini son ouvrage, le mit dans son sac, qu'elle passa à son bras. Henriette en fit de même ; mais en sortant du pavillon, elle eut envie d'aller cueillir quelques fleurs pour en faire un bouquet. Comme le sac la gênait dans ses opérations, elle le posa sur une pièce de gazon voisine. Pendant qu'elle arrangeait les fleurs, elle vit le petit agneau de Lydie qui passait sa tête à travers les barreaux d'une palissade, et poussait des bêlemens pour l'appeler. Elle courut à lui, le caressa, lui donna à manger dans sa main, et ne cessa de jouer avec lui qu'en pensant tout-à-coup qu'elle aurait à peine le temps de s'habiller pour le dîner.

Le sac était resté sur le gazon. Henriette ne s'en souvint que dans la soirée, lorsqu'elle voulut reprendre sa broderie. Elle courut aussitôt le chercher : elle le trouva, mais dans l'état le plus déplorable. Il était tout en lambeaux, couvert de sable et de boue. La ménagère et la mousseline étaient déchirées; les ciseaux, le dé et les aiguilles étaient dispersés. Ceux d'entre vous qui ont reçu quelque cadeaux d'une main chérie, et qui l'ont vu détruit par leur négligence, pourront se faire une idée du chagrin que la petite fille ressentit à la vue de ce désastre. Elle resta d'abord stupide d'étonnement. Elle se mit ensuite à examiner toutes les pièces l'une après l'autre; et, lorsqu'elle les vit entièrement délabrées, elle ne put s'empêcher de verser des larmes et de pousser de tristes lamentations. Le jardinier, ayant entendu ses cris, accourut de l'autre bout du jardin pour savoir ce qui lui était arrivé. Elle lui raconta son malheur, et lui demanda qui pouvait lui avoir joué ce vilain tour. Le jardinier répondit que c'était un grand dommage, mais qu'il ne doutait pas que ce ne fut le petit chien, parce qu'il l'avait vu rôder dans les environs.

Henriette ne vit d'autre parti à prendre que de ramasser les morceaux et de les porter tristement à la maison. Ceux même qui blâmaient sa négligence ne purent s'empêcher de lui témoigner de la pitié. Elle trouva surtout des consolations dans l'amitié de la tendre Lydie, qui essuyait ses larmes en pleurant avec elle.

Le lendemain, comme elles s'entretenaient ensemble de cet accident, Henriette dit que son plus grand chagrin était de penser que madame de Salvières, qui lui avait fait ce cadeau, ne manquerait pas de savoir qu'elle en avait eu si peu soin, et qu'elle ne pouvait soutenir l'idée de la voir fâchée contre elle. Mais, ajouta-t-elle, la femme-de-chambre m'a dit qu'elle avait un morceau de satin justement de la même couleur que mon sac, et que sa cousine, qui était marchande de modes, le lui broderait comme l'autre ; qu'elle ferait aussi une ménagère toute pareille, et qu'ainsi je n'aurais qu'à me procurer de la mousseline et à me faire copier un dessin sur le morceau qui m'est resté ; de cette façon, madame de Salvières ne saurait rien de l'accident. Quant à ta maman, elle est sortie, et je recommanderai à tout le monde qu'on ne lui dise pas un mot de cette aventure.

Tu sais quelle est mon amitié pour toi, lui répondit Lydie, et combien je serais fâchée de te voir du chagrin ; mais je ne puis approuver le complot que tu me proposes ; et je suis sûre que tu ne l'approuves pas toi-même au fond de ton cœur. Si tu ne peux à présent soutenir l'idée de voir madame de Salvières, je pense que tu seras bien plus effrayée de la voir, lorsque tu songeras que dans le même instant tu cherches à la tromper. Combien il te serait cruel de t'entendre donner des éloges sur le soin que tu as pris de ton sac à ouvrage, en sentant en toi-même les reproches que tu as à te faire à ce sujet! Quand personne ne découvrirait le mystère, tu serais malheureuse; et, s'il venait à se découvrir, que ferais-tu?

Ah! tu vaux bien mieux que moi, ma cousine, s'écria Henriette, en se jetant dans ses bras; maintenant que tu m'as fais envisager la chose, je sens bien que maman serait indignée contre moi du parti que je voulais prendre. Il n'y en a pas d'autre que d'avouer tout à madame de Salvières; mais combien j'aurai de confusion!

CHAPITRE XI.

LA VISITE.

Quelques jours après cette aventure, toute le famille de madame de Gersin reçut une invitation à dîner de la part de madame de Salvières. Lydie, avant de partir, voulut prendre conseil de sa maman sur la conduite qu'elle devait tenir. Maman, lui dit-elle, il vaudrait mieux, je crois, ne pas emporter mon sac. Cela donnerait trop de mortification à la pauvre Henriette : il semblerait que je voudrais faire voir que j'ai été plus soigneuse qu'elle. Cependant je ne voudrais pas paraître incivile aux yeux de madame de Salvières, qui m'a recommandé d'avoir mon sac quand j'irais chez elle.

Lydie reçut les plus tendres caresses de sa maman pour sa délicatesse et sa générosité. Madame de Salvières, lui dit-elle, qui doit déjà savoir l'histoire de ta pauvre cousine, devinera aisément la raison qui t'aura fait laisser ici ton sac, et elle t'en saura bon gré. Pour Henriette, je ne doute pas aussi qu'elle ne t'en aime plus tendrement, en voyant le sacrifice que tu fais à la crainte de la voir humiliée.

La voiture était déjà prête; et madame de Gersin y monta avec Henriette, Lydie et sa fille aînée.

La pauvre Henriette servit à prouver ce jour-là, par son exemple, combien une simple étourderie peut entièment détruire le bonheur. Elle avait long-temps attendu avec une vive impatience le jour où elle devait être invitée chez madame de Salvières; mais sa malheureuse négligence avait si fort changé ses dispositions, qu'elle redoutait alors cette visite, et qu'elle aurait bien voulu demeurer au château. Elle fut très-sérieuse pendant tout le chemin, quoique Lydie fît tout ce qui lui fût possible pour la distraire, en lui montrant les fleurs qui brillaient sur les buissons, les oiseaux qui voltigeaient sur les branches, et les voitures élégantes qui roulaient sur le chemin.

Madame de Salvière fut charmée de voir arriver sa compagnie, et surtout les deux plus jeunes demoiselles. Elle examina, d'un coup-d'œil, si elles avaient apporté leurs sacs à ouvrage, mais sans leur en parler.

Henriette et Lydie s'étant assises après les premiers complimens, elles aperçurent sur une table, au bout du salon, deux petits berceaux où étaient couchées deux belles poupées. Elles se doutèrent bien que ces présens leur étaient destinés; et cette pensée augmenta la douleur et la confusion d'Henriette. Recevoir un second cadeau, lorsqu'elle avait eu si peu de soin du premier, cela blessait sa délicatesse. Quelques instans après, madame de Salvières demanda à Lydie si elle avait brodé son tour-de-gorge.

Oui, madame, répondit Lydie.

Et pourquoi donc, mon enfant, reprit madame de Salvières, ne l'avoir pas apporté pour me le faire voir? Je suis sûre qu'il est travaillé avec beaucoup de propreté, et je me serais fait un plaisir d'admirer votre ouvrage. Le vôtre est-il aussi achevé, Henriette?

La pauvre Henriette ne put y tenir plus longtemps, et fondit en larmes. Sa tante eut la bonté d'expliquer à madame de Salvières le sujet de ses pleurs, et de dire combien elle avait eu de regrets de son étourderie. Elle lui dit aussi la délicatesse qu'avait eue Lydie de ne pas faire parade de son sac, qui était resté en très-bon état au château.

Voilà une charmante enfant, s'écria madame de Salvières, et j'ose croire qu'elle sera une excellente gouvernante. Elle se fit aussitôt apporter les deux berceaux. Le premier avait des rideaux de mousseline brodée avec des rubans et des franges roses. Il y avait dedans une poupée habillée en garçon, d'un fourreau de satin rose, avec un ruban vert de pomme à son chapeau, et une ceinture de la même couleur. Le second avait aussi des rideaux de mousseline brodée, avec des rubans et des franges lilas. Il y avait dedans une poupée habillée en fille d'un fourreau de satin lilas, avec un ruban bleu autour de la tête, et une ceinture blanche autour du corps.

Après avoir laissé aux deux jeunes demoiselles le temps de contempler les berceaux, madame de Salvières, s'adressant à Lydie, lui dit : Votre bonne conduite vous donne, je crois, le privilége de choisir la première : prenez celui qui vous plaira davantage. Henriette voudra bien accepter l'autre; et je me flatte qu'elle ne laissera pas rôder le chien à l'entour.

Lydie demanda la permission de céder l'honneur du choix à sa cousine, et la pressa de déclarer son goût; mais Henriette refusa constamment. Ce combat généreux ayant duré quelques minutes, madame de Gersin dit à Lydie qu'il fallait choisir la première, puisqu'elle ne pouvait y décider Henriette.

Lydie désirait surtout qu'Henriette fût contente de son partage; et comme le premier berceau était celui qu'elle aurait préféré, elle imagina qu'il serait aussi beaucoup plus du goût de sa cousine, c'est pourquoi elle retint le second. Henriette prit l'autre avec joie, et promit bien de le garantir avec soin de toute espèce d'accident.

Tout le monde avait été surpris du choix de Lydie, et sa sœur aîné le lui fit sentir. Lydie ne répondit rien ; mais madame de Salvières, qui soupçonnait ses motifs, demanda à Henriette quel était celui des deux berceaux qu'elle trouvait réellement le plus joli. Henriette répondit que c'était celui qu'elle avait eu, qu'elle se doutait bien que Lydie ne le lui avait laissé que pour lui faire plaisir ; mais aussi qu'elle ne l'avait accepté que pour engager Lydie à le prendre.

Vous êtes l'une et l'autre d'aimables enfans, leur dit madame de Salvières, et je vous laisse terminer entre vous ce combat généreux. Malgré sa résistance, Lydie fut obligée de consentir à l'échange qu'Henriette avait projeté. Elles s'amusèrent très-joliment ensemble avec leurs poupées jusqu'au moment de leur départ ; et Lydie eut la douceur de voir, au retour, son amie infiniment plus gaie et plus heureuse qu'elle ne l'avait été le matin.

CHAPITRE XII.

LA CORBEILLE RENVERSÉE.

Un jour que Lydie se promenait dans la campagne avec sa maman, ses sœurs et sa cousine, elle vit une petite fille assise sous une haie, et qui pleurait amèrement. La voix de la douleur n'avait jamais frappé vainement l'oreille de Lydie. Elle courut avec Henriette vers la petite fille, et lui demanda ce qu'elle avait à pleurer.

LA PETITE FILLE.

Oh! ma chère demoiselle, que vais-je devenir? Mes œufs sont presque tous cassés. Et ma mère, que dira-t-elle? Comme elle va se mettre en colère! Je n'oserai jamais retourner à la maison.

LYDIE.

Ne t'afflige pas davantage, ma pauvre petite; je t'assure que ta mère ne se fâchera pas. Ma bonne maman au moins ne se fâcherait pas si elle était à la place de la tienne.

LA PETITE FILLE, *en sanglottant.*

Votre maman, à la bonne heure, mais pour ma mère, elle va me battre. Je devais avoir trente sous de mes œufs, et en acheter du pain.

LYDIE.

Tu n'as pas cassé tes œufs exprès, sans doute; comment cela t'est-il arrivé?

LA PETITE FILLE.

Maman en avait mis trois douzaines dans cette corbeille. Elle les avait entremêlés de paille, et m'avait dit d'aller les vendre à la ville sans m'arrêter. J'ai marché, sans m'arrêter, jusqu'à ce champ. Là, j'ai vu dans la haie des mûres si appétissantes, que j'ai voulu en manger. Je ne faisais tort à personne de les cueillir. J'ai posé ma corbeille à terre pour atteindre à de hautes branches. Pendant ce temps il est venu un gros chien qui a fourré son museau dans ma corbeille, et puis il l'a renversée, et il a cassé presque tous mes œufs. Maintenant je ne puis avoir ni les trente sous que je les aurais vendus, ni le pain que j'en aurais acheté. Ma mère l'attend pour donner à manger à mes petits frères; et je ne sais ce qu'elle me fera lorsqu'elle me verra revenir les mains vides.

Pendant cet entretien, madame de Gersin et ses filles aînées avaient eu le temps de s'approcher et d'entendre le triste récit de la petite fille. Ma pauvre enfant, lui dit madame de Gersin, je suis fâchée du malheur qui t'est arrivé; mais tu vois maintenant ce que c'est que de ne pas suivre exactement les ordres de ses parens. Les enfans croient toujours en savoir autant qu'eux; mais ils s'y trompent toujours, et il leur en arrive quelquefois de grands chagrins. Ta mère t'avait dit d'aller à la ville sans t'arrêter, parce qu'elle savait bien, que si tu t'amusais à jouer ou à penser à autre chose qu'à tes œufs, tu courrais mille fois le risque de les casser. Si tu avais observé ses ordres, il y a toute apparence qu'il ne te serait pas arrivé de malheur. Ta mère aura donc sujet de te faire des reproches, lorsqu'elle saura comment cet accident est arrivé.

LA PETITE FILLE.

Oui, madame, vous avez bien raison; c'est justement ce qui la mettra en colère. Elle m'aurait plutôt pardonné si mes œufs avaient été cassés d'une autre manière. Un petit garçon qui vient de s'en aller, m'a conseillé de dire qu'en voulant passer sous une barrière, je me suis cogné le dos, et que la corbeille m'est échappée des mains. Mais je n'ai jamais dit de mensonge, et je ne voudrais pas commencer aujourd'hui à mentir.

Mme DE GERSIN.

Je vois que ta mère est une brave femme, puisqu'elle t'a donné de si bonnes instructions.

LA PETITE FILLE.

Oh! oui, madame; elle m'a toujours défendu de mentir pour aucun sujet; et, si elle venait à savoir que je l'ai trompée, elle me battrait encore dix fois plus fort.

Mme DE GERSIN.

Sois bien sûre que tu te rendrais malheureuse pour toute la vie en t'accoutumant à mentir. Tu as déjà fait une faute, et tu vois combien elle te donne de chagrin. Ce serait bien pis si tu devenais plus coupable en manquant à la vérité. Quand ta mère ne découvrirait pas la tromperie, elle t'aura appris sans doute que Dieu voit tout ce que tu fais, et que si tu cherches à te tirer d'embarras par le mensonge, tu perds aussitôt sa grâce et sa bénédiction. Puisque tu es une si bonne fille, je te promets que ta mère ne sera pas si en colère que tu le crois. Va porter de ma part au château les œufs qui te restent; voici les trente sous que tu aurais eus de ta corbeille. Tu pourras en acheter du pain; et ta mère n'y aura rien perdu. Je veux que tu m'apportes d'autres œufs quand tu en auras à vendre; je serai bien aise de te voir.

La pauvre petite fille reçut l'argent avec des transports de joie et de reconnaissance. Lorsqu'elle fut partie, madame de Gersin fit observer à sa fille que l'on trouve quelquefois une récompense actuelle dans l'exercice de ses devoirs. Si la petite fille, dit-elle, avait suivi le conseil du petit garçon, et s'était décidée à dire un mensonge à sa mère, elle serait probablement partie tout de suite, et elle aurait été dans un autre champ quand nous sommes venues ici, en sorte que nous n'aurions pas pu la tirer d'embarras. J'espère que la rigueur de sa mère sera adoucie, à la vue du pain que la petite fille va lui apporter; et, lorsque celle-ci aura rendu compte de sa conduite, elle recevra des louanges au lieu des reproches et des coups dont elle aurait été accablée, si son mensonge avait été découvert, comme il l'aurait été infailliblement.

CHAPITRE XIII.

LE JOUR DE NAISSANCE.

Lydie, ainsi que je crois l'avoir déjà dit, avait des frères et des sœurs plus âgés qu'elle. L'un de ses frères, nommé Vincent, semblait être destiné, par son heureux naturel, à faire le bonheur de sa famille. Obligeant envers tout le monde, il avait une affection particulière pour Lydie. Un jour qu'il se promenait avec elle et sa mère dans une petit coin du jardin que Lydie avait obtenu de ses parens pour le cultiver, il y vit une grande quantité de fraises, et il demanda à sa sœur s'il pouvait en goûter quelques-unes. Non, je te prie, mon frère, lui répondit Lydie, n'en cueille pas aujourd'hui ; je les garde pour vous régaler tous demain : c'est mon jour de naissance. Est-il vrai, repartit Vincent ? Eh bien ! maman, continua-t-il, en se tournant vers sa mère, je veux aller aujourd'hui à la pêche pour voir si je ne pourrai pas avoir un plat de poisson pour le dîner. Je vais partir tout de suite. Ne soyez pas en peine, maman, si je ne reviens pas pour dîner. Je vais prendre des provisions dans ma poche ; voulez-vous me le permettre ? Oui, mon fils, répondit madame de Gersin ;

puisque tu veux fournir ton plat, je fournirai le mien. Je vais commander un gâteau.

Vincent alla prendre sa ligne et ses hameçons, et il partit. On ne l'attendit pas à dîner. Mais comme il n'était pas encore de retour assez tard dans la soirée, sa mère commença à prendre de l'inquiétude. Elle allait envoyer un domestique pour le chercher, lorsqu'il arriva, sa ligne à la main, mais sans un seul poisson dans son panier.

Je suis bien fâché, ma chère sœur, lui dit-il, de n'avoir pas de poisson à t'offrir. Mais lorsque tu sauras ce qui vient de m'arriver, j'espère que tu ne m'en voudras pas. Je n'avais rien pêché de la journée. Ce n'est que vers le soir que le poisson a commencé à morde, et j'ai pris deux belles truites. Je m'en revenais fort content de mes succès, lorsqu'après avoir marché environ trois cents pas, j'ai entendu du bruit de l'autre côté de la haie, et j'ai distingué une voix qui disait : Il faudra que tes frères et tes sœurs aillent se mettre au lit sans souper. Les pauvres créatures ! Je ne leur ai donné qu'un morceau de pain dans la matinée ; j'ai peur qu'elles ne meurent de faim.

La haie était si épaisse, que je ne pouvais voir qui parlait, jusqu'à ce que je fusse arrivé à la barrière. Alors, j'ai reconnu ce pauvre petit garçon qui vient quelquefois nous porter du poisson à la cuisine. Sa mère était à son côté. Sa figure était pleine de tristesse. Je lui ai demandé ce qu'elle avait. Elle m'a dit qu'elle était partie le matin de chez elle avec son fils pour aller acheter du poisson et le revendre, qu'elle avait fait des économies depuis bien des jours pour ramasser jusqu'à un écu, et l'employer à ce petit commerce, afin de vivre sur le profit. Elle n'avait pas trouvé de poisson à acheter, et elle s'en retournait à sa chaumière. Comme elle avait un trou dans sa poche, elle avait donné son argent, qui était tout en monnaie, à garder à son fils. Elle avait eu l'imprudence de lui demander en chemin s'il avait bien serré son argent. A ces mots, un homme avait sauté par-dessus la haie, et prenant le petit garçon au collet, lui avait dit : Voyons cet argent, j'en aurai soin pour toi. Aussitôt il s'était mis à fouiller dans ses poches, et lui avait pris tout ce qu'il avait. Hélas! ajoutait la pauvre femme, je n'aurai donc rien à donner à mes enfans. Ce n'est pas pour moi que je me plains, c'est pour eux. Que vont-ils devenir ?

Elle pleurait si amèrement, ajouta Vincent, que j'étais prêt à pleurer comme elle. Je n'avais pas d'argent à lui donner, je n'avais que mon poisson. Je lui ai demandé combien on pourrait le vendre. Oh! mon cher monsieur, m'a-t-elle dit, après l'avoir regardé, voilà deux belles truites! on les vendrait bien quarante sous la pièce.

Et croyez-vous que vous trouveriez à les vendre ce soir, si vous les aviez ?

Oh! oui; je saurais bien où m'en défaire; mais je ne veux pas vous priver de votre poisson.

Quand j'ai vu que les choses ne tenaient plus qu'à cela, je l'ai tant pressée, qu'enfin elle a bien voulu accepter les deux truites; et alors elle est partie à grands pas pour les aller porter à la ville.

La pauvre femme! s'écria madame de Gersin. Elle a dû être bien contente de toi, et je le suis encore plus, mon cher fils. Mais tu avais de l'argent ce matin; qu'en as-tu donc fait?

VINCENT.

Ne me le demandez pas, maman, je vous en prie, c'est un secret à présent.

Mme DE GERSIN.

A la bonne heure. Je suis persuadée que tu n'en as pas fait un mauvais usage. Je rougirais de moi, si une curiosité indiscrète me faisait désirer de savoir ce que tu crois devoir me cacher. Je ne trouve rien de si importun que cette avidité de savoir ce que font les autres, qui devient d'autant plus pressante, qu'ils cherchent avec plus de soin à nous en faire un mystère.

VINCENT.

Non, maman, je n'ai point de secret pour vous. Je désire seulement que personne n'en sache rien, jusqu'à ce que....

Mme DE GERSIN, *l'interrompant.*

C'est est assez, mon cher fils.

LYDIE.

J'ai aussi un secret, maman. Personne au monde ne le connaît que Julie. Ne va pas au moins le dire, ma sœur.

Mme DE GERSIN.

Non, elle ne le dira pas, je t'assure; et, quand

elle viendrait me le découvrir, je ne voudrais pas l'écouter. Je vous ai dit souvent que je respectais les secrets des autres. C'est un devoir pour les gens bien élevés. Je serais bien fâchée que quelqu'un qui m'appartient, ne fût pas capable de garder un secret qu'on lui aurait confié. Mais je m'aperçois que notre longue promenade vous a fatigués, et qu'il est temps d'aller nous reposer dans le salon.

Le lendemain au matin, Vincent se leva de très-bonne heure ; et, ayant pris son violon, il alla jouer ses plus jolis airs à la porte de Lydie, et lui fit compliment sur son jour de naissance. Lydie se leva aussitôt pour aller embrasser sa maman dans son lit. Comme elle était au bout du corridor, le premier objet qui s'offrit à ses yeux, fut son petit agneau, qui avait un ruban rose à son cou, et des grelots qu'il secouait d'un air étonné. Elle eut beau demander à sa maman et à ses sœurs qui lui avait fait cette galanterie, elle n'en put tirer aucune information. Tous les gens de la maison qu'elle questionna n'en savaient pas davantage. Après y avoir un peu rêvé : Oh ! maman, s'écria-t-elle, j'ai deviné : il faut que ce soit Vincent. Vous savez qu'il nous dit hier qu'il avait un secret. C'est lui, c'est lui, j'en suis sûre ! Oh ! le bon frère, combien je l'aime ! Tout le monde, en effet, doit l'aimer, dit madame de Gersin : il est si attentif et si prévenant ! Je voudrais bien le payer de retour, répondit Lydie. Que ne puis-je savoir comment je pourrais lui faire plaisir ! Ce souhait est fort aimable de ta part, repartit madame de Gersin : mais sois tranquille, ton frère est déjà payé par le plaisir qu'il a eu de te faire cette jolie surprise. Crois-moi, la générosité dans les sentimens est sa propre récompense. Si les personnes qui ne s'occupent que d'elles-mêmes, voulaient pendant un mois seulement s'exercer à des actions nobles et bienfaisantes, elles trouveraient un charme si doux dans cette jouissance, que, par intérêt même, elles feraient du bonheur des autres leur propre bonheur.

LYDIE.

Je l'avais déjà senti, maman. Je me réjouis de voir mon petit agneau frétillant de joie, lorsque je le nourris et que je le caresse. Je crois que le plus grand bonheur serait de rendre heureux tout ce qui respire.

Mme DE GERSIN.

Embrasse-moi, ma chère Lydie; conserve toujours ces dispositions et ces sentimens. Quand tu ne les trouverais pas dans les autres, que cela ne t'empêche pas de les cultiver. Au lieu de te faire une excuse des mauvais exemples, pense combien il serait mal à toi, qui t'indignes si souvent aujourd'hui de la bassesse d'un méchant caractère, si tu venais à lui ressembler. Quel honneur au contraire ne te reviendrait-il pas, si les méchans, en voyant ta douceur, ton désintéressement et ton humanité, renonçaient à leurs vices pour se former sur le modèle de tes vertus.

LYDIE.

Lève-toi, maman, je te prie, allons chercher mon frère.

Mme DE GERSIN.

Oui, ma fille, courons l'embrasser. Je suis bien sûre que tous les plaisirs qu'il aurait pu goûter avec son argent, ne valent pas celui que vous allez avoir l'un et l'autre; et plus vous avancerez en âge, plus vous serez sensibles à ces jouissances pures et délicieuses.

CHAPITRE XIV.

LE SECRET DÉVOILÉ.

Ce même jour, tandis que Lydie était occupée à travailler auprès de sa maman, un domestique entra, et dit qu'il y avait à la porte un petit garçon et une petite fille qui demandaient à parler à Lydie. Lydie rougit; et, sa mère lui ayant demandé qui pouvaient être ses enfans, elle répondit avec vivacité : C'est apparemment Louison et son frère. Voulez-vous me permettre de les aller trouver ? Mais je voudrais y aller toute seule. Je vous présenterai Louison avant qu'elle s'en retourne.

Le consentement de madame de Gersin ne fut pas

difficile à obtenir; et Lydie, ayant couru dans sa chambre pour y prendre un petit carton, eut bientôt descendu l'escalier et traversé la cour.

Arrivée à la porte du château, elle vit Louison, qui tenait une jolie petite corbeille de jonc avec des nœuds de ruban aux quatre coins, et des feuilles fraîches par-dessus.

Louison s'empressa de présenter sa corbeille à Lydie, et lui dit que la servante qui était venue lui dire de passer ce matin, lui ayant appris que c'était son jour de naissance, elle s'était mise aussitôt à finir sa corbeille, et qu'elle la priait de l'accepter.

Elle est vraiment fort belle, lui répondit Lydie, et je l'accepte avec plaisir. Elle écarta aussitôt les feuilles qui la couvraient, et vit qu'elle était pleine de petits gâteaux, sur lesquels Louison avait mis quelques rameaux de sorbier avec leurs fruits.

LYDIE.

Et où as-tu pris cela, Louison? C'est beaucoup trop pour moi, et je ne veux pas le prendre.

LOUISON.

Ah! mamselle, vous me feriez bien de la peine de le refuser. C'est ma mère qui a fait les gâteaux; et moi, j'ai cueilli les sorbes et j'ai fait la corbeille.

LYDIE.

C'est toi qui as fait cette jolie corbeille, Louison? Voudrais-tu bien m'apprendre un jour à les faire?

LOUISON.

Ce sera avec grand plaisir, mamselle, si votre maman daigne me le permettre; mais, je vous en prie, prenez d'abord celle-ci, elle vous servira de modèle.

LYDIE.

Je vois qu'il n'y a pas moyen de te refuser : mais sais-tu bien, Louison, pourquoi je t'ai fait prier de passer ici ?

En disant ces mots, Lydie ouvrit son carton, et en tira un chapeau neuf de paille, entouré d'un large ruban vert, avec des rosettes devant et derrière, et des cordons verts pour se nouer sous le cou. Elle fit quitter à Louison celui qu'elle portait, et lui mit le sien à la place. Louison fut enchantée de sa nouvelle parure; mais Lydie n'avait pas moins de plaisir à la parer.

Elle tira ensuite de son carton un joli fourreau d'indienne, dont elle habilla le petit garçon avec plus de plaisir qu'elle n'en avait jamais eu à habiller sa poupée, quoiqu'il ne fût pas, à beaucoup près, aussi tranquille; car il ne faisait que se tordre de tous côtés, pour regarder les fleurs peintes sur son fourreau.

Lorsque cette toilette fut achevée, Lydie prit les enfans par la main, et les conduisit dans la chambre de sa mère.

Maman, s'écria-t-elle en entrant, je vous avais dit que j'avais un secret : le voici. Comment trouvez-vous mes petits amis ?

Mme DE GERSIN.

Fort bien, en vérité. Mais qui leur a donné tout cela? Ce n'est pas toi, sans doute; tu n'avais pas assez d'argent.

LYDIE.

Il est vrai, maman que ma bourse n'y aurait pas suffi sans une grande économie, mais j'en suis pourtant venue à bout. Ne vous souvenez-vous pas que je ne voulus pas, l'autre jour, acheter une corbeille comme mes sœurs? Et voyez maintenant celle que Louison vient de me donner : elle est bien plus jolie que les autres. J'ai eu le chapeau et le ruban du fruit de mes épargnes.

Mme DE GERSIN.

Et le fourreau, comment as-tu pu te le procurer? Voyons, il me semble que j'en reconnais l'étoffe.

LYDIE.

Vraiment oui. C'est ce coupon d'indienne que ma tante m'avait donné pour en faire une robe-de-chambre à ma grande poupée. Ma sœur m'a dit qu'il y en aurait assez pour en faire un fourreau au petit garçon. Elle a eu la bonté de me le tailler; et moi, je me suis chargée de le coudre.

Mme DE GERSIN.

Comment donc! je ne te croyais pas si habile ouvrière. Te voilà bien joyeuse, n'est-ce pas? Eh bien! ma fille, c'est la preuve de ce que je te disais encore ce matin, sur le plaisir qu'il y a de faire de bonnes actions. Je suis sûre que tu n'as jamais eu tant de joie d'un chapeau pour toi-même, ou d'une robe pour ta poupée.

LYDIE.

Oui, maman, il est vrai. Louison et son frère sont

si contens! Qui ne se réjouirait pas de rendre les autres heureux?

Mᵐᵉ DE GERSIN.

Ce n'est pas tout. Il faut qu'ils aillent aussi porter ce plaisir à leur mère. Je les vois déjà dans l'impatience de lui montrer leurs présens. Tu ferais bien de les laisser partir.

Lydie, qui avait appris à obéir aux moindres signes de volonté de sa mère, renouvela ses remercîmens à Louison pour la jolie corbeille qu'elle en avait reçue. Elle la pria, avec la permission de sa maman, de venir bientôt lui apprendre à tresser le jonc pour en faire des corbeilles et des paniers, et lui dit qu'elle pouvait aller rejoindre sa mère.

Louison fit une douzaine de révérences. Le petit garçon tira autant de fois le pied en arrière, en baisant le bout de ses doigts, et ils partirent.

Lydie eu alors le temps de montrer à sa maman la corbeille et les gâteaux, et elle les alla poser sur une encognure, en disant qu'ils serviraient pour leur goûter.

Tous les enfans du voisinage avaient été invités à cette petite fête. Lydie en fit les honneurs avec beaucoup de grâce. Madame de Gersin n'avait rien négligé pour que sa fille régalât abondamment ses amis. Le gâteau, dont elle s'était chargée, fit un excellent effet dans la collation; mais, il faut l'avouer, la corbeille de Louison y joua le plus beau rôle; et c'est elle qui procura le plus de plaisir à

Lydie, en lui rappellant le souvenir d'un acte de bienfaisance.

Au milieu de ce repas joyeux, un domestique vint apporter une petite boîte à l'adresse de Lydie : elle s'empressa de l'ouvrir, et y trouva un service de porcelaine complet pour sa poupée, avec un billet, pour lui apprendre que c'étaient les cadeaux réunis de ses frères et de ses sœurs.

Ce fut une nouvelle scène de joie pour son cœur sensible et reconnaissant : les larmes lui en vinrent aux yeux, mais c'étaient des larmes de tendresse ; et le reste de la soirée se passa en mille petits jeux amusans, où elle eut l'attention de veiller à ce que tout le monde prît sa bonne part du plaisir qu'elle leur procurait.

CHAPITRE XV.

LA GÉNÉROSITÉ ET LA RECONNAISSANCE.

Quelques jours après, Lydie revenait de la promenade avec sa bonne : elle entra, toute baignée de pleurs, dans la chambre de sa maman, et lui dit qu'elle venait de laisser la mère de Louison dans la plus grande désolation.

Mme DE GERSIN.
Et que lui est-il donc arrivé, ma chère fille ?

LYDIE.

Ah! maman, elle doit quatre louis à M. Duru, pour le loyer de sa maison, et parce qu'elle n'a pas aujourd'hui assez d'argent pour le payer, il veut lui faire vendre tout ce qu'elle a, et la mettre sur le pavé. La pauvre femme et ses enfans jetaient des cris si pitoyables, que j'en ai encore le cœur tout saisi.

La pauvre femme disait qu'elle serait donc obligée de se mettre, avec ses enfans, à la charité de la paroisse, qu'elle mourrait de cette humiliation.

Louison se désespérait de voir pleurer sa mère. Pour le petit garçon, il priait en grâce les sergens de lui laisser son lapin. Oh! ma chère maman, il faut secourir cette pauvre madame Dutemps. Si tu as la bonté de parler à M. Duru, je suis persuadée qu'il ne voudra plus la traiter avec tant de rigueur.

Mme DE GERSIN.

Ma chère fille, je connais M. Duru mieux que toi; il ne sera pas possible de l'arrêter dans une affaire où il court après son argent. A l'égard des quatre louis dont madame Dutemps aurait besoin pour s'acquitter, c'est une somme dont je ne puis disposer en ce moment-ci. D'ailleurs tu sais que je dois des secours à d'autres malheureux qui se trouvent aussi dans la peine.

LYDIE.

Oh! si tu avais vu leur désespoir! Eh quoi! je ne pourrai donc rien faire, ni toi non plus, pour la mère de ma pauvre Louison?

LYDIE DE GERSIN.

Mme DE GERSIN.

J'en ai un vif regret, je t'assure. Mais d'où vient que tu me regardes d'un air si pensif? As-tu quelque argent?

LYDIE.

Non, maman, je n'en ai pas. Mais tu sais que tu devais me donner un corset et un jupon de taffetas rose, pour mettre sous mon fourreau de mousseline. Combien est-ce que cela t'aurait coûté?

Mme DE GERSIN.

Environ deux louis.

LYDIE.

Hélas! ce ne serait encore que la moitié.

Mme DE GERSIN.

Que veux-tu dire, ma fille? Est-ce que tu renoncerais à cet habit, qui semblait te faire tant de plaisir?

LYDIE.

Ah! maman, j'en aurais bien davantage à tirer cette pauvre famille d'embarras.

Mme DE GERSIN.

Viens, que je t'embrasse, ma chère Lydie : je veux profiter du noble exemple que tu me donnes. J'avais dessein d'acheter un tapis pour mon cabinet de toilette; je m'en passerai encore cette année. Au moyen du petit sacrifice que nous ferons chacune de notre côté, nous pourrons secourir l'honnête madame Dutemps.

LYDIE.

Ah! maman, que nous allons la rendre joyeuse!

Donne-moi l'argent, que je le lui porte tout de suite ; je ne me sens pas fatiguée de ma promenade.

Mme DE GERSIN.

Je veux y aller avec toi. Va reprendre ton chapeau et tes gants.

Lydie courut aussi vite que l'éclair, et fut bientôt de retour. Elle se mit en marche avec sa mère, dont elle semblait précipiter les pas par son impatience.

Les premiers objets qu'elles aperçurent en arrivant chez madame Dutemps, ce fut ses petits écoliers qu'on avait fait sortir de l'école, et qui, rassemblés devant la porte en divers pelotons, versaient des larmes et poussaient des cris.

Tous les meubles de la maison avaient été déjà tirés de leur place : un homme, d'une physionomie rébarbative, venait de faire jeter les matelas et la paillasse par la fenêtre. Le petit garçon, debout contre la muraille, dans un coin de la cour, avait les yeux fixement attachés sur lui, et disait en sanglottant : Où est-ce que ma mère ira coucher? Et moi donc? M. Duru a tant de beaux lits! Qu'est-ce qu'il fera de celui-ci?

Lydie lui ayant demandé où était sa mère, il fit signe qu'elle était dans le jardin. Comme elle le traversait pour aller la joindre avec sa maman, elles virent un autre homme qui allait renverser un treillage pour l'emporter. Madame de Gersin le pria de vouloir bien suspendre un moment, et continua sa marche Au bout du jardin, elles aperçurent Louison et sa mère sous un berceau qu'elles avaient pris beaucoup de peine à orner de roses et de chèvrefeuille. Elles pleuraient amèrement, croyant y être assises pour la dernière fois de leur vie. Le perroquet était perché sur un arbre voisin, et semblait redoubler leur douleur en répétant sans cesse: Jaco, Jaco, allons, mon ami, de la joie.

En ce moment même, elles virent entrer dans le jardin une jeune fille qui passa brusquement auprès d'elles, et courant avec précipitation vers madame Dutemps qui s'était levée pour venir à leur rencontre, se jeta dans ses bras, et lui dit du ton le plus affectueux : Grâces au ciel, ma cousine, je suis arrivée encore à temps. Aussitôt que j'ai appris ton malheur, j'ai quitté mon service pour venir à ton secours. Voici de quoi payer ta dette et renvoyer ces vilaines gens hors de ta maison.

La pauvre femme la regardait avec surprise et une admiration muette. Elle fondit bientôt en larmes, et lui répondit à travers mille sanglots : Non, ma chère cousine, que Dieu me préserve de recevoir tes offres ! Je puis supporter mes peines ; mais je ne supporterais jamais la pensée de t'avoir ôté le pain de la bouche.

Pourquoi renoncer à une place qui te faisait gagner ta vie ? Et puis cet argent ne te vient pas seulement de tes gages. Je le vois, tu auras vendu tes habits. O ciel! ce n'était donc pas assez d'être malheureuse pour moi, il faut que je sois encore la cause de ton malheur.

Pendant ce discours entre les deux généreuses cousines, madame de Gersin avait eu le temps de s'avancer jusqu'à elles. Au milieu de son agitation, madame Dutemps n'oublia pas de lui rendre ses respects. La jeune fille s'était aussi interrompue pour la saluer, mais elle reprit aussitôt : Va, va, ma cousine ne t'embarrasses pas de ce qui me regarde. Je suis jeune, et je puis gagner mon pain. Après tout ce que tu as fait pour moi, je serais la plus indigne créature de l'univers, si je ne venais à ton secours. Sans toi, je ne vivrais plus maintenant, ou si je respirais encore, je serais dans une maison de charité. Lorsque j'ai eu, l'année dernière, cette fièvre opiniâtre c'est toi qui m'as veillée, c'est toi qui m'as reçue dans ton lit, c'est toi qui as payé les remèdes de ton argent pour m'empêcher de vendre mes hardes; et ces hardes m'appartiendraient encore ! Non, non, elle ne sont plus à moi : c'est à toi qu'elles appartiennent. L'argent que tu as dépensé pour ma maladie aurait payé ton loyer pour deux ans. Tu vas briser mon cœur si tu me refuses. Mais qu'ai-je besoin de perdre le temps en de vaines disputes, lorsque je puis terminer l'affaire moi-même ? En disant ces mots, elle allait courir vers les sergens, lorsque madame de Gersin, la retenant par le bras, lui dit : Je n'ai pas voulu interrompre ce débat généreux, et j'ai attendu pour voir quelle en serait l'issue. Ne soyez plus en peine, ma chère amie, de la dette de votre cousine : nous sommes venues, ma fille et moi, pour l'acquitter; c'est Lydie qui en est chargéc. Daignez, je vous prie, madame Dutemps recevoir de ses mains ces quatre louis : ils avaient une autre destination, je l'avoue ; mais cette jouissance ne nous aurait pas donné sûrement la moitié du plaisir que nous goûtons à vous obliger.

Quant à vous, généreuse fille, quoique votre conduite soit au-dessus de toutes les louanges humaines, je désirerais bien cependant pouvoir vous témoigner combien j'en suis satisfaite.

Il fut impossible à madame de Gersin de continuer, émue, comme elle l'était, des sentimens de joie et de reconnaissance que ces braves gens faisaient éclater. Pour les distraire de leur attendrissement, elle n'eut d'autre moyen que de les ramener vers la maison pour empêcher que l'on ne continuât d'en enlever les meubles.

Lorsque la dette fut acquittée et les sergens congédiés, madame Dutemps fut en état de converser plus tranquillement avec ses bienfaitrices. Au milieu des transports de sa joie, elle exprima tendrement à sa cousine combien elle était fâchée de la voir exposée au péril de perdre sa place.

La jeune fille lui répondit qu'elle n'avait pas eu un moment de repos depuis qu'elle apprit de l'une de ses amies, qui était venue la voir, que le propriétaire de la maison de madame Dutemps était impitoyable envers elle, et qu'il la menaçait chaque jour de lui faire vendre ses meubles pour le loyer. Elle était aussitôt allée vers sa maîtresse, et lui avait dit qu'une de ses parentes à la campagne avait un pressant besoin de ses secours : elle lui avait en même temps demandé son congé.

Ton congé! s'écria douloureusement madame Dutemps.

Il le fallait bien, ma cousine, reprit la jeune fille ; dans une maison où mes services étaient si multipliés, en m'absentant pour deux jours seulement, je devais m'attendre à voir ma place occupée à mon retour par une autre. Et puis comment oser y reparaître après m'être défaite de mes habits.

Il faut aller tout de suite les racheter, lui dit madame de Gersin ; je me chargerai volontiers de ce qu'il vous faudra de plus, ainsi que de tous les frais de voyage. Quant à une place, n'en soyez point en peine : la bonne de mes enfans va bientôt se marier et quitter la maison : je vous retiens d'avance pour lui succéder. Je serai charmée de voir mes enfans sous la conduite d'une personne qui vient de montrer des sentimens si généreux.

Madame Dutemps et la jeune fille ne furent pas maîtresses à ces paroles de retenir les transports de leur joie ; elles se précipitèrent l'une et l'autre aux pieds de madame de Gersin, qui ne voulut les recevoir que dans ses bras. Lydie, qui avait conçu la plus tendre estime pour la jeune fille, fut ravie d'entendre qu'elle allait bientôt vivre auprès d'elle, et l'accabla de caresses.

Cette scène était trop vive pour pouvoir durer plus long-temps. Madame de Gersin jugea qu'il était à propos de se retirer.

LYDIE DE GERSIN. 343

La jeune fille, au bout de quelques jours, fut en état de remplir ses nouvelles fonctions auprès de Lydie et de ses sœurs ; et madame de Gersin rendit grâces au Ciel de lui avoir inspiré le choix d'une personne si précieuse pour l'éducation de ses enfans.

P. S. Dès le jour où madame de Gersin entreprit d'écrire chaque soir le journal de la conduite de sa fille, Lydie eut tant de peur que l'histoire ne fût pas à son avantage, qu'elle n'entrait jamais au lit sans chercher à se rappeler comment elle avait passé la journée, et si elle avait sujet d'être satisfaite ou mécontente d'elle-même. Lorsque sa conscience lui reprochait quelque faute, la honte et le chagrin qu'elle en ressentait la conduisait naturellement à réfléchir comment elle aurait pu l'éviter. Le matin, à son réveil, l'idée du journal était la première qui frappait son esprit. Elle pensait à tout ce qu'elle pouvait faire de bien dans la journée ; et s'il lui était arrivé la veille de mécontenter ses parens, elle considérait avec attention comment elle devait se conduire pour qu'ils n'eussent plus désormais les mêmes reproches à lui faire.

Aussitôt que madame de Gersin vit sa fille entièrement corrigée des défauts dont elle avait voulu la faire rougir en les lui présentant dans son histoire, elle négligea d'en suivre le cours. Mais Lydie s'était si bien pénétrée des avantages de cette méthode, qu'elle résolut de la continuer elle-même avec la même impartialité que sa maman. Rien ne l'affermit autant que cette pratique dans le désir qu'elle avait de se perfectionner. L'examen assidu de sa conduite lui fit découvrir plusieurs petits défauts auxquels elle n'aurait pas fait autrement attention. En travaillant aussitôt à s'en corriger, elle empêchait qu'ils ne dégénérassent en habitudes vicieuses qu'il lui aurait été peut-être impossible de déraciner. Je recommande instamment cet exemple à toutes les jeunes personnes qui veulent se faire un jour distinguer par leurs vertus; et s'il en est une seule à qui les petites anecdotes que je viens d'écrire aient pu servir pour se rendre heureuse et pour faire la joie de ses parens, je regarderai son bonheur comme la plus douce récompense de mon travail.

FIN DE LYDIE DE GERSIN.

www.ingramcontent.com/pod-product-compliance
Lightning Source LLC
Chambersburg PA
CBHW072012150426
43194CB00008B/1077